AF372014

EL ESTOICO PRACTICANTE

Título original: The Practicing Stoic
Traducido del inglés por Elsa Gómez Belastegui
Diseño de portada: Editorial Sirio, S.A.
Maquetación: Toñi F. Castellón

©   de la edición original
    2018 de Ward Farnsworth

    Primera edición de Godine
    Los derechos de traducción corren a cargo de Sandra Bruna Agencia Literaria, SL
    Todos los derechos reservados

©   de la presente edición
    EDITORIAL SIRIO, S.A.
    C/ Rosa de los Vientos, 64
    Pol. Ind. El Viso
    29006-Málaga
    España

www.editorialsirio.com
sirio@editorialsirio.com

I.S.B.N.: 978-84-10335-13-4
Depósito Legal: MA-3058-2024

Impreso en Imagraf Impresores, S. A.
c/ Nabucco, 14 D - Pol. Alameda
29006 - Málaga

Impreso en España

Puedes seguirnos en Facebook, X, YouTube e Instagram.

WARD FARNSWORTH

EL ESTOICO PRACTICANTE

UN MANUAL DE USO FILOSÓFICO

EDITORIAL SIRIO

ÍNDICE

Prefacio 9

Introducción 31

Capítulo uno   Los juicios 41

Capítulo dos   Lo externo 65

Capítulo tres   Perspectiva 85

Capítulo cuatro   La muerte 103

Capítulo cinco   El deseo 129

Capítulo seis   La riqueza y el placer 153

Capítulo siete   Lo que piensan los demás 179

Capítulo ocho   Valoración 205

Capítulo nueve   La emoción 229

Capítulo diez   La adversidad 259

Capítulo once   La virtud 283

Capítulo doce   Aprendizaje 301

Capítulo trece   El estoicismo y sus críticos 325

Nota de la traductora 348

PREFACIO

Este libro trata sobre la naturaleza humana y cómo gobernarla. Los estudiosos más lúcidos y audaces de este tema en la Antigüedad, y quizá de todos los tiempos, fueron los estoicos. Sus recomendaciones sobre cómo pensar y vivir tienen muy poco que ver con la sombría imagen de frialdad y dureza que asociamos con la palabra *estoico* en nuestros días. Los estoicos originales eran filósofos y psicólogos sumamente ingeniosos, y muy prácticos. Afortunadamente, las soluciones que ofrecían a los problemas de la vida cotidiana, y los consejos sobre cómo dominar nuestras tendencias irracionales, siguen siendo relevantes y de gran ayuda en la actualidad. Los capítulos que siguen explican lo más útil de sus enseñanzas en doce lecciones.

Tras esta breve exposición del propósito de este libro, quienes consideren que es cuanto desean saber antes de entrar en materia pueden pasar directamente al capítulo uno. Para quienes deseen tener información detallada de lo que se tratará a continuación, he aquí una descripción más completa:

1. El cuerpo de ideas que conocemos como estoicismo contiene elementos de la sabiduría más sublime y duradera que haya habido en cualquier época. Los estoicos estudiaron meticulosamente el deseo, el miedo, el estatus, la emoción y muchos otros estados y movimientos mentales que atormentaban a la raza humana hace miles de años y la atormentan todavía. Eran filósofos que tenían los pies en la tierra, y estaban decididos a hacer todo lo posible por que su comprensión de la vida liberara a la gente común de las percepciones engañosas que estaban en el origen de su sufrimiento. Los estoicos tenían también sus limitaciones, desde luego, y

algunas de sus creencias han quedado obsoletas; pero hay muchos otros aspectos en los que se adelantaron a su tiempo, de eso no hay duda. Expresaron algunas de las nociones más claras y perspicaces que nadie haya pronunciado hasta nuestros días.

Las enseñanzas de los estoicos son igual de interesantes y valiosas ahora que cuando se escribieron; o incluso más, ya que los dos milenios transcurridos desde entonces han confirmado mucho de lo que decían. Aunque las idioteces, las desgracias y la desmoralización de nuestra época puedan parecernos novedosas o modernas, verlas descritas en un diálogo clásico nos recuerda que no son nada nuevo. Curiosamente, esto ya lo decían los estoicos: las experiencias y los problemas de la humanidad no cambian; solo adoptan nuevas máscaras. Otro tanto ocurre con los remedios: el consejo más útil que alguien nos ofrece hoy en día en el curso de una conversación, o en las páginas de un libro de autoayuda, es a menudo una reformulación o un redescubrimiento de algo que los estoicos dijeron con mayor inteligencia, ingenio y concisión mucho tiempo atrás. Mejor, por tanto, acudir a los sabios directamente.

2. El estoicismo que se presenta en este libro es un conjunto de ideas que desarrollaron filósofos de la antigua Grecia y Roma. Como ya se ha dicho al principio –pero es algo en lo que vale la pena insistir–, el término *estoicismo* no significaba para ellos lo que significa hoy en día para nosotros. En el lenguaje coloquial, tomarse algo con estoicismo viene a ser sinónimo de sufrir sin quejarse. El tema que trata este libro es mucho más que eso; aunque los filósofos estoicos no se quejan demasiado, para ellos este es un detalle menor (probablemente un estoico no tendría problema en quejarse si le sirviera de algo). *Estoico* se interpreta a veces también como *sombrío*, lo cual vuelve a ser desacertado. Es más probable que, por el contrario, un estoico se tome con cierto sentido del humor cosas que a los demás les resultan sombrías. O hay quien piensa que los estoicos hacen lo posible por evadirse del mundo; que su filosofía los exhorta a encerrarse en sí mismos. De nuevo, ocurre justo lo contrario: si algo hacen los estoicos es implicarse en los asuntos públicos. Toda esta confusión es un ligero

fastidio para el estudioso de nuestro tema: la mayoría de la gente no sabe qué es el estoicismo, pero muy pocos saben que no lo saben.

El estoicismo debe su nombre a que el fundador de la escuela, Zenón de Citio (hacia 334-262 a. C.), impartía sus enseñanzas en una estoa (στοά), un pórtico o porche público sostenido por una columnata, con vistas al ágora de Atenas. Por este motivo, era conocido como la filosofía del pórtico, en contraposición a la filosofía del jardín (la de Epicuro), la filosofía de la academia (de Platón) o la filosofía del liceo (de Aristóteles); cada nombre hacía referencia al lugar donde se impartían las enseñanzas de esa escuela. Así que, si crees que hablar de «estoicismo» va a provocar reacciones de desaprobación por el significado popular que ha adquirido el término, puedes probar a decirles a tu familia y a tus amigos que estás estudiando la filosofía del pórtico, o mejor, la filosofía del porche; tal vez esto les guste. De todos modos, es posible que quienes sientan interés por nuestro tema de estudio tengan que acotumbrarse a explicar que cuando hablan de estoicismo, se refieren al antiguo.

3. Teniendo en cuenta que se han escrito ya muchos libros sobre los estoicos, debería decir unas palabras sobre por qué me ha parecido que vale la pena escribir uno más y qué aporta este libro que no aportan otros.

El estoicismo nos ha llegado en gran parte a través de las obras de tres filósofos que vivieron en los dos primeros siglos de nuestra era: Séneca, Epicteto y Marco Aurelio. Séneca y Marco Aurelio eran romanos; Epicteto era griego, pero también él, durante parte de su vida, vivió e impartió sus enseñanzas en Roma. Las obras que nos legaron tienden a ser de carácter misceláneo. A menudo, se trata de notas escritas sin mucho orden o clasificadas de formas que para la mayoría de los lectores actuales no significan demasiado; y tampoco hay referencias cruzadas entre sus escritos. Como consecuencia, no es fácil encontrar reunido en un lugar concreto lo que cualquiera de los estoicos enseñó sobre un determinado tema, por no hablar ya de lo que dijeron todos. Puede que los comentarios de Séneca sobre cierto tema estén repartidos en tres cartas y un ensayo, por ejemplo, y que se trate el mismo asunto al principio y al final de los discursos atribuidos a Epicteto o en distintos lugares de los diarios de Marco Aurelio. Es posible que esta disposición tenga sus ventajas (a veces lo asistemático es más eficaz), pero resulta incómoda para el estudiante del pensamiento estoico que quiera verlo en su conjunto o hacerse una idea de las opiniones de un autor, o de las de todos ellos, sobre un tema preciso.

Este libro es una respuesta a la situación que se acaba de exponer y tiene tres propósitos principales. El primero es organizar las ideas de los estoicos de una manera lógica que podríamos definir como progresiva. De entrada, se exponen los principios fundamentales y luego sus aplicaciones. He procurado ordenar estas últimas en una secuencia que fluyera con naturalidad y, cuando ha sido el caso, que fuera creciendo en complejidad progresivamente. Este es a grandes rasgos el planteamiento que se ha aplicado al orden de los capítulos, al orden de las secciones dentro de cada capítulo y al de los análisis dentro de cada sección. A quienes les traiga sin cuidado que el orden sea o no progresivo, los animo a que vaguen por el libro a su gusto; los capítulos son unidades completas, así que no hace falta leer uno para entender el siguiente. De todos modos, contar con un marco de referencia puede facilitar la comprensión de cómo se relacionan entre sí las distintas partes de la filosofía.

El segundo propósito del libro es reunir las observaciones más importantes que hicieron los distintos estoicos sobre cada asunto y cada una de sus divisiones específicas. En ocasiones hablaron de diferentes aspectos de un tema; Séneca aborda una parte, Epicteto otra. También hay casos en que todos los estoicos escribieron sobre un mismo tema o aspecto, y por tanto es interesante comparar lo que dijeron unos y otros y cómo lo expresaron; el formato que se ha utilizado en estas páginas les permite dialogar entre ellos.

El tercer propósito es presentar las enseñanzas de los estoicos sobre todo en sus propias palabras (o, más exactamente, en palabras de los traductores que mejor supieron exponerlas). La introducción que sigue a este prefacio, y luego la introducción a cada capítulo, ofrecen un resumen de lo que se tratará a continuación, y el capítulo uno contiene una exposición más larga que los restantes porque es el principio del libro. Pero, si lo deseas, puedes saltarte todo esto, porque no afectará a la lectura de los textos en sí. Tal vez haya quienes prefieran leer una reformulación del estoicismo; en ese caso, tienen a su disposición otros libros y algunas estupendas entradas recientes de blogs. El objetivo de este es presentar de forma concisa lo que dijeron los propios estoicos. Personalmente, encuentro un particular placer en recibir estas lecciones de sus fuentes originales; confío en que habrá quienes lo entiendan también así. Un comentario sobre nuestro mundo actual que nos suene inteligente y acertado adquiere una fuerza especial cuando lo vemos expresado hace veinte siglos. La verdad mejora con los años.

4. Reproducir extractos de obras extensas, como se hace aquí, significa necesariamente sacrificar el contexto. Unas cuantas frases aisladas de una carta que envió Séneca a Lucilio no pueden captar el propósito global con el que se las decía, por ejemplo, y menos aún toda la fuerza de la carta o el lugar que esta ocupa en la serie de cartas que le escribió. Es inevitable que se pierdan los matices. En términos generales, la selección, edición y ordenación de las palabras de diferentes autores influirán, ineludiblemente, en la interpretación que se haga de su significado. Lo mismo ocurre con la organización del libro: presenta las enseñanzas estoicas divididas por temas. Dado que son temas específicos que tratan todos los autores, parece que tiene sentido estructurarlas así. Pero tiene sentido para nosotros. No es la organización que habría utilizado ninguno de los filósofos griegos o romanos (en todo caso, ninguno lo hizo).

En pocas palabras, las decisiones que se han tomado sobre qué incluir en este libro, y en qué orden, equivalen a haber hecho una interpretación del estoicismo, como le resultará bastante claro a quien esté familiarizado con las fuentes primarias. Subrayo esto pensando en quienes no lo están. Mi esperanza es que, si te gusta lo que sigue y no has leído aún las obras originales, lo hagas.

5. La intención de este libro es ofrecer un curso abreviado del estoicismo impartido principalmente por los estoicos. Sin embargo, a veces imagino cómo serían esas clases en vivo, y veo que es probable que intervinieran además algunos oradores invitados. Montaigne, por ejemplo, sería un

visitante muy ameno. Por tanto, lo oiremos hablar también a él, así como a algunos otros pensadores que podrían considerarse descendientes intelectuales de los estoicos por la influencia tan fuerte y visible que recibieron de ellos. Por lo general, estos descendientes se apartan del estoicismo en ciertas cuestiones teóricas, pero coinciden en los aspectos que más relevancia tienen para este libro. Dan memorable expresión a los principios estoicos y ofrecen variaciones sobre ellos; a veces se los apropian directamente. Sus escritos son instructivos por sí mismos y porque, además, nos permiten concebir el estoicismo como una tradición de pensamiento que ha pervivido más allá de sus orígenes clásicos.

A veces oiremos hablar también a autores griegos y romanos que no eran estoicos pero coincidían con ellos en aspectos que nos interesan. Nuevamente, los filósofos de escuelas próximas dan respuestas encontradas a cuestiones como el propósito de la vida, la naturaleza del universo u otros asuntos trascendentales, pero tienen en cambio las mismas opiniones sobre cuestiones más inmediatas, como la forma de entender la riqueza, la fama, las adversidades o la muerte. Cuanto más concreto es el tema en cuestión, mayor es la coincidencia.

En suma, este libro trata a Epicteto, Séneca y Marco Aurelio como fuentes canónicas. Si hay algo que ellos dijeron, me ha parecido acertado incluirlo en estas páginas y considerarlo una enseñanza estoica, concuerde o no con lo que, al parecer, pensaban los filósofos griegos anteriores (hablaré más de esto dentro de un momento). Y una vez identificada así una proposición, el libro se detendrá con frecuencia a mostrar cómo han expresado el mismo tema otros autores –primos hermanos o descendientes intelectuales de los estoicos–, o cómo lo han ilustrado o lo que han elucubrado a partir de él.

Aunque en algunos casos se han eliminado las partes redundantes de unos y otros autores, a veces se han conservado, como verás a lo largo del libro. Me gustaría aclarar simplemente que, si se muestra que distintos filósofos dijeron cosas muy parecidas, es porque tiene interés su coincidencia; si se muestra que un determinado filósofo dijo lo mismo de distintas formas, es porque cada reformulación ofrece algún detalle posiblemente valioso para quienes deseen estudiar la idea. Pero quienes consideren que les basta con el primer escrito sobre cualquiera de los temas, pueden pasar al siguiente sin pena ni perjuicio.

6. Aunque el estoicismo tiene su origen en la antigua Grecia, este libro presta poca atención a los primeros estoicos griegos. Podría parecer injusto, además de desacertado, omitir a Zenón, Cleantes, Crisipo y otros miembros fundadores de la escuela, e incluir en cambio a los autores posteriores que se han mencionado. La razón es que, de los escritos de los primeros estoicos, solo han sobrevivido algunos fragmentos; es cierto que hay textos de Galeno, Cicerón o Plutarco que hablan sobre lo que decían los fundadores griegos, pero no disponemos de obras de cierta extensión en las que sean ellos mismos quienes se expresan. Los relatos indirectos que tenemos sobre ellos han permitido a los estudiosos reconstruir muchas de las primeras ideas estoicas, pero los resultados no encajan demasiado en un libro de este tipo.

Esta obra trata por el contrario como canónicos a los estoicos tardíos, un enfoque al que, desde luego, se pueden poner objeciones. Una de ellas es que sería mejor definir el estoicismo a partir de los preceptos más antiguos y sistemáticos de la filosofía que pueden deducirse, y no de las opiniones de filósofos posteriores, a los que a veces se ha acusado además de heterodoxia. Es cierto que en los escritos de los últimos estoicos encontramos algunas desviaciones de lo que al parecer dijeron los griegos o incluso digresiones o una franca oposición. Desde este punto de vista, no todo lo que dice un estoico es estoicismo, y algunas de las entradas de este libro no deberían haberse incluido, dado que no se ciñen lo suficiente a los principios fundamentales de la filosofía.

Mi opinión es que el estoicismo tardío de los filósofos romanos merece su propia atención y reconocimiento. A nivel teórico, no era tan sutil y original como el que desarrollaron los griegos, de eso no hay duda, pero tiene otras virtudes. Los estoicos tardíos fueron más que divulgadores de lo que sus predecesores habían dicho; fueron innovadores en la adaptación de los principios estoicos a la vida común. Es verdad que no nos ha llegado mucho de lo que escribieron los griegos (ni todo lo que escribieron los romanos), pero lo que sabemos al respecto hace pensar que la última edición de esta filosofía fue una empresa más pragmática que la primera, como suele ocurrir con las obras romanas de cualquier tipo cuando se comparan con sus ejemplos griegos. Así pues, los escritos estoicos tardíos constituyen un corpus separado, con sus propias cualidades y preferencias de énfasis, que puede ser muy provechoso leer incluso aunque en ocasiones difiera de la variedad griega del estoicismo.

El ejemplo más importante de lo que acabo de decir debo exponerlo con claridad: he incluido como estoicas ciertas opiniones de Séneca que algunos dirían que se apartan del estoicismo. La perspectiva de Séneca sobre determinados temas (en especial los relacionados con las emociones) es, a mi juicio, más útil y convincente que la de otros estoicos. Por eso, considero que no debería calificarse de «senequistas», o alguna otra deformación semejante, a quienes encuentren valor en sus palabras. Séneca fue el escritor estoico más prolífico cuya obra haya sobrevivido. Creo que lo más sensato es tratar sus enseñanzas, incluso aunque en ocasiones se aparten de las de los griegos, como una versión del estoicismo y no como una mezcla de fidelidad y oposición al original. En todo caso, si se cree necesario ponerle un nombre que la diferencie, este podría ser estoicismo reformista o algo por el estilo.

7. El estoicismo abarcaba muchos temas, por lo que conviene hacer un comentario sobre cuáles se han incluido aquí y cuáles se han omitido. Este libro trata, en primer lugar, sobre la ética. En el uso corriente del término, suele entenderse por *ética* las normas que rigen lo que está bien y lo que está mal, particularmente en el comportamiento con los demás. Sin embargo, a efectos filosóficos, el término hace referencia también a cuestiones de mayor alcance, sobre cómo actuar en general y lo que significa el *buen vivir*. Gran parte de lo que sigue podría encabezarse por tanto con el título de «Ética», aunque no se haya incluido todo lo que pensaban los estoicos al respecto ni mucho de su marco teórico.

En segundo lugar, podría decirse que el tema del libro es la psicología, que hoy consideramos separada de la filosofía pero que los estoicos no diferenciaban de ella. En la mayoría de los capítulos se aborda algún aspecto de la irracionalidad humana y cómo podría dominarse. Estas indagaciones de los estoicos son interesantes por las mismas razones que lo es la psicología cognitiva moderna. Comprender nuestra mente nos ayuda a tomar conciencia de nuestros errores de juicio; a ser un poco más perceptivos, un poco más conscientes de nosotros mismos, un poco menos necios. En algunos aspectos, también los psicólogos cognitivos pueden considerarse sucesores de los filósofos estoicos, que abrieron camino para algunos de sus descubrimientos, como veremos más adelante. Pero los estoicos, aunque menos rigurosos en sus métodos, son más ambiciosos en cuanto a las preguntas a las que intentan responder. Ellos proponen un modo de vida.

El estoicismo de este libro es, así pues, una mezcla de filosofía y psicología, y se inclina hacia esta última. El motivo de esta inclinación es que los estoicos, desde el punto de vista actual, son a veces más psicólogos que filósofos. Algunas de las ideas filosóficas que ellos consideraban más sustanciales –por ejemplo, sobre lo que significa vivir en consonancia con la naturaleza y por qué es importante hacerlo– no tendrían demasiada aceptación en la actualidad. En cambio, sus observaciones sobre cómo nos traiciona el pensamiento han resistido mejor el paso del tiempo. Admito que haber seleccionado ciertos aspectos de sus escritos y haber excluido otros puede suponer una pérdida tanto como una ganancia. Es posible que algunas enseñanzas estoicas parezcan estar incompletas o ser poco satisfactorias si se desvinculan de principios básicos de la ética o la metafísica que en este libro en gran parte se han evitado. Cuento con que tendrás tus propios principios y confío en que descubrirás que los consejos de los estoicos son compatibles con una gran diversidad de ellos.

Pero el estoicismo comprendía originalmente mucho más que ética y psicología. Los filósofos antiguos habrían identificado la lógica y la física como epígrafes adicionales, y dentro de la física habrían incluido teorías que nosotros asignaríamos a la cosmología y la teología; entre ellas, algunas que, como se acaba de comentar, tienen hoy en día pocos suscriptores. Los estoicos creían que la razón animaba el universo; que la naturaleza era inteligente, y todo acontecimiento expresaba la voluntad de una Providencia benévola. Este libro no presenta ninguna de esas doctrinas ni muestra qué relación tienen con ellas las ideas que aquí se exponen. Para eso haría falta un volumen mucho más extenso que este, cuando en la actualidad –me atrevo a decir– la mayoría no cree en la teología estoica y no la necesita para saber qué más dijeron los estoicos. Tal es la tesis de este libro: que los escritos de los estoicos han conservado su vitalidad no porque sus creencias sobre el cosmos sigan teniendo resonancia, sino porque sus ideas sobre la naturaleza humana sí la tienen.

No pretendo sugerir con esto que los estoicos no digan nada digno de interés sobre los temas trascendentales de la vida. Al contrario, el estoicismo es interesante en parte porque aborda algunas cuestiones relacionadas con cómo vivir a las que también muchas religiones tratan de responder, y a veces llega a conclusiones similares; la diferencia está en que llega a ellas solo mediante la observación y la razón... o, más bien, *puede* hacerlo de esta manera. Es cierto que los estoicos tenían una teología, como ya se ha dicho, pero si quitamos ese pilar, el templo sigue en pie; sus análisis y consejos se sostienen con suficiente firmeza sin él. Dicho de otro modo, los estoicos, cuando hablan como aquí se muestra, a veces llegan a la misma cumbre que los seguidores de otras tradiciones filosóficas o espirituales, pero suben la montaña por una cara diferente. A muchos lectores y lectoras modernos, el camino que ellos toman les resultará el más afín. Es el camino de la lógica, de la reflexión y del conocimiento de la humanidad.

8. El título del libro admite más de una lectura. La exposición que se acaba de hacer aclara la intención que hay detrás de él. Considero que un estoico practicante es alguien que trata de recordar la sabiduría de los estoicos al afrontar la vida y al pensar sobre el pensamiento; alguien a quien le atrae el estoicismo no como credo o teología, sino como una serie de consejos útiles y una forma de higiene psicológica. Este libro, en otras palabras, va dirigido a quienes tienen más interés en la práctica del estoicismo que en su teoría. (Por supuesto, no tengo nada en contra de la admiración que otros puedan sentir por la elevada teoría del estoicismo,

y también ellos merecen encontrar lecturas que sean de su interés, pero ya existen en abundancia).

El título del libro trata de sugerir también humildad. Podemos considerar que es un estoico practicante quien intenta aprender las enseñanzas de los estoicos y no lo consigue lo suficiente como para proclamar que ha alcanzado su objetivo. El libro no se titula *El estoico competente* ni *El estoico consumado*, sino simplemente *El estoico practicante*, que es sin duda lo máximo que alguien debería decir de sí mismo. («¿Eres estoico?». «No, no, solo estoy practicando»).

9. El estoicismo ha sido objeto de muchas críticas a lo largo de los años, y, ya que te dispones a leer este libro, no está de más que tengas un poco de información sobre ellas. No me interesa tanto destacar aquí las críticas técnicas por parte de académicos o filósofos rivales, muchas de las cuales admitiría como válidas o dejaría en manos de los especialistas decidir si lo son. Me interesan más los ataques verbales que han recibido los estoicos en la conversación literaria, porque esas evaluaciones tocan más de cerca las enseñanzas que son el tema de este libro. El capítulo trece expone tres de las más habituales y las comenta con detalle. Es conveniente que quienes están empezando a conocer a los estoicos sepan lo que han dicho sobre ellos quienes no comparten sus puntos de vista y consideren lo que se podría argumentar en respuesta.

Voy a exponer aquí lo que opino en general sobre el tema, y es que muchos críticos del estoicismo lo tratan con inmerecida inclemencia. Echan mano de las afirmaciones más extremas que hicieron los estoicos, sin tener en cuenta todas las veces en que esas opiniones se presentaron compensadas o matizadas en otros escritos. O juzgan la totalidad de esta filosofía por sus características, sentencias o exponentes menos inspiradores. Es una pena, no porque sea injusto para los estoicos (a ellos les trae sin cuidado), sino porque hacer hincapié en esas cosas distrae de todo lo que dijeron de verdadero valor. Pero las críticas siguen en pie. Muchos de quienes tienen una opinión inflexible sobre el estoicismo la basan en lo que han oído; y lo que han oído son calumnias. O asocian el estoicismo a una sola idea que, cuando la oyeron, les pareció inaudita y ya no quisieron saber más, como si esa idea fuera representativa de la filosofía entera. Si estudias el tema y hablas de él con personas que lo conocen solo de oídas, comprobarás rápidamente lo que digo. Las opiniones que tiene la gente sobre el estoicismo superan en una proporción de cien a uno lo que de verdad saben sobre él.

Cualquier crítico podría replicar ahora que yo estoy cometiendo el error opuesto, al mostrar las partes más atractivas del estoicismo y quitar importancia al resto. Puede que sea así. He tratado de introducir con ecuanimidad, en un espacio modesto, la ética y la psicología aplicadas de los estoicos tardíos. Pero si existen versiones más y menos razonables de una enseñanza, el libro se decanta por la más razonable. He querido tomar a cada estoico en sus momentos de mayor claridad y presentarlo así, no para persuadir a nadie de que piense bien del estoicismo, sino para hacer un libro útil.

10. Para terminar, soy consciente de que las concesiones que admito en estos últimos comentarios dan pie a que cualquier especialista haga la siguiente crítica: que, en definitiva, este no es un libro sobre la filosofía estoica; que lo que contiene no es *ni* estoicismo *ni* filosofía (no es estoicismo porque omite demasiados elementos que los estoicos consideraban necesarios; no es filosofía porque omite demasiados aspectos fundamentales). Que tal vez sea un conjunto de buenos consejos, pero consejos, eso es todo.

Puede que esta clase de diferenciaciones le resulten aburridas al lector y la lectora profanos, pero tienen importancia para los eruditos; y, como académico, comprendo su punto de vista. Sin embargo, teniendo en cuenta cuál es el propósito de este trabajo, son prácticamente irrelevantes. He intentado crear un libro para quienes tengan interés en saber qué decían los estoicos (que siga teniendo valor hoy en día) sobre las dificultades de ser humanos. Si omitir preceptos de mayor profundidad, o incluir ideas que se apartan de ellos, hace que el resultado sea algo distinto del estoicismo, o distinto de la filosofía, podría decirse entonces que este libro trata sobre las enseñanzas prácticas de aquellos a los que en un tiempo se conoció como los estoicos. Renuncio a cualquier otra pretensión.

De todos modos, no debería importarnos mucho que se nos tenga por estoicos o no. Que yo sepa, no hay ventajas por ser miembro. Si queremos leer a nuestros autores con el mismo espíritu con el que escribieron, lo mejor es que nos centremos en las cuestiones que ellos consideraban prioritarias. Su principal objetivo no era elevar el estatus de una escuela filosófica o decidir quién tenía derecho a afiliarse a ella. Su propósito era ayudar a la gente a ver las cosas con más claridad, a vivir con más sabiduría y a soportar con más facilidad las cargas de su vida. Veamos cómo lo hicieron.

❖

Dramatis personæ. Conocer a los maestros estoicos y establecer una relación personal con ellos es uno de los placeres de estudiar este tema. Para quienes no hayan tenido el gusto de conocerlos, he aquí una breve presentación de los autores que aparecerán con más frecuencia en las siguientes páginas.

1. *Figuras principales*. Son tres los escritores estoicos que predominan en este libro. Sobre algunos temas, todos hacen sus comentarios; sobre otros, hay un autor que habla más y con más detalle.

    a. Séneca el Joven (Lucio Anneo Séneca) vivió, aproximadamente, del año 4 a. C. al 65 d. C. Nació en Corduba, Hispania (actual España); su padre, que tenía el mismo nombre (y por eso se lo recuerda como Séneca el Viejo), era profesor de retórica. El hijo –nuestro Séneca– fue enviado a Roma cuando era niño. Luego, tras un período en Egipto, una carrera temprana como abogado y político y un destierro a Córcega, se convirtió en tutor y consejero de Nerón, un emperador de pésima reputación que lo hizo muy rico.

    En el año 65, se acusó a Séneca de haber participado en la conspiración de Pisón para asesinar a Nerón. Tras fracasar el plan, el emperador le ordenó que se suicidara, y así lo hizo: se cortó las venas y se metió en una bañera de agua caliente; se dice que fue el vapor lo que acabó con su vida. El episodio es objeto de una bella alusión en *El Padrino. Parte II*.

Séneca escribió cartas, diálogos y tratados filosóficos, así como varias obras de teatro. Sus escritos constituyen el conjunto de textos más sustancial sobre el estoicismo que se haya conservado, y la mayor fuente de material para este libro. Por su vida política y sus riquezas, a veces se ha acusado a Séneca de ser un hipócrita cuya vida no se correspondía con sus enseñanzas. En el capítulo trece se ha reproducido un breve artículo en el que se le critica precisamente esto.

b. Epicteto vivió aproximadamente del año 55 al 135 d. C. Nació en la región que hoy conocemos como Turquía y la primera mitad de su vida la pasó principalmente en Roma (por eso a veces me refiero a él como uno de los estoicos romanos). Cuando el emperador Domiciano desterró de Roma a todos los filósofos, Epicteto se trasladó a Grecia y estableció una escuela allí. No dejó ningún escrito. Las palabras que se le atribuyen son las notas de Arriano, un conocido alumno de su escuela, escritas en griego. De Arriano tenemos, entre otras obras, los *Discursos* de Epicteto y el *Enquiridión* (o Manual de Epicteto). También se han conservado algunos fragmentos compilados por Estobeo (alrededor del 500 d. C.) de autenticidad más dudosa. Cuando leas a Epicteto, lo mejor es que imagines que estás viendo una transcripción aproximada de lo que dijo en sus clases.

Epicteto llevó una vida muy diferente a la de nuestros otros dos escritores principales. Tenía una pierna lisiada. Nació esclavo, y su posterior liberación propició una curiosa conexión con Séneca. Como se comentaba hace un momento, a Séneca se lo acusó de haber conspirado para asesinar a Nerón. Quien frustró la conspiración fue principalmente un secretario del emperador llamado Epafrodito, que era el dueño de Epicteto, y pudo haber sido él quien lo liberó, aunque este y muchos otros detalles de la vida de Epicteto se basan en conjeturas. (Más adelante, se condenó a muerte a Epafrodito por no haber impedido el suicidio del propio Nerón. En aquella época no se andaban con tonterías).

Epicteto estudió en Roma con Musonio Rufo, otro estoico que no dejó escritos propios (aunque veremos después un par de fragmentos suyos). Por lo que más se conoce probablemente a Musonio Rufo en la actualidad es por haber enseñado que las mujeres son igual de aptas para la formación filosófica que los hombres.

c. Marco Aurelio (su nombre completo era Marco Aurelio Antonino Augusto) vivió del 121 al 180 d. C. En el año 138, el emperador Adriano adoptó a Antonino Pío y lo designó como su sucesor, y dispuso además que Antonino adoptara a Marco Aurelio, que era entonces un adolescente. Antonino Pío ascendió al trono poco después y fue emperador durante más de veinte años. A su muerte, en el año 160, Marco Aurelio fue investido emperador y reinó durante casi otros veinte años, los ocho primeros conjuntamente con su hermano adoptivo, Lucio Vero, y los últimos con su hijo Cómodo, del que mejor no hablar. El tiempo intermedio, cuando Marco Aurelio gobernó en solitario, fue un período insólito, en el que la persona más poderosa del mundo tal vez fuera también la más sabia.

Sobre todo durante las campañas militares de la última década de su vida, Marco Aurelio escribió, en griego, notas filosóficas de carácter personal, a las que llamamos sus *Meditaciones*. Nunca se describió a sí mismo como estoico en sus escritos, pero fue un devoto estudiante de la filosofía y hace mucho que se lo considera uno de sus autores más representativos.

Como se desprende de estos datos biográficos, nuestros tres estoicos romanos se sucedieron en el tiempo coincidiendo brevemente. El primero murió cuando el segundo era joven y el segundo murió cuando era joven el tercero. Por lo que sabemos, no tuvieron contacto entre sí. En sus escritos, Marco Aurelio agradece a uno de sus maestros estoicos, Junio Rústico, que le regalara una copia de los *Discursos* de Epicteto, y cita fragmentos de esta obra en alguna ocasión.

2. *Personajes secundarios clásicos.* Algunos otros escritores clásicos –no del todo estoicos, pero amigos o primos hermanos intelectuales suyos– aparecerán en el libro con menos regularidad.

a. *Epicuro* vivió del 341 al 270 a. C., y se lo asocia, por supuesto, con una filosofía propia: el epicureísmo, que tiene reputación de ser justo lo opuesto al estoicismo. El primero se tiene por una filosofía del goce y la indulgencia sensuales, y el segundo por una filosofía de la austeridad. Ambas reputaciones son sin embargo engañosas; el término *epicúreo* transmite una impresión de Epicuro igual de desacertada que la que transmite de los estoicos el término *estoicismo*. Es cierto que estas dos escuelas de pensamiento difieren en muchos aspectos significativos, sobre todo en las relaciones que proponen entre la virtud y la felicidad. Epicuro consideraba que el placer era la única motivación racional de la humanidad, mientras que los estoicos pensaban que nuestro único propósito legítimo es actuar virtuosamente, es decir, vivir de acuerdo con la razón y ayudar a los demás, de lo cual se deriva con seguridad, pero incidentalmente, la felicidad. Sin embargo, a pesar de estas diferencias, los epicúreos y los estoicos coinciden en algunos detalles importantes en su análisis del juicio, el deseo y otros temas.

Como muchos otros filósofos helenísticos, Epicuro escribió libros y ensayos que no han sobrevivido. A pesar de ello, disponemos de un pequeño conjunto de sus escritos, en su mayoría unas cuantas cartas y algunas colecciones de aforismos. Una de las colecciones más extensas se encontró en un manuscrito de la Biblioteca Apostólica Vaticana en el siglo xix, de ahí que se conozca con el nombre de *Sentencias vaticanas*. También se cita de vez en cuando a Epicuro en los escritos de otros autores clásicos. De hecho, varias de sus entradas que aparecen en este libro nos han llegado a través del propio Séneca, que no veía en ello ningún motivo de vergüenza.

> Objetarás: «Eso lo ha dicho Epicuro: ¿por qué tomas lo que es de otro?». Tengo derecho a todas las verdades y continuaré citándote a Epicuro, para que aquellos que tienen en cuenta no lo que se ha dicho, sino quién lo ha dicho, sepan que lo bueno es patrimonio común.
>
> Lucio Anneo Séneca, *Epístolas morales* 12.2

Este libro se tomará la misma libertad.

b. Cicerón (Marco Tulio Cicerón) vivió entre el 106 y el 43 a. C. Fue uno de los principales estadistas y filósofos de Roma y el más elocuente de sus oradores. Participó intensamente de la actividad política como abogado, cuestor, pretor y cónsul. Tras el asesinato de Julio César, abogó por el rescate de Roma como república; cuando Marco Antonio se aseguró el puesto como uno de los dictadores del Segundo Triunvirato, ordenó que se diera muerte a Cicerón y exhibió su cabeza y sus manos en el Foro.

Cicerón se dedicó a la escritura filosófica en la última etapa de su vida. Aunque gran parte de sus objetivos y logros consistieron en preservar el saber filosófico griego, hizo también sus propias aportaciones. Hasta hace poco, sus libros filosóficos se contaban entre las obras antiguas más leídas e influyentes. En qué grado puede considerarse que Cicerón fuera un estoico ha sido una cuestión muy debatida; compartía algunas posturas del estoicismo y rechazaba otras. Pero estaba de acuerdo con los estoicos en muchas de sus opiniones sobre la ética y describió los principios estoicos de formas que a veces resulta útil leer.

c. Plutarco (Lucio Mestrio Plutarcho) vivió aproximadamente del 46 al 120 d. C. Fue un prolífico biógrafo y filósofo, y por encima de todo el autor de *Vidas paralelas* y de la compilación de ensayos titulada *Moralia*. Nació en Grecia y vivió allí la mayor parte de su vida, aunque en determinado momento adquirió la ciudadanía romana. Durante los últimos veinticinco años de su vida, fue además sacerdote del templo de Apolo en Delfos. En sus escritos filosóficos fue seguidor de Platón e hizo numerosas críticas directas a los estoicos. Probablemente no habría querido aparecer en un libro dedicado a ellos, aunque parece ser que su animadversión iba dirigida sobre todo contra los estoicos griegos de la primera época y se basaba en una diferencia de opiniones sobre temas que no se tratan en estas páginas. En cualquier caso, su ética a veces se solapaba con la del estoicismo tardío, como veremos.

3. *Personajes secundarios modernos*. Este libro presenta a veces pasajes de escritores más recientes que, como se ha explicado antes, podrían considerarse descendientes de los estoicos. No se los puede llamar estoicos porque discrepaban de ellos en demasiadas cuestiones, pero todos habían leído a los filósofos estoicos y todos expresaron opiniones de corte estoico sobre algunos de los temas que aquí se tratan.

a. Montaigne (Michel Eyquem de Montaigne, 1533-1592) fue un abogado, político y filósofo francés. Sus ensayos, escritos a lo largo de un período de veintidós años tras haberse retirado casi por completo de la vida pública, popularizaron este formato como género literario. Los temas sobre los que escribe son muy variados y a menudo de carácter personal. Aporta una investigación más extensa de ciertos principios estoicos, y a veces una exposición de ellos más afortunada, que las que encontramos en ningún otro escrito filosófico. Montaigne recibió desde muy pequeño una estricta educación latina; el latín era, por así decirlo, su lengua materna, y conservó durante toda su vida el amor por la cultura clásica. En cierto momento alguien se refirió a él como el Séneca francés, y él reconoció abiertamente cuánto les debía a Séneca y a Plutarco.

> En cuanto a las razones, comparaciones y argumentos que trasplanto a mi jardín y confundo con los míos, he omitido intencionadamente el nombre del autor, para poner coto a la temeridad de las opiniones apresuradas que se dan sobre todo género de escritos, principalmente cuando son de autores aún vivos y están compuestos en lengua vulgar, lo cual se toma como invitación a criticarlos, y hace pensar a muchos que el pensamiento y la intención de quien los escribió eran también vulgares. Quiero que le den a Plutarco un capirotazo en mi nariz, y que injurien a Séneca en mi persona.
>
> Montaigne, *Ensayos* II, *De los libros* (1580)

La verdad de esta apreciación se verá en las páginas que siguen.

Montaigne presenta por otro lado algunas dificultades para nuestros propósitos, dado que era una fuente inagotable de ideas, muchas de las cuales no eran estoicas. Era un escéptico, lo que no le permitía suscribir las afirmaciones más teóricas de los estoicos. Además, algunos de sus puntos de vista fueron cambiando con el tiempo (aunque consideraré 1580 como la fecha de publicación de sus ensayos, lo cierto es que los escribió y revisó a lo largo de dos décadas). Así que, en general, he procedido con él como explicaba al principio del libro: preguntando primero si una determinada afirmación se encuentra en las fuentes estoicas antiguas. En caso afirmativo, a veces se ofrece la reformulación o expansión de ella que hizo Montaigne.

b. Samuel Johnson (1709-1784) fue un ensayista, poeta, crítico y escritor inglés. Es autor del más célebre y divertido de todos los diccionarios de inglés y el protagonista de la más célebre y divertida de todas las biografías escritas en lengua inglesa, *La vida de Samuel Johnson*, de James Boswell. Aunque en ocasiones se ha descrito a Johnson como un estoico, es mejor evitar esa etiqueta, ya que no se ajusta al conjunto de sus escritos, algunos de los cuales hablan del estoicismo con muy poco aprecio. Sin embargo, en sus textos sobre ética, coincide a menudo con los estoicos y formula exquisitamente muchas de sus ideas. Johnson escribió a menudo en un estilo que ahora parece grandilocuente; le gustaba usar palabras rebuscadas. Esto hace que a la mayoría de la gente le resulte difícil disfrutar con su prosa cuando se trata de textos extensos, pero aquí se administrará en modestas dosis.

c. Adam Smith (1723-1790) fue un filósofo y economista escocés, gran lector de los estoicos y muy influido por ellos, aunque su propia filosofía se apartó del estoicismo en muchos sentidos. En *La teoría de los sentimientos morales* lo critica con detalle, pero coincide con los estoicos en algunos aspectos.

Smith fue contemporáneo de Samuel Johnson (y profesor de James Boswell en la Universidad de Glasgow), pero no está claro si se conocieron. Una anécdota muy difundida cuenta que Smith y Johnson coincidieron por primera y única vez en una fiesta en Escocia e intercambiaron brevemente una retahíla de insultos, pero parece ser que (por desgracia) es una invención.

d. Arthur Schopenhauer (1788-1860) fue un filósofo y ensayista alemán. Escribió en tono pesimista sobre una amplia diversidad de temas, muchos de ellos alejados de los intereses de este libro; pero en los ensayos que escribió al final de su vida, tocó varios de los temas que aquí se tratan. Tampoco él aceptaba el estoicismo en su totalidad; criticó muchos de sus principios, y no creía que la felicidad pudiera alcanzarse a través de la razón. Pero, como todos los demás autores que se mencionan en este apartado, leyó a los estoicos con atención y tenía mucho en común con ellos en cuestiones subsidiarias. Es bueno incluirlo en un libro como este porque sus interpretaciones de las ideas estoicas tienen un sabor intelectual diferente y más moderno que el de los demás escritores.

Hay otros autores que aparecerán también en estas páginas, como Guillaume du Vair, un francés contemporáneo de Montaigne, que intentó explícitamente conciliar el estoicismo con el cristianismo (un movimiento que a veces se conoce como neoestoicismo). Sus interpretaciones son de interés ocasional, al igual que las de varios otros escritores cuyas apariciones son tan poco frecuentes que no los presentaré en este momento.

Como este libro está destinado a un público general, no he utilizado notas finales. Cuando me ha parecido que valía la pena añadir comentarios explicativos, los he incluido directamente en el texto; son en su mayoría breves notas sobre personajes de la Antigüedad a los que hacen referencia los estoicos o sus amigos. Parte de la diversión de nuestro objeto de estudio reside en la oportunidad de acercarnos al mundo clásico, antecesor inagotablemente fascinante del nuestro, y aprender un poco sobre él.

(Referido a la edición original en inglés de *El estoico practicante*).

Traducciones. La mayor parte de los pasajes que contiene este libro se escribieron originalmente en una lengua que no era el inglés. En la actualidad existen en dominio público traducciones de todos los textos originales; cuando esas versiones se han considerado adecuadas para nuestros propósitos, no he dudado en utilizarlas. Este libro está especialmente en deuda con muchas venerables traducciones de la Loeb Classical Library y con las traducciones de Schopenhauer realizadas por T. Bailey Saunders. En la mayoría de los casos, sin embargo, las traducciones se han revisado o rehecho por completo para adaptarlas a un inglés moderno más claro y fiel a los originales. Quiero dar las gracias a Michael Gagarin, Karl Galinsky, Andrew Kull y Ashley Voeks – magníficos colegas todos ellos– por su talento y generosa ayuda con este aspecto del proyecto.*

A veces hay cierto sexismo en la forma de expresarse de los estoicos que no he eliminado, ya que mi objetivo ha sido mostrar con la mayor exactitud posible lo que decían. Espero que el lector y la lectora pasen por alto esta cuestión, pues aunque el pensamiento político de estos filósofos queda en su mayor parte fuera de nuestro alcance, los estoicos destacaron precisamente por acoger a las mujeres en la práctica de su filosofía y por favorecer la igualdad para ellas también en otros aspectos, a veces hasta un grado radical para su época.

Quiero dar las gracias por sus comentarios sobre el manuscrito, además de a los colegas que antes he mencionado, a Anya Bidwell, Chelsea Bingham, Daniel Cantor, Robert Chesney, Alexandra Delp, Anne Farnsworth, Janet Farnsworth, Sam Farnsworth, David Greenwald, Aaron Gregg, Harris Kerr, Lucy Lyford, Brian Pérez-Daple, Reid Powers, William Powers, Ion Ratiu, Christopher Roberts, Ted Skillman y Brendon Walsh. La responsabilidad por

---

* N. de la T.: En esta versión en castellano, se han seguido las mismas pautas que en el original en inglés en lo que respecta a la traducción de las citas. Todas están basadas en traducciones que están en dominio público. Algunos de los textos se han reproducido tal y como aparecen en ellas, y otros muchos se han adaptado a un lenguaje más actual tomando como referencia las traducciones al inglés que presenta aquí Ward Fansworth. Al final del libro se incluye información detallada de las traducciones que se han utilizado y se dan algunas indicaciones que pueden ser útiles si se desea leer en su contexto original estos fragmentos.

cualquier error es mía. También quiero expresar mi agradecimiento a Carl W. Scarbrough, el mejor del sector, por diseñar el interior del libro y la portada (de la versión original en inglés).

INTRODUCCIÓN

Esta introducción ofrece un breve resumen general de las ideas que se exponen en el resto del libro. No es imprescindible leerla; va dirigida a los lectores y lectoras a quienes les gusta tener una visión de conjunto.

1. Aunque mientras nos desenvolvemos en la vida parece que reaccionemos directamente a los acontecimientos y a todo lo demás que hay en el mundo, esa apariencia es una ilusión. Lo cierto es que reaccionamos a nuestros juicios y opiniones; a lo que pensamos sobre las cosas, no a las cosas en sí. Normalmente no somos conscientes de ello. Estamos tan acostumbrados a las lentes enjuiciadoras a través de las cuales lo percibimos todo que se nos olvida que las llevamos puestas. Los estoicos se proponen ser conscientes de esos juicios, descubrir su irracionalidad y elegirlos con más cuidado.

   Esta idea es fundamental en el estoicismo. En algunas ocasiones, podemos constatar la verdad que hay en ella dándonos cuenta de que, al reaccionar ante determinado hecho, en realidad estamos reaccionando a lo que previamente nos habíamos contado a nosotros mismos acerca de él (cuando tal vez hubiéramos podido contarnos algo diferente). Después hay casos en que es más difícil descubrir el papel que desempeñan nuestros juicios en la génesis de las reacciones; forman parte de nosotros hasta tal punto que se han vuelto prácticamente imposibles de detectar. Son estas reacciones, que parecen inevitables, las que investigan los estoicos, comparándolas con reacciones muy diferentes que tienen otras personas ante el mismo hecho cuando su condicionamiento es distinto (o con las diferentes reacciones que tenemos *nosotros* en distintas circunstancias). Los estoicos deducen de todo esto que la forma en que reaccionamos ante cualquier cosa depende, en realidad, de los pensamientos que alimentamos y de las creencias que tenemos, por muy profundamente enterradas que estén. Si esos pensamientos y creencias nos pertenecen, deberíamos poder cambiarlos, es decir, someterlos a un escrutinio más racional del que suelen recibir. Nuestra experiencia del mundo es obra nuestra, no del mundo, y el estoico se propone responsabilizarse de ella (capítulo uno).

2. Nuestra felicidad debería depender de cosas que podemos controlar, y no de las que no están en nuestra mano; por lo cual, conviene abandonar el apego a obtener de estas últimas unos resultados concretos. Dado que, por lo general, no tenemos control sobre los acontecimientos, sobre las opiniones o comportamientos de los demás ni sobre nada ajeno a nosotros, el estoico se toma con desapego el dinero, la fama, las desventuras y cualquier otra circunstancia «externa». Sigue teniendo preferencias acerca de estas cosas: preferiría evitar la adversidad o poseer riquezas a no poseerlas; pero es *el apego* a esos deseos o temores lo que ha comprendido que es fuente segura de ansiedad y una forma de esclavitud para quien se empeñe en controlar lo que de ellas se derive. En definitiva, es contrario a la actitud estoica preocuparse por cosas que no dependen de nuestra voluntad. Lo único que depende de ella, y a lo que por tanto deberíamos atender, son nuestros propios juicios y actos (capítulo dos).

Sintetizando estos dos primeros aspectos: por un lado, nos apegamos a cosas que están fuera de nuestro control, y esto es fuente de desdicha en nuestra vida; por otro, no somos conscientes de rasgos de nuestro pensamiento que *sí* podemos controlar y que, si les prestáramos la debida atención, serían para nosotros fuente de serenidad. El estoicismo tiene el propósito de hacernos tomar conciencia de estas tendencias para que podamos remediarlas.

3. Una vez entendido que nuestros pensamientos y opiniones crean nuestra experiencia, los estoicos se proponen cambiarlos. Para ello utilizan dos tipos de estrategias; se podría decir que unas son analíticas y otras intuitivas. Las de carácter analítico consisten en argumentos racionales, en utilizar la razón y la evidencia para demostrar lo fútiles que son los

deseos materiales, lo innecesarios que son los distintos temores, etc. Las de carácter intuitivo consisten en observar la vida desde perspectivas nuevas, con las que se espera conseguir un efecto similar al que se buscaba con los razonamientos, solo que en este caso sin ellos. Simplemente contemplamos las cosas bajo una nueva luz y reaccionamos a ellas de forma diferente. Otro modo de explicar estos dos tipos de estrategias sería decir que los estoicos tratan de persuadirnos, por un lado, con palabras y, por otro, con imágenes.

Empecemos por la vía intuitiva, es decir, las imágenes. Todos tenemos un punto de vista habitual y automático: nos asomamos desde nuestro interior y vemos el mundo en consecuencia. Pero este ángulo de observación nos atrapa en una larga lista de engaños, y el estoico nos exhorta a liberarnos de ellos observando los acontecimientos desde un punto de vista menos obvio: comparando las cosas o los acontecimientos con la escala del mundo, o del tiempo; o viéndolos como se verían desde la distancia; o contemplando nuestros actos a través de los ojos de un espectador; o considerando lo que a nosotros nos ocurre como lo haríamos si le ocurriera a otra persona. De este modo, el estoico va adquiriendo pericia en ver la vida desde perspectivas que favorecen la humildad y la virtud, y que disuelven los habituales errores de juicio (capítulo tres, principalmente).

Además, para el estoico es importante no solo superar el miedo a la muerte, sino aprender a tratar la mortalidad como una fuente más de perspectiva e inspiración. Ser conscientes de que la existencia tiene un final confiere a nuestra vida cotidiana un brillo nuevo y ennoblecedor, de forma muy similar a cuando la contemplamos en la escala del universo o del tiempo (capítulo cuatro). Otro ejercicio que ponen en práctica los estoicos es pensar en comparaciones que nos hagan menos neuróticos que las de carácter envidioso con las que nos castigamos comúnmente (capítulo cinco). Todos estos pueden tomarse como ejemplos de intentar vivir con más sabiduría mediante un ajuste de nuestro punto de vista.

4. En cuanto al aspecto analítico del proyecto, los estoicos diseccionan el material de su vida interior: los deseos, los miedos, las emociones, el

envanecimiento y todo lo demás. Cuando los inspeccionamos, se hace patente que esos estados son producto de nuestra forma de pensar y, en su mayor parte, un absoluto desatino, puesto que los juicios de valor en que se basan resultan ser falsos o disparatados. Los remedios estoicos se traducen, por lo general, en distintas formas de llevar a la práctica la comprensión de los dos primeros hechos que se han explicado: reaccionamos, no a las cosas, sino a nuestras opiniones sobre ellas, y esas opiniones suelen ser un guion que, o bien se atiene al pensamiento convencional, o bien es absurdo o ficticio. Los estoicos tratan de desmantelar todos esos guiones y de ofrecernos una forma mejor de conversar con nosotros mismos sobre cualquiera que sea el tema en cuestión.

El análisis específico del deseo, el miedo y la percepción desde una perspectiva estoica ocupa la mitad del libro, y no se puede resumir aquí. Consiste principalmente en observar con gran precisión la naturaleza humana y tomar nota de la irracionalidad que encontremos en ella. Por ejemplo, deseamos lo que no tenemos, despreciamos lo que tenemos y juzgamos nuestro estado y nuestros logros estableciendo comparaciones arbitrarias y sin sentido. Perseguimos el dinero y el placer de formas que no nos aportan ninguna satisfacción real. Nos afanamos por ganarnos una buena reputación que en realidad no nos beneficia en nada. Nos atormentamos temiendo cosas que, si llegaran a ocurrir, nos causaría menos malestar aguantarlas del que nos crea preocuparnos por ellas. Constantemente pasamos por alto el momento presente porque estamos preocupados por momentos futuros, que a su vez pasaremos por alto cuando lleguen. Podría decirse mucho más, pero con esto basta para comunicar la naturaleza del diagnóstico estoico. En pocas palabras, nos torturamos con creencias, en su mayoría medio conscientes, que no sabemos de dónde nos han llegado y que tienden a hacernos infelices y ridículos. Por eso, pensar más a fondo y con sensatez en cómo funciona la mente puede liberarnos de muchos sutiles desvaríos.

Quizá te parezca dudoso que un análisis como el que acabo de esbozar pueda cambiar la percepción que alguien tiene de las cosas; tal vez pienses que no es posible convencernos para que abandonemos hábitos o formas de percibir que nadie nos indujo a adoptar. Pero a veces sí es posible. Y, por otro lado, lo que el estoicismo quiere hacernos entender es que, sin darnos cuenta, muy a menudo *sí* se nos indujo a que percibiéramos y pensáramos de determinada manera; lo hizo nuestra cultura y lo hemos hecho nosotros mismos (capítulos del cinco al nueve).

5. Los estoicos tienen una visión de las adversidades distinta de la convencional. No es que busquen deliberadamente situaciones difíciles o dolorosas, sino que cultivan una disposición mental que no se desestabilice ante ellas y que sea capaz de tornarlas en algo favorable. Es una parte inevitable e importante de la vida encontrarnos con situaciones que no queremos; y tener que vérnoslas con sucesos indeseados da lugar a logros notables, un carácter fuerte y otras cosas que *sí* queremos. Practicar el estoicismo significa, por tanto, aplicar la imaginación a los acontecimientos aparentemente desagradables y utilizarlos como material de construcción. El estoico toma lo que quiera que suceda y le saca provecho (capítulo diez).

6. Una parte del análisis estoico que acabo de describir tiene un carácter sustancioso pero negativo: se traduce en aniquilar mediante el razonamiento las convicciones falsas que en nada nos benefician. Desde la perspectiva del estoico, sin embargo, ese total desmantelamiento no debería conducirnos a una situación desesperada. Todo lo contrario: nos da la posibilidad de encontrar en la sabiduría placeres más satisfactorios y duraderos, y una forma de vivir menos angustiosa, de lo que hemos encontrado nunca en nuestros afanes ilusorios. Los estoicos nos proponen que escapemos directos a la realidad, por así decirlo, no que nos apartemos de ella. Percibir el mundo con claridad, comprender la vida como es y liberarnos de las ficciones que enloquecen a la mayoría de la gente es lo que ellos consideran el buen vivir (capítulos seis y once).

Los estoicos abogan asimismo por el disfrute de los placeres que son naturales, en contraposición a los que inventamos para poder tolerar una vida vivida en la inconsciencia. Su propuesta, en general, es que lo que sea que hagamos en el mundo –disfrutar, reaccionar o prácticamente cualquier cosa– lo hagamos con moderación y desapego (capítulo seis). *Desapego* no significa falta de atención o de interés, sino que puede considerarse más bien un aspecto de la moderación; es decir, moderación en la relación que establecemos con las cosas externas, evitando entusiasmarnos o sentirnos defraudados o perturbados de la manera que sea por su causa. Buena parte del estoicismo podría entenderse, básicamente, como la interpretación de dos famosas inscripciones talladas en el frontispicio del templo de Apolo en Delfos: «Conócete a ti mismo» y «Nada en exceso». Los estoicos convierten esas máximas en una práctica filosófica detallada.

7. El estoicismo nos ofrece además una visión afirmativa y enérgica del propósito de la vida, que es cultivar la virtud. Ser virtuosos significa vivir gobernados por la razón, y los estoicos entienden que la razón exige franqueza, bondad, humildad y devoción al bien común. También exige intervenir en los asuntos públicos, es decir, en la labor de ayudar a los demás de todas las formas posibles. En lugar de vivir para satisfacer sus propios deseos, los estoicos consideran que su papel es funcionar como partes de un todo. Encuentran en ello una gran alegría, aunque de un tipo muy distinto a la que reporta adquirir objetos o recibir la aprobación de los demás. La felicidad que buscan los estoicos es la *eudaimonia*, el buen vivir o auténtico bienestar; una felicidad que es fruto natural de la virtud. En opinión de los estoicos, esta es la única vía que asegura una felicidad duradera (capítulo once).

8. El estoicismo debe entenderse como una práctica, no como una serie de máximas dignas de admiración. Exige un trabajo serio, dado que muchas de nuestras opiniones –y los miedos y deseos que de ellas se derivan– son un hábito, y por tanto difíciles de cambiar o de ignorar, teniendo en cuenta además que el entorno y las convenciones las refuerzan constantemente. Domar la mente por medio de la razón requiere el mismo tipo de compromiso que asociamos a la práctica de las artes marciales u otras disciplinas físicas rigurosas. A cambio, el estoicismo ofrece felicidad, ecuanimidad y cordura (capítulo doce).

9. Se ha criticado el estoicismo por promover, supuestamente, la insensibilidad o la falta de compasión; por exigir lo imposible de sus estudiantes, y (dado que exige lo imposible) por convertir en hipócritas a sus adeptos. El capítulo trece ofrece algunas respuestas a estas críticas. En síntesis:

a. Se puede considerar que los estoicos utilizan la razón como sustituto del tiempo y la experiencia. Tratan de responder a las tentaciones y a las dificultades más o menos como lo harían si las estuvieran experimentando por milésima vez; la reacción que el estoicismo recomienda ante la mayoría de las situaciones es la reacción natural del veterano. Visto así, el estoicismo resulta menos sobrenatural. La filosofía puede considerarse una vía que nos ayuda a establecer una actitud mental a la que podríamos llegar nosotros solos al cabo del tiempo, y no un esfuerzo por ser menos humanos. Contemplar el estoicismo de esta manera deja claro también que el estoico practicante no es ni insensible ni indiferente. El estoico responde al sufrimiento de los demás como un buen médico que ya lo ha visto todo: con diligencia y compasión, aunque probablemente sin mucha emocionalidad.

b. La perfección estoica es sin duda imposible. El «sabio» que los estoicos ponen como ejemplo conviene entenderlo como un ideal, cuyo propósito es marcar una dirección, más que establecer un destino. No tiene por tanto nada de alarmante. Muchas tradiciones filosóficas y religiosas instan a sus seguidores a aspirar a un ideal que nadie alcanza. La cuestión no es si alguien consigue alcanzar la meta, sino si intentarlo nos ayuda a vivir.

c. La supuesta hipocresía estoica suele surgir de un malentendido sobre el propósito del estoicismo. Su propósito es ayudar a quienes lo practican, no es inculcarles ciertas nociones que les den pie a juzgar a los demás. Las exhortaciones de los maestros estoicos causan a veces una impresión diferente, pero explicar el estoicismo y practicarlo son cosas distintas. Puede que haya que enseñar lo que es el estoicismo para que el estudiante aprenda, pero ponerlo en práctica significa pensar y actuar, no predicar. Si el estoicismo inspira acusaciones de hipocresía contra sus estudiantes, es probable que esos estudiantes sean malos estoicos; no porque sus acciones sean impuras, sino porque hablan demasiado.

———

El orden de los capítulos que se ha seguido en el libro coincide en general con el orden de la explicación que acabas de leer. Con mucha frecuencia, cuando alguien escribe sobre el estoicismo empieza por definir la virtud y el lugar que ocupa en la filosofía. Aquí, eso viene después, no porque sea menos importante que lo que viene antes, sino porque es (creo yo) más fácil de entender una vez que se tiene clara la perspectiva estoica de lo que significa y exige la razón, un tema que se trata en los primeros capítulos. Digo esto para que te sientas libre de leer lo que sigue en el orden que sea de tu interés y no interpretes que la secuencia de temas atiende al criterio de los estoicos o al mío propio. Es un orden que he considerado útil, pero en absoluto esencial.

EL ESTOICO PRACTICANTE

Capítulo uno

LOS JUICIOS

El primer principio del estoicismo práctico es el siguiente: no reaccionamos a los acontecimientos; reaccionamos a nuestros juicios sobre ellos, y los juicios dependen de nuestra voluntad. Veremos a los estoicos desarrollar esta idea en las siguientes páginas, pero he aquí una típica expresión de ella:

> Si te afliges por alguna cosa externa, no es ella en sí lo que te perturba, sino el juicio que tú haces de ella; y este tienes el poder de abolirlo al instante.
>
> Marco Aurelio, *Meditaciones* 8.47

En otras palabras, lo que dicen los estoicos es que nuestros placeres, aflicciones, deseos y miedos constan de tres etapas, y no dos: no hay solo un suceso y una reacción, sino que hay un suceso, después un juicio u opinión sobre él y *luego* una reacción (a la opinión o juicio). Nuestra tarea es darnos cuenta del paso intermedio, comprender su frecuente irracionalidad y controlarlo mediante el uso paciente de la razón. Este capítulo comienza con el darse cuenta. En capítulos posteriores, se hablará de la irracionalidad y se ofrecerán consejos para dominarla. Empezamos por esto porque es un hecho fundamental; el resto de lo que dicen los estoicos depende en su mayor parte de él. Después nos hablarán de «lo externo», de los deseos, las virtudes y muchas cosas más; pero todo comienza con la idea de que construimos nuestra experiencia del mundo a partir de nuestras creencias, opiniones y pensamientos acerca de él; en definitiva, sobre la base de nuestros juicios, y estos dependen de nosotros.

A muchos estudiantes de la filosofía estoica, este primer principio les resulta chocante de entrada; poco a poco va siendo cada vez más convincente, y al final se ve que es obviamente cierto. Y luego puede que el ciclo se repita, ya que la mente nos da a cada momento la impresión opuesta, igual de convincente o más: tenemos la sensación de que nuestras reacciones a todo lo que sucede son por lo general directas y espontáneas; no parece que medie en ellas ningún juicio, o al menos ningún juicio que pudiera ser distinto del que es. Los estoicos consideran que todo esto es una ilusión, difícil de disipar porque la mente es una narradora poco fiable en lo que respecta al origen de nuestras reacciones. Nos dice que reaccionamos a las cosas externas, a lo que está ahí fuera, no a los juicios que ella misma hace. Por tanto, tiene que aprender a percibir y describir con más precisión su papel. El propósito del estoicismo es ayudarnos a pensar con más veracidad en nuestro pensamiento, enseñar a la mente a comprenderse a sí misma, hacer que el pez sea más consciente del agua.

La verdad de este principio estoico resulta más fácil de constatar cuando reaccionamos ante una ofensa, y la mente es la única que interviene. Supongamos que alguien nos insulta; ese insulto no tiene más significado que el que nosotros le demos. Si nos molesta, debe de ser porque nos importa; es decir, porque interpretamos de cierto modo lo que hemos oído. Pero también podríamos decidir que no nos importa, y ahí acabaría el insulto. Cualquier irritación puede considerarse del mismo modo: el ruido de los vecinos, el mal tiempo, un atasco. Si estas cosas te resultan irritantes, lo que te irrita son los juicios que haces de ellas: que son intolerables, importantes, y que es lógico irritarse cuando ocurren. Pero los hechos en sí no te obligan a pensar nada de esto; eso es algo que solo puedes hacer tú. Lo mismo puede aplicarse a contratiempos más serios y a los deseos, los miedos y el resto de las peripecias mentales. Siempre tenemos la sensación de que reaccionamos a las cosas del mundo; en realidad, reaccionamos a las que hay en nosotros. Así que a veces será más eficaz y más sensato cambiarnos a nosotros mismos que intentar cambiar el mundo.

Cuando sentimos dolor o placer a nivel físico, es más difícil detectar la intervención de la mente en nuestra reacción. Los dolores y los placeres parecen ser hechos inamovibles que nada tienen que ver con nuestro pensamiento; aun así, los estoicos insisten en que el modo de juzgar esas sensaciones determina cómo las experimentamos. De acuerdo, el dolor es dolor: una sensación que existe con independencia de lo que pienses de ella. Pero el grado de molestia que te causa, la atención que le prestas, lo que significa para ti, todo eso lo determinas tú. Los dolores y los placeres aumentan o disminuyen según lo que te cuentes de ellos o atendiendo a juicios demasiado profundos y sutiles como para que puedas ponerlos en palabras, pero que, no obstante, son tuyos. No somos conscientes del poder que tienen esos juicios; les quitamos importancia porque apenas los percibimos. Los estoicos los perciben. (Encontrarás más información sobre el dolor en la sección 11 del capítulo diez).

La idea de que reaccionamos de acuerdo con nuestros juicios puede sonar particularmente desconcertante si imaginamos que todos los «juicios» son conscientes y racionales. Pero un juicio puede adoptar toda clase de formas. Si racionalmente llegas a la conclusión de que las arañas no son peligrosas pero, aun así, te siguen dando miedo, ¿significa esto que tu miedo es independiente de la opinión que tengas de ellas? No, solo significa que tienes opiniones encontradas: una es que no hay motivo para que las arañas te inquieten, y otra que sí los hay. Te llevará tiempo desarraigar la segunda opinión incluso aunque hayas entendido con claridad que carece de fundamento. En pocas palabras, algunos juicios son pensamientos que nos contamos a nosotros mismos, y estos son los más fáciles de resolver. Otros están profundamente arraigados en nosotros y son de carácter no verbal. Los estoicos incluyen a veces dentro de los «juicios» todo lo que emitimos al mundo en cada encuentro con él; por ejemplo, el apetito que tenemos o que no tenemos en cierto momento y que determina si un plato de comida nos resulta tentador o no, o los condicionamientos de toda una vida que producen el mismo efecto. Cambiar este tipo de juicios puede no ser tan fácil. He aquí, pues, otra razón por la que practicar el estoicismo es una cosa muy seria y por la que nadie alcanza la perfección. Hay reacciones que, a pesar de pertenecernos, no son enteramente decisión nuestra. O son decisión nuestra en teoría, pero no tenemos la fuerza psicológica necesaria para cambiarlas.

En términos generales, los estoicos no hacían diferenciaciones, como podríamos hacer ahora, entre las numerosas formas que pueden adoptar los juicios –opiniones conscientes, actitudes inconscientes, respuestas condicionadas, predisposiciones químicas, tendencias genéticas...– ni subrayaban que algunas de ellas son más fáciles de cambiar que otras. Ocasionalmente, hacen algún comentario al respecto; dicen, por ejemplo, que algunas reacciones tienen una base física que no podemos controlar (sección 1 del capítulo nueve), y Séneca admite que nacemos con ciertos rasgos de temperamento que no pueden cambiarse (sección 10 del capítulo diez), pero los estoicos consideran que las reacciones habituales que tenemos ante las cosas –nuestras reacciones almacenadas–, debemos simplemente aprender a controlarlas con la práctica. Cualquiera se da cuenta de lo difícil que sería llevar plenamente a cabo esta idea; basta con que pienses en las cosas que más te gustan y más aborreces y en cuánto te costaría invertir la sensación que te producen a base de razonamientos. Pero afortunadamente, y esto es importante, al estoicismo le trae sin cuidado cuáles sean tus gustos, y no te pide que inviertas tus deseos y aversiones. Te pide que no te apegues a ellos. Tampoco es fácil, pero por lo general es mucho más factible.

En cualquier caso, podemos considerar que el objetivo estoico es que tomemos conciencia de nuestros juicios y los gobernemos en la medida de lo posible. Gracias a la información que tenemos actualmente, de la que no disponían los estoicos de la Antigüedad, hoy sabemos que la capacidad para hacer esto puede tener sus limitaciones; a un paciente psiquiátrico no le bastaría con leer los pensamientos de Epicteto para cambiar su estado mental. Pero incluso tomando esto en consideración, los estoicos dirían que la capacidad que tenemos para cambiar nuestra experiencia cambiando nuestra forma de pensar en ella es mucho mayor de lo que suponemos. Gran parte de los juicios que nos instan a advertir y reconsiderar no están profundamente arraigados. Son solo hábitos y convenciones.

Los estoicos no pretenden que tengamos una fe ciega en sus afirmaciones. Las apoyan con argumentos. A veces utilizan ejemplos sencillos, como el que comentaba de la reacción a un insulto; cosas que cualquiera entiende que solo se convierten en un problema terrible si nosotros decidimos que sea así. Para las reacciones que parecen más pertinaces e inevitables, suelen apelar en cambio a las comparaciones. Nos llaman la atención sobre las maneras tan distintas en que la gente reacciona ante los mismos acontecimientos en diferentes circunstancias, momentos y lugares. Lo que algunas personas temen (y no pueden imaginar *no* temer) a otras no les da miedo; aquello por lo que algunas están dispuestas a morir para otras no es nada. El pesar o el duelo, que a nosotros nos parece una reacción tan natural que no necesita explicación, se experimenta de forma muy distinta en otros contextos y culturas. En definitiva, es evidente que nuestras reacciones no son inevitables, así que, de un modo u otro, deben de ser obra nuestra. Y si dependen de los juicios que nos formamos, quizá entonces las podríamos cambiar.

1. *El principio general.* El estoicismo parte de la idea de que nuestra experiencia del mundo –nuestras reacciones, miedos, deseos y todo lo demás– no la produce el mundo. Es producto de lo que los estoicos llaman nuestros juicios u opiniones.

> Todo depende de la opinión. La ambición, el lujo y la avaricia se remontan a ella, y también nuestras aflicciones. Somos tan desgraciados como creemos serlo.
>
> Séneca, *Epístolas morales* 78.13

Cicerón, por su parte, expresa así la tesis estoica:

> La aflicción, por tanto, es la opinión actual de una desgracia presente, ante la cual parece justo abatirse y perder el ánimo. La alegría es la opinión actual de un bien presente, ante el cual parece justo que se ensanche el espíritu. El miedo es la opinión actual de que un mal, que imaginamos intolerable, nos amenaza. El deseo es la opinión de un bien que está próximo a llegar y que querríamos tener ya en la mano.
>
> Cicerón, *Disputaciones tusculanas* 4.7

Epicteto lo expresa con estas palabras:

> ¿Qué es el llorar y el gemir? Una opinión. ¿Qué es la desdicha? Una opinión. ¿Qué son la discordia, el antagonismo, la censura, la acusación, la impiedad, la palabrería? Opiniones y nada más.
>
> Epicteto, *Discursos* 3.3.18-9

No son las cosas las que atormentan a los hombres, sino las opiniones que se tienen de ellas. Por ejemplo: la muerte (bien considerada) no es un mal; porque si lo fuera, se lo habría parecido a Sócrates como a los demás hombres. No, no; es la opinión falsa que se tiene de la muerte lo que la hace horrible. Por lo cual, cuando nos hallamos turbados o impedidos, no debemos echar la culpa a otros, sino a nosotros mismos y a nuestras opiniones.

Epicteto, *Enquiridión 5*

La primera línea de este último pasaje de Epicteto era una de las máximas predilectas de Montaigne. La inscribió, en griego, en una de las vigas del techo de su estudio.

«Nos atormentamos –dice una antigua sentencia griega– por las opiniones que nos formamos de las cosas, no por las cosas en sí». Sería de gran alivio para nuestra miserable condición humana que pudiera demostrarse la veracidad absoluta de esta proposición, pues si los males no penetran en nosotros sino por nuestro juicio, estaría en nuestra mano desdeñarlos o tornarlos en bienes.

Montaigne, *Ensayos* I, *Cómo el sentimiento de los bienes y los males depende en gran parte de la idea que de ellos nos formamos* (1580)

Las cosas en sí mismas quizá tengan su peso, medida y cualidades, pero desde el instante en que las incorporamos a nosotros, el alma las acomoda como le parece. La muerte, que estremece a Cicerón, Catón la desea, y a Sócrates le es indiferente. La salud, la conciencia, la autoridad, la ciencia, las riquezas, la belleza y sus contrarios se desnudan al entrar y, recibiendo del alma una nueva vestidura, adoptan el color que a ella le place [...] Por lo tanto, no pongamos más como excusa las cualidades externas de las cosas; en nosotros estriba la apariencia que toman. Nuestro bien y nuestro mal no dependen sino de nosotros.

Montaigne, *Ensayos* I, *De Demócrito y Heráclito* (1580)

El bienestar y la pobreza dependen, así pues, de la opinión de cada cual; y las riquezas, la gloria y la salud solo tienen tanta importancia y causan tanto placer como les atribuye quien las posee. La situación de cada cual es buena o mala según su parecer individual. No está satisfecho de su vida aquel a quien los demás creen feliz, sino quien se cree satisfecho; y solo en este punto la creencia es esencialmente cierta.

Montaigne, *Ensayos* I, *Cómo el sentimiento de los bienes y los males depende en gran parte de la idea que de ellos nos formamos* (1580)

O como decía Montaigne en otro párrafo del mismo ensayo: «El precio da valor al diamante; la dificultad, a la virtud; el dolor, a la devoción, y el amargor, al medicamento». Comparémoslo con:

Hamlet: Nada hay que sea bueno o malo, a menos que así se piense.

Shakespeare, *Hamlet*, 2, 2

No es lo que las cosas son objetivamente y en sí mismas, sino lo que son para nosotros, en nuestra forma de verlas, lo que nos hace felices o desdichados.

Schopenhauer, *Sobre la sabiduría del vivir* (1851)

2. *La práctica estoica*. Como se ha explicado hasta ahora, esta primera enseñanza podría parecer una forma de comprender el funcionamiento de la mente y de dónde proceden nuestras reacciones. Así es. Pero el estoicismo difiere de otras tradiciones filosóficas en que es una actividad, no solo una teoría. Si entendemos de esta manera la idea central de este capítulo, veremos que lleva implícita la instrucción de que asumamos más responsabilidad de la habitual por nuestros pensamientos, y nos demos cuenta de que la forma en que nos hablamos a nosotros mismos es una elección. Si lo que nos causa malestar es lo que pensamos sobre las cosas, más que las cosas en sí, deberíamos hacer lo posible por abandonar esos pensamientos y encontrar otros nuevos.

Quizá porque parece algo tan elemental, o porque es más fácil de decir que de hacer, podría pensarse que no hay necesidad de decirlo. Pero sí la hay, ya que es fundamental para la práctica del estoicismo entender que nuestros pensamientos y opiniones dependen de nosotros y, sin embargo, es algo en lo que muchas personas rara vez reparan, y algunas no reparan jamás. Lo más habitual es que demos por ciertas cualquier idea y opinión que nos pasen por la mente y no nos paremos a examinarlas más de lo que examinamos el aire que nos entra en los pulmones. Los estoicos, en cambio, procuran distanciarse lo suficiente de los movimientos mentales como para poder tener dominio sobre ellos; es decir, nos exhortan a darnos cuenta de la irracionalidad que impulsa buena parte de lo que nos decimos a nosotros mismos y a sustituirla por algo más sensato. Efectivamente, a veces no es tan fácil hacer esto como decirlo; en algunos casos, es incluso imposible. Pero también hay veces en que, por el contrario, hacerlo es más fácil de lo que parece: dejas de decirte una cosa y te dices otra; después, poco a poco, empiezas a hacer lo mismo con pensamientos que no llegan a adoptar forma verbal. Destruir un pensamiento convencional nocivo es motivo de gran satisfacción para el estoico y una habilidad que mejora con la práctica.

Veamos algunos ejemplos de nuestra primera enseñanza estoica en palabras de Marco Aurelio, y en lugar de contentarnos con reflexionar sobre la idea que expresan, probemos a ponerla en práctica.

> Destierra esa opinión desfigurada, y no incurrirás en la fastidiosa queja de «me han hecho daño». Destierra el «me han hecho daño», y el daño desaparece.
>
> Marco Aurelio, *Meditaciones* 4.7

> ¡Qué fácil es apartar y borrar del pensamiento toda imaginación perturbadora o improcedente, y quedar de inmediato en total tranquilidad!
>
> Marco Aurelio, *Meditaciones* 5.2

Tenemos la posibilidad de no formarnos un juicio acerca de las cosas, y así no inquietarnos interiormente; pues las cosas, por sí mismas, no tienen una fuerza que nos obligue a calificarlas de buenas o malas.

Marco Aurelio, *Meditaciones* 6.52

Una idea que Séneca expresa así:

¿Qué es lo importante? Elevar el ánimo por encima de las cosas fortuitas, recordar que esta es una vida humana: si somos felices, saber que no será por mucho tiempo; si desdichados, saber que en realidad no lo somos, a menos que lo creamos así.

Séneca, *Cuestiones naturales* 3 Pref. 15

Existe cierto riesgo de que estos pasajes, tomados aisladamente, parezcan fomentar una especie de vacuidad. El objetivo del estoico, sin embargo, no es vaciar la mente, sino limpiarla de necedades y juicios erróneos. Nuestro trabajo en los próximos capítulos será ese: aprender a identificar la necedad y los errores de juicio. Entretanto, conviene recordar que ninguno de los autores recién citados buscaba una existencia plácida o retirada del mundo, o una mente exenta de complejidad. Cada uno de ellos, en su época, figuraba entre las personas más influyentes de la Tierra.

3. *Comparaciones.* Los estoicos sostienen que nuestra manera de reaccionar ante todas las cosas está determinada por cómo las juzgamos y lo que opinamos de ellas. Tratan de demostrarlo pidiéndonos, en primer lugar, que nos observemos a nosotros mismos con más atención. Algunas de nuestras reacciones, si las contemplamos con desapasionamiento, se nos revelan como resultado obvio de nuestra susceptibilidad.

Cuando los placeres han corrompido a la vez el cuerpo y la mente, todo nos parece insoportable; no por su dureza, sino por nuestra flojedad. Si no, ¿cómo se entiende que reaccionemos con ira porque alguien tose o estornuda, por una mosca que no conseguimos espantar, por un perro que se cruza en nuestro camino, o porque al sirviente descuidado se le resbala de la mano una llave?

Séneca, *De la ira* 2.25.3

Pero a veces la conclusión no es tan obvia; en ese caso, el método que preferentemente utiliza el estoico para demostrar el principio que estamos examinando son las comparaciones. Si una reacción nuestra nos parece natural, pero no vemos que nadie más la tenga, quizá no sea tan natural; quizá dependa de nosotros el reaccionar así. Los estoicos empiezan por comparar sus propias reacciones ante cosas similares en circunstancias diferentes, demostrando con esto que ni siquiera es ineludible que uno mismo reaccione de determinada manera. Disfrutan particularmente haciéndonos ver lo inconstantes que son nuestras respuestas, cómo fluctúan incluso ante cosas que estábamos convencidos de que eran tan indignantes que era inevitable exasperarse por ellas. Esa inconstancia indica que, en realidad, cualquier reacción dice más de nosotros que de aquello que maldecimos.

Los mismos ojos que en casa no toleran un mármol que no tenga irisaciones y no esté recién pulido, [...] que no quieren posarse sino sobre tapices bordados en oro, se resignan sin embargo a ver fuera callejuelas mal pavimentadas y fangosas, transeúntes en su mayor parte desaseados, y casas pobres de paredes torcidas, cuarteadas y a punto de derrumbarse. ¿Qué razón hay para que no ofenda en público lo que hiere en casa, salvo nuestra *opinión*: afuera, relajada y tolerante; en casa, destemplada y quisquillosa?

Séneca, *De la ira* 3.35.5

Cicerón expresa el punto de vista estoico en términos similares, comparando cómo los mismos individuos reaccionan ante cosas idénticas de manera distinta cuando varía su juicio sobre ellas.

Considerando que el mismo dolor le es más fácil de soportar a quien lo sufre por su país que a quien lo padece por alguna causa menor, cabe pensar que la intensidad del dolor depende no de su naturaleza intrínseca, sino de la opinión de quien lo sufre.

Cicerón, *Del supremo bien y el supremo mal* 3.13

Y Montaigne lo expresa de un modo más concreto:

Somos más sensibles al corte de bisturí de un cirujano que a diez heridas de espada en el ardor del combate.

Montaigne, *Ensayos* I, *Cómo el sentimiento de los bienes y los males depende en gran parte de la idea que de ellos nos formamos* (1580)

Después, los estoicos nos sugieren que pensemos en personas que nos parece que reaccionan con más nerviosismo que nosotros ante cualquier clase de acontecimiento o provocación; desde nuestro punto de vista, son hipersensibles. Nosotros, en cambio, tenemos la impresión de ser diferentes de ellas –es decir, no hipersensibles– porque nuestro grado de susceptibilidad nos parece lo normal. Cuando todo el mundo comparte una debilidad, ya no se considera que lo sea; parece que se trate de un rasgo natural y aceptable.

Todo lo que en general es superior a nuestras fuerzas nos parece duro e insufrible. Olvidamos que hay muchos para quienes el mayor suplicio sería no beber vino o levantarse temprano. Las cosas no son difíciles por su propia naturaleza, sino que nosotros somos perezosos y delicados.

Séneca, *Epístolas morales* 71.23

A quien tiene ictericia, le sabe amarga la miel; a aquel a quien ha mordido un perro rabioso, le aterra el agua; para el niño pequeño, una pelotita es una cosa magnífica. ¿A qué viene entonces enfadarse? ¿Te parece que tiene menos poder el engaño de la mente que la bilis en el ictericiado y el veneno en el hombre infectado de rabia?

Marco Aurelio, *Meditaciones* 6.57

Así como el estudio es un tormento para el holgazán, para el borracho lo es abstenerse de vino, para el extravagante es una angustia la frugalidad, y el ejercicio es una tortura para el hombre delicado y ocioso. Igual sucede con todo lo demás. Las cosas no son tan difíciles ni dolorosas en sí mismas; nuestra debilidad y cobardía las hacen así.

Montaigne, *Ensayos* I, *Cómo el sentimiento de los bienes y los males depende en gran parte de la idea que de ellos nos formamos* (1580)

Este estilo de pensamiento es aplicable no solo a la susceptibilidad que apreciamos en los demás en lo concerniente al sufrimiento y la irritación, sino también al comportamiento (sobre todo si es extremo) al que los llevan sus creencias; creencias que pueden parecernos extrañas, pero no más de lo que les parecerán a ellos las nuestras.

Cualquier opinión puede tener tanta fuerza como para obligarnos a abrazarla y a morir por ella. El primer artículo del valeroso juramento que Grecia mantuvo en su guerra contra los medos establecía que cada ciudadano prefiriese la muerte a la vida antes que cambiar las leyes griegas por las persas. ¡A cuántos se ve en la guerra entre turcos y griegos aceptar con placer una muerte cruel antes que rechazar la circuncisión para recibir el bautismo!

Montaigne, *Ensayos* I, *Cómo el sentimiento de los bienes y los males depende en gran parte de la idea que de ellos nos formamos* (1580)

O piensa en quienes reaccionan con *menos* nerviosismo que tú. Si los ves aguantar cosas que a ti te parecen insoportables, parece estar claro que tu reacción es particular tuya. Así dialoga Séneca con su propio dolor, al que quita importancia pensando en quienes soportan algo igual o peor sin quejarse:

> En verdad no eres más que dolor: el mismo dolor que desprecia la persona reumática, que quien padece del estómago se acostumbra a tolerar a cambio de poder comer lo que más le deleita, que soporta con valentía la joven en su primer parto.

> Séneca, *Epístolas morales* 24.14

En este pasaje y otros, los estoicos hablan de quitar importancia al dolor y otras fuentes de aflicción externas, o «despreciarlos». Sin embargo, la manera en que se utiliza la palabra *desprecio* a lo largo del libro no tiene la connotación de aborrecimiento con que suele emplearse en el lenguaje común. Los estoicos emplean el término en referencia a la nimiedad de algo, a su escasa importancia, razón por la cual deberíamos estar por encima de ello, sin que eso incluya un matiz de vituperio y aversión.

> Después de haber visto a los muchachos en Esparta, a los jóvenes en Olimpia y a los bárbaros en el anfiteatro recibir heridas espantosas y aguantar en silencio, ¿acaso gritarás tú si te roza algún dolor? [...] ¿No preferirás soportarlo con resolución y constancia, en vez de gritar: «¡Es intolerable! La naturaleza no lo resiste»? Sé lo que piensas: unos aguantan porque les mueve el deseo de gloria, otros por vergüenza, muchos por miedo; aun así: ¿tememos que la naturaleza no pueda soportar lo que soportan tantos y en circunstancias tan diferentes?

> Cicerón, *Disputaciones tusculanas* 2.20

Los dolores de parto, considerados muy serios por los médicos y hasta por Dios, y que entre nosotros se soportan con mil alaridos, hay pueblos enteros que los resisten como si tal cosa. Y no hablo ya de las espartanas; entre las suizas, esposas de nuestros soldados, ¿qué cambio notas cuando dan a luz? Tan solo que hoy se las ve marchar tras sus maridos cargando en las espaldas el hijo que ayer aún tenían en el vientre.

Montaigne, *Ensayos* I, *Cómo el sentimiento de los bienes y los males depende en gran parte de la idea que de ellos nos formamos* (1580)

Como muestran estos ejemplos, los estoicos solían tomarse las cuestiones antropológicas bastante a la ligera, a veces mucho; es posible que te parezcan un tanto capciosas sus apreciaciones sobre el parto. Lo importante es el espíritu inquisitivo que hay detrás de esta clase de comentarios, con los que quieren poner de manifiesto que las convenciones y el hábito tienen una notable capacidad de afectar a nuestros juicios. Lo que estamos acostumbrados a ver hacer a los demás, y lo que estamos acostumbrados a hacer o a sentir nosotros, pueden hacer que, arbitrariamente, cualquier cosa nos parezca normal o extraña, inevitable u optativa. Y estas fuerzas tienden a hacer su trabajo de un modo invisible: en cuanto adquirimos una costumbre o un hábito, los juicios que nacen de ellos los sentimos como si fueran rigurosamente nuestros, y no algo implantado y que podría ser diferente. Por eso debemos romper el hechizo de la familiaridad, y el mejor modo de hacerlo es observando que, pese a ser tan diversa la manera en que las distintas personas responden a una misma cosa, cada una de ellas acaba teniendo la sensación de que la suya es la respuesta natural.

4. *Los alimentos*. Esparta o las luchas con espada no son los únicos temas a los que recurren los estoicos para establecer comparaciones. Veamos en la práctica el principio que se estudia en este capítulo aplicado de distintas maneras a la comida, un tema común de reflexión estoica. Las reacciones a lo que comemos nos parecen inevitables en el momento, y de entrada se diría que son los alimentos, más que una condición nuestra, lo que las provoca; pero lo cierto es que, muy frecuentemente, se deben tanto a nosotros como a lo que hay en el plato. Los estoicos son estudiosos atentos de los apetitos que causan nuestras reacciones a los alimentos y a todo lo demás.

¿No tiene pan mi repostero? Lo tendrán el mayordomo o mis arrendatarios. «Pero no será buen pan», dices tú. Espera un poco y será bueno; el hambre hará que te parezca tierno y como hecho de la mejor harina. Únicamente, no comas hasta que el hambre te lo mande. Esperaré, pues, y no comeré hasta que tenga pan bueno o no pueda tener queja del malo.

Séneca, Epístolas morales 123.2-3

¿Quién no se da cuenta de que el apetito es el mejor condimento? Cuando Darío, huyendo del enemigo, tuvo que beber agua turbia y corrompida por los cadáveres, dijo que nunca había bebido nada de sabor más placentero; en realidad, nunca había bebido con tanta sed. [...] Comparad [quienes practicáis la moderación] a esos a los que veis sudando y eructando, sobrealimentados como bueyes cebados, y percibiréis que quienes con más ahínco buscan el placer son los que menos lo encuentran, y que el placer de comer reside en tener apetito, no en atiborrarse de comida.

Cicerón, Disputaciones tusculanas 5.97, 99-100

En este capítulo, estamos tratando de ver qué papel tienen nuestros juicios u opiniones en la elaboración de nuestra experiencia. El apetito puede considerarse un buen ejemplo de este tipo de juicios, si entendemos que un juicio incluye todas las particulares condiciones interiores que moldean nuestra reacción a lo que nos encontramos en el mundo. Desde cierta perspectiva, esto resulta obvio: por un lado, está la comida, que es algo externo; por otro, está el deseo que tenemos de ella, que es un juicio propio. Sin embargo, también puede resultar chocante que el apetito por la comida se considere un «juicio» en el sentido estoico del término, dado que, cuando tenemos apetito, lo sentimos como una realidad física. El hambre o la sed se presentan como una sensación corporal, no como una inclinación mental que tengamos la posibilidad de gobernar con el pensamiento. No obstante, el estoico cuestionaría la veracidad de estas impresiones.

En primer lugar, lo cierto es que muy a menudo *sí* tenemos la posibilidad de gobernar nuestros apetitos, siempre que nos adelantemos a ellos. Puede que no sea fácil cambiarlos una vez que existen, pero habría mucho que decir sobre cómo toman forma y, lo que es más, sobre si necesariamente han de tomarla. Los estoicos no se limitan a investigar cómo afectan los apetitos a nuestra experiencia, sino que estudian también cómo afectan a nuestros apetitos las elecciones que hacemos: nos permitimos tener hambre o no; nos tentamos con comparaciones y otros pensamientos que avivan el deseo o no. El dominio sobre los apetitos –cuándo y cómo cultivarlos, y cuándo y cómo no– forma parte de la práctica estoica. (Cultivarlos es lo apropiado en casos como el que describía Séneca hace un momento, en los que se aprende a obtener satisfacción de los placeres sencillos y naturales). Todo esto es un ejemplo de la reorientación general que los estoicos recomiendan, y que se traduce en invertir menos energía en conseguir o evitar las cosas y más en descubrir por qué las queremos, o no, y en darnos cuenta de que nuestra manera de pensar puede influir en esto. Volveremos a tratar estos aspectos en capítulos posteriores.

En segundo lugar, sin embargo, el estoico no se apresuraría a admitir que los apetitos, incluso una vez que existen, sean hechos físicos que escapan al dominio de la mente. Desde luego que un hambre feroz *podría* considerarse un hecho físico de ese tipo, así como otras sensaciones y dolores. Pero en este contexto, y en otros, es fácil olvidar hasta qué punto puede influir la mente en las sensaciones que nos crean las cosas externas. Una comida que de entrada nos parece deliciosa puede perder de repente todo su atractivo, y hasta darnos náuseas, si oímos contar algún detalle repugnante sobre cómo se ha preparado. (Podríamos decir entonces que *hemos perdido el apetito*). Y la situación no es mejor –puede ser incluso peor– si la mente hace ese descubrimiento *a posteriori*.

> Ocurre muy a menudo que si, después de haber saboreado con
> gran placer alimentos suculentos y refinados, alguien luego se
> entera o se da cuenta de que ha comido algo impuro o ilícito,
> este descubrimiento no solo va seguido de aflicción y malestar,

sino que la sola idea repugna al cuerpo hasta tal punto que se apoderan de él violentas arcadas y vómitos.

Plutarco, *Sobre la virtud moral* 4 (442f)

Montaigne eligió una ilustración más pintoresca:

Sé de un caballero que invitó a su casa a comer a varias personas de la buena sociedad, y unos días más tarde se jactó, por pura broma (pues la cosa no era cierta), de haber dado de comer a sus invitados pastel de gato. De entre los que habían asistido, una señorita se horrorizó tanto al saberlo que sufrió un violento trastorno de estómago y le sobrevino la fiebre, y fue imposible salvarla.

Montaigne, *Ensayos* I, *De la fuerza de imaginación* (1580)

La comida les interesa además a los estoicos en otro sentido, ya que les ofrece una fuente fértil de analogías entre el funcionamiento del estómago y el de la mente.

Al igual que el estómago debilitado por la enfermedad acumula bilis, y enferma cualquier alimento que le llega convirtiéndolo en germen de dolor intenso, así, en el caso de una mente corrompida, todo lo que le entregas lo convierte en una carga y en fuente de desdicha y perdición.

Séneca, *De beneficios* 5.12.6

Esta clase de comparaciones eran temas recurrentes en los escritos de Plutarco, que no era estoico en las cuestiones trascendentales, pero coincidía con las ideas estoicas en este y otros asuntos más inmediatos.

Cuando tenemos fiebre, todo lo que ingerimos nos sabe amargo y desagradable; pero cuando vemos a otros tomar la misma comida y no tener queja de ella, dejamos de culpar a la comida y a la bebida: entendemos que la culpa es nuestra y de nuestra enfermedad. Del mismo modo, dejaremos de culpar de nuestro malestar a las circunstancias si vemos a otros aceptar lo mismo alegremente y sin ofenderse.

Plutarco, *Sobre la paz del alma* 8 (468f-469a)

¿Acaso no has visto cómo los enfermos rechazan y llegan hasta a escupir los más caros y delicados alimentos, por mucho que los demás insistan y casi se los hagan tragar a la fuerza, y sin embargo en otro momento, cuando cambian sus condiciones, y respiran bien y su sangre es saludable y les baja la temperatura, se levantan y comen con apetito un simple trozo de pan con queso y repollo? Así es también el efecto de la razón sobre la mente.

Plutarco, *Sobre la virtud y el vicio* 4 (101c-d)

El doctor Johnson siguió desarrollando esta idea, aunque invirtiendo los hechos del ejemplo.

Lo que creemos desear nos atormenta, no en proporción a su valor real, sino de acuerdo con la estimación que le hemos dado en nuestra mente. En algunas enfermedades, se ha observado que el paciente ansiaba alimentos que, en estado de salud, difícilmente habría conseguido tragar; pero mientras sus órganos estaban así privados, el anhelo era irresistible, y no había manera de acallarlo hasta que se satisfacía. De la misma naturaleza son los apetitos irregulares de la mente; aunque suele ser una nimiedad la que los despierta, son igual de acuciantes que una necesidad verdadera: el romano que lloró la muerte de su lamprea sentía el mismo desconsuelo que hace saltar las lágrimas en otras ocasiones.

Johnson, *The Adventurer* n. 119 (1753)

Samuel Johnson se refiere a una anécdota que contó Plutarco. Craso y Domicio eran generales romanos. Domicio se rio de Craso al verlo llorar la muerte de su pez, parecido a una anguila; Craso replicó que aquellas lágrimas eran más de las que había derramado él a la muerte de sus tres esposas.

La comida se ha presentado aquí solo como ejemplo de cómo tendían a pensar los estoicos sobre todo aquello que nos es familiar. Muchas de las cosas de la vida cotidiana pueden someterse al mismo tipo de análisis. Para que no vayas a creer que Plutarco estaba obsesionado con la comida, por ejemplo, he aquí un campo de aplicación diferente, al que sin embargo se pueden adaptar muchos de los aspectos que se acaban de exponer:

> Otra ilustración de esto es la contención y retirada de nuestras partes íntimas, que permanecen sosegadas y sin temblor en presencia de las jóvenes y los bellos muchachos a quienes ni la razón ni la ley nos permiten tocar. Es el caso concreto de los que se enamoran y se enteran luego de que, sin saberlo, se han enamorado de una hermana o de una hija. Entonces el deseo se acobarda al imponerse la razón, y el cuerpo muestra sus partes en decente conformidad con ese juicio.
>
> Plutarco, *Sobre la virtud moral* 4 (442e)

5. *Metáforas y analogías.* Dado que los mecanismos mentales no son visibles como para poder hacer una representación exacta de ellos, y que además carecemos de un lenguaje que nos permita hacer una descripción literal del papel que desempeña la mente, los estoicos, a fin de ofrecernos una imagen de ella y de su poder para convertir los objetos y acontecimientos en experiencias de cuya veracidad no dudamos, recurren a veces a comparaciones y analogías figurativas que faciliten la comprensión de sus ideas. Estos son algunos ejemplos más:

> Como un cuenco de agua, así es el alma; como el haz de luz que cae en el agua, son las representaciones que el alma recibe.

Cuando se agita el agua, parece que la luz se agite también; y sin embargo no se agita.[*]

Epicteto, Discursos 3.4.20

Se necesita un espíritu elevado para juzgar las cosas elevadas; si no, les atribuiremos defectos que en realidad son nuestros. Por esta razón, la vara recta metida en el agua nos parece torcida o quebrada. De ahí que sea tan importante considerar no solamente lo que se ve, sino sobre todo de qué manera se mira. Y en lo que respecta a percibir la realidad, la mente mira como a través de la niebla.

Séneca, Epístolas morales 71.24

Plutarco por su parte dice:

Parece que las ropas nos calienten, pero no es porque ellas desprendan calor; en sí misma toda prenda es fría, razón por la cual quienes se acaloran o padecen fiebres frecuentes se cambian constantemente de ropa. Más bien, las prendas que nos envuelven retienen el calor que desprende el cuerpo y no permiten que se disipe. Algo similar ocurre con esa idea que engaña a la mayor parte de la humanidad de que si uno viviera en una gran casa, rodeado de gran cantidad de esclavos y riquezas, tendría una vida feliz. Pero una vida placentera y alegre no viene de afuera; por el contrario, la fuente del placer y la alegría es nuestro temperamento, y esos sentimientos los incorporamos a las cosas que nos rodean.

Plutarco, Sobre la virtud y el vicio 1 (100b-100c)

---

[*] N. de la T.: En la filosofía estoica, las representaciones (*phantasíai*: 'fantasías', 'imaginaciones') son concepciones mentales que surgen de nuestras percepciones sensoriales. Estas representaciones son la base de nuestro conocimiento y nuestra comprensión del mundo que nos rodea. Los estoicos creían que nuestras representaciones pueden ser verdaderas o falsas, dependiendo de si se corresponden o no con la realidad objetiva.

6. *Inferencias*. En este capítulo se ha presentado la idea más sustancial para la práctica del estoicismo: que nuestras reacciones a *todo* dependen de nosotros, aunque no lo parezca, y que infravaloramos el poder que tenemos para librarnos de las que nos perjudican. Podemos concluir el capítulo con algunas reflexiones sobre el carácter fundamental de este principio. La siguiente es de Epicteto:

> He aquí los comienzos de la filosofía: primero, la percepción del desacuerdo entre los hombres y la búsqueda de lo que origina ese desacuerdo; segundo, el rechazo y la desconfianza de la mera opinión y la investigación para averiguar si esa opinión es correcta o incorrecta; y, por último, la invención de algún canon para poder juzgarlo, igual que para tratar con pesos ingeniamos la balanza, o la regla para saber qué es lo recto y lo torcido.

> Epicteto, *Discursos* 2.11.13

A grandes rasgos, puede considerarse que esta descripción de Epicteto sintetiza cómo surgió la filosofía estoica, y también una posible manera de comenzar a practicarla, para cualquiera que tenga interés en su estudio. Empezamos a darnos cuenta de que otros hablan, piensan o actúan de forma diferente a como lo haríamos nosotros, o de forma diferente a como suponíamos que lo habría hecho cualquiera: este es el desacuerdo al que se refiere Epicteto. Esa revelación hace que dejemos de dar por descontado el carácter irrefutable de nuestros pensamientos y costumbres particulares, y admitamos la posibilidad de que dependan de nuestro albedrío y de las circunstancias más de lo que imaginábamos; de ahí, el rechazo y la desconfianza de la mera opinión. A su vez, esto nos lleva a examinar con más atención nuestro pensamiento y a buscar una base más verdadera y precisa en que fundamentar nuestros juicios, al igual que en el pasado ingeniamos la balanza y la regla. El resultado de este proceso de discernimiento puede no ser ni la opinión que antes teníamos ni tampoco la contraria, que en un primer momento nos sorprendió; puede que sea una perspectiva inesperada, que tenga en cuenta ambas opiniones y que nos dé una comprensión nueva y más elevada del asunto en cuestión. Si recorremos este ciclo mil veces, sería razonable que llegáramos por nuestro propio pie al principio estoico que se trata en este capítulo.

Hemos visto algunos ejemplos concretos de ese ciclo, pero la cuestión va más allá de cualquier caso particular. Porque no es que la reacción que tenemos ante esto o aquello sea obra de nuestra mente: es obra de la mente *toda* nuestra experiencia, lo cual significa que depende de nosotros en mucha mayor medida de lo que creemos. En la práctica, la filosofía consiste en responsabilizarnos de nuestro pensamiento y, al hacerlo, liberarnos de los apegos y juicios erróneos que, de lo contrario, dictan nuestra experiencia.

He aquí otras dos formas de sintetizar el contenido de este capítulo:

> Presta atención a tus impresiones, vigílalas día y noche, pues no es poca cosa lo que custodias: el respeto y la fidelidad a ti mismo, la ecuanimidad, la mesura; una mente que no es esclava de las emociones, del dolor, del miedo, de los contratiempos; en una palabra, la libertad.

Epicteto, Discursos 4.3.7

> Me parece a mí que, en todo lo que concierne a las perturbaciones mentales, el caso radica en un único hecho: que todas las perturbaciones están bajo nuestro poder, todas se basan en un juicio y todas son voluntarias. El error que está en el origen de las perturbaciones debe, pues, eliminarse; la opinión de la que brotan se ha de extirpar; y del mismo modo que los supuestos males que nos llegan deben hacerse más tolerables, también los supuestos bienes, que calificamos de grandes y gloriosos, debemos considerarlos con más moderación.

Cicerón, Disputaciones tusculanas 4.31

Pueden ser un buen comentario final de este análisis las palabras con que Cicerón concluyó uno similar a este.

Ahora que hemos determinado la causa de estas perturbaciones, que nacen todas ellas de juicios basados en una opinión, y por elección nuestra, podemos poner fin a esta discusión. Por otro lado, una vez que conocemos los límites del bien y del mal, en la medida en que al ser humano le es posible conocerlos, debemos comprender que nada puede esperarse de la filosofía más grande o más útil que lo que hemos estado discutiendo durante los últimos cuatro días. Porque además de infundir el apropiado desprecio por la muerte, y hacer soportable el dolor, hemos añadido el modo de apaciguar la aflicción, un mal tan grande como el mayor que conozca la humanidad. [...] Pues para la aflicción y las demás enfermedades del espíritu, solo hay una cura, que es hacernos comprender que todas dependen de la opinión, y que las adoptamos voluntariamente porque parece que es justo hacerlo. Este error, que es la raíz de todos los males, la filosofía promete erradicarlo por completo. Dediquémonos, pues, a su cultivo y sometámonos a su cura; porque mientras estos males nos posean, no solo no podemos ser felices, sino que ni siquiera podemos estar cuerdos.

Cicerón, *Disputaciones tusculanas* 4.38

Capítulo dos

LO EXTERNO

Una parte importante del estoicismo consiste en el estudio de las cosas externas: qué son, nuestra tendencia a malinterpretarlas y las distintas formas en que nos esclavizan. Por «cosas externas», se entiende todo aquello que está fuera de nosotros o que no depende de nuestra voluntad. En capítulos posteriores hablaremos de cuestiones concretas, como el dinero, la fama y las calamidades. Pero antes de examinar cada caso particular, en este capítulo veremos dos aspectos básicos de las enseñanzas estoicas en relación con lo externo como tal.

En primer lugar, un propósito fundamental de los estoicos es considerar lo externo sin apego. Esto repercutirá en la actitud que adoptemos frente a los acontecimientos y decisiones por los que habitualmente perdemos tanta energía quejándonos. Si algo distingue a los estoicos en el ámbito cotidiano de la existencia es la negativa a preocuparse por aquellas cosas que están más allá de su control, o a temerlas o a enfadarse por ellas. *Desapego* significa, además, no permitir que la felicidad dependa de conseguir, o evitar, cosas externas; por ejemplo, una situación económica desahogada o que nadie hable mal de nosotros.

Conviene hacer aquí una matización. Cada cual tendrá, por supuesto, sus *preferencias* con respecto a las cosas externas que se acaban de mencionar y a muchas otras. El estoico también; él preferiría tener riquezas a no tenerlas, y preferiría no sufrir adversidades. Pero es importante distinguir entre preferencias y apegos. La manera más fácil de ver la diferencia es comprobar cómo te sientes cuando no se satisfacen tus deseos. Imagina que deseas una cosa más que otra pero no la consigues, y sin embargo no te disgustas demasiado; esto es lo que podríamos llamar una (mera) preferencia. En otras palabras, es agradable tener lo que prefieres, y no tenerlo te causa cierta desilusión, pero no te desestabiliza. Lo mismo se puede aplicar a cuando sucede algo que hubieras preferido que no sucediera: ¡qué se le va a hacer!, de poco sirve lamentarse. Esta es básicamente la actitud que tienen los estoicos ante todas las cosas que no están bajo su control. El apego es diferente; el apego a un objeto, en sentido amplio, hace que tu felicidad dependa de él. Te empuja y tira de ti. En capítulos posteriores se hablará con más detalle de la distinción entre preferencia y apego. Por ahora, basta con saber que los estoicos se proponen alcanzar un equilibrio que esté basado en la calidad de su pensamiento y de sus acciones, un equilibrio que no dependa de nada que esté fuera de su dominio.

La segunda enseñanza estoica general sobre lo externo es que nos cuesta percibirlo acertadamente: o bien nos engaña, o bien nos engañamos a nosotros mismos respecto a lo que percibimos. El estoicismo nos ofrece algunas maneras de sortear esos engaños, como, por ejemplo, desnudar de todas sus capas un suceso que nos resulte excitante o aterrador, o descomponerlo en partes que podamos apreciar con más exactitud que el conjunto. Y esto mismo los estoicos lo aplican a las personas, cuya reputación o riqueza (o falta de ella) pueden causarnos una impresión distorsionada. El estoico se propone ver las cosas como son.

Las enseñanzas del primer capítulo pueden relacionarse con las de este. El primer capítulo trataba de las cosas que dependen de nosotros; este, de las que no. Para ser un poco más precisos: en el capítulo uno se exponía que no son los acontecimientos en sí lo que nos afecta, sino nuestros juicios y opiniones sobre ellos, y, por tanto, tenemos más control sobre lo que experimentamos del que creemos tener. Este capítulo es la otra cara de la moneda: nos apegamos a cosas externas que imaginamos que podemos controlar, pero que en realidad no podemos, y sistemáticamente nos engañamos a nosotros mismos al respecto, un hábito que nos hace infelices y nos impide ser libres. Así que estos primeros capítulos nos proponen que invirtamos los términos, por así decir. En la actualidad, malgastamos nuestra energía en cosas que no dependen de nosotros, y en cambio apenas somos conscientes de las que sí dependen. El estoicismo se traduce en el propósito de darle la vuelta a eso y desplazar nuestro centro de gravedad a un lugar más práctico y beneficioso.

1. *Las cosas que no dependen de nosotros.* Cada filósofo estoico tiene sus particularidades. Este capítulo le pertenece en primer lugar a Epicteto, cuya proposición más reiterada era la necesidad urgente de renunciar a los deseos y temores que dependen de lo externo.

> Hay ciertas cosas que dependen de nosotros, como la opinión, la inclinación, los deseos, la aversión y, en una palabra, todas nuestras operaciones. Hay otras que no dependen, como el cuerpo, las riquezas, la reputación, los cargos y, en definitiva, todo aquello que no es esencial a nuestras acciones.
>
> Epicteto, *Enquiridión* 1

> Solo hay una vía para la felicidad –cuida de que esta regla te acompañe mañana, tarde y noche–: mantente desvinculado de las cosas que no dependen de ti.
>
> Epicteto, *Discursos* 4.4.39

> En el hombre, toda incertidumbre nace en torno a lo exterior; se siente impotente por las cosas externas: «¿Qué voy a hacer? ¿Qué pasará ahora? ¿Cómo saldrá todo? ¡Espero que no ocurra esto ni aquello!». Estos son los clamores de aquellos que se preocupan por lo que no está en su mano. Pues quién se pregunta: «¿Cómo evito asentir a lo que es falso? ¿Cómo hago para no dar la espalda a lo que es verdad?». Si hay alguien de naturaleza tan noble que se angustia por estas cosas, le recordaré: «¿Por qué te angustias? Estate tranquilo, esto sí depende de ti».
>
> Epicteto, *Discursos* 4.10.1

¿Qué admiramos? Las cosas externas. ¿En qué ponemos nuestros anhelos? En las cosas externas. ¿Es de extrañar, entonces, que vivamos atemorizados y angustiados? ¿Cómo podría no ser así, cuando consideramos que son males lo que se avecina? No podemos sino temer, no podemos sino angustiarnos. Entonces decimos: «Dios mi Señor, líbrame de esta angustia». Imbécil, ¿no tienes manos? ¿No te las hizo Dios? ¿Vas a sentarte a rezar para que deje de gotearte la nariz? Mejor límpiate los mocos y deja de implorar. Entonces ¿qué?, ¿Dios no te ha dado nada que te ayude en estos asuntos? ¿No te ha dado tenacidad, no te ha dado grandeza de ánimo, no te ha dado valor?

Epicteto, Discursos 2.16.11-14

Un inciso para quienes compartan mi interés por la etimología de los insultos. En las traducciones al inglés de este texto de Epicteto, el término utilizado para lo que en castellano se ha traducido por 'imbécil' es *moron* (hay países de Latinoamérica en los que se emplea en el lenguaje coloquial el adjetivo *morón* con el mismo significado), que se deriva del término griego que empleó Epicteto, *mōros* (transliterado al castellano). Aunque era un adjetivo, él lo utiliza aquí como sustantivo y hace lo que nosotros si dijéramos «escúchame, imbécil». Y ahora volvamos a nuestro tema, por vía de Séneca:

Un hombre alcanza el grado más elevado si sabe de qué debe regocijarse, y no hace que su felicidad dependa de cosas que no están en su poder. Estará inquieto e inseguro quien solo se anime con la esperanza de algún bien, aunque sea fácil de conseguir y aunque sus esperanzas nunca le hayan fallado.

Séneca, Epístolas morales 23.2

De Marco Aurelio:

Piensa en las cosas que no están en tu mano y que consideras buenas o malas. Cuando las cosas malas ocurren, o las buenas no, invariablemente culpas a los dioses y odias a los responsables de ello o a los que sospechas que lo son. Y sucede que muchas veces, por la discrepancia de opinión acerca de estas cosas, cometemos grandes injusticias. Pero si juzgásemos como bienes o males solamente lo que de nosotros depende, no quedaría ocasión para acusar a Dios ni para alimentar la hostilidad contra los hombres.

Marco Aurelio, *Meditaciones* 6.41

Algunos comentarios relacionados con el tema:

Puesto que no tengo dominio sobre los acontecimientos, me domino a mí mismo y me acomodo a ellos si ellos no se acomodan a mí.

Montaigne, *Ensayos* II, *De la presunción* (1580)

La fuente de contento debe manar en la propia mente [...] Quien tenga tan escaso conocimiento de la naturaleza humana como para creer que la felicidad depende de cambiar cualquier cosa que no sea su propia actitud malgastará su vida en esfuerzos infructuosos y multiplicará las penas que se propone eliminar.

Johnson, *The Rambler* n. 6 (1750)

El hombre común hace que la felicidad de su vida dependa de cosas externas a él: la propiedad, el rango, la esposa y los hijos, los amigos, la sociedad..., de modo que cuando los pierde o los encuentra decepcionantes, los cimientos de su felicidad se destruyen. En otras palabras, su centro de gravedad no está en sí mismo, sino que cambia constantemente de lugar, con cada deseo y cada capricho.

Schopenhauer, *Sobre la sabiduría del vivir* (1851)

2. *El bien y el mal.* El análisis estoico de lo externo supone un ajuste de lo que llamamos el bien y el mal. Los estoicos sostienen que esas propiedades residen solo en lo que depende de nosotros, es decir, en el uso que hacemos de nuestro juicio, como se exponía en el capítulo uno. Las cosas

y los acontecimientos, por tanto, no son ni buenos ni malos. Lo son solo nuestras mentes.

> Podemos decir que el hombre feliz es el que ha comprendido que nada es bueno ni malo, y que la bondad o la maldad está en la mente que lo percibe.
>
> Séneca, *De la vida bienaventurada* 4.2

> ¿Dónde reside el bien? En lo que elegimos. ¿Dónde reside el mal? En lo que elegimos. ¿Dónde ni lo uno ni lo otro? En lo que no es de nuestra elección.
>
> Epicteto, *Discursos* 2.16.1

El significado que tienen para el estoico el bien y el mal se irá aclarando en el transcurso del libro. En general, los estoicos identifican el bien con el uso correcto de la razón, que a su vez los lleva a una vida dirigida en beneficio del conjunto, es decir, de los demás. En sentido más inmediato, se traduce en evitar vicios como la codicia, la deshonestidad y los excesos. Estos se consideran errores derivados del apego a lo externo, y de tratar lo externo como si fuera bueno o malo en sí mismo. Por tanto, el paso primero y esencial que nos conducirá a una vida virtuosa es, como acaban de proponer nuestros autores, abandonar los apegos. Dicho de otro modo, las cosas del mundo son (como a veces lo expresan los estoicos) «indiferentes» o neutras. Las convertimos en buenas o malas según nuestra elección.

> «¿Es la salud un bien y la enfermedad un mal?» No, debemos ser más precisos. «¿Qué, entonces?» La salud, si se utiliza con inteligencia, es un bien; si con ignorancia, un mal.
>
> Epicteto, *Discursos* 3.20.4

Decimos que una habitación es luminosa, y sin embargo de noche es oscura. El día le da claridad, la noche se la quita. Así ocurre con todas las cosas que llamo «indiferentes»: las riquezas, la salud, la belleza, los honores, el mando; o sus contrarias, la muerte, el destierro, la enfermedad, los dolores y todas las demás cosas que, en mayor o menor grado, nos parecen terribles. Es la perversidad o la virtud la que las llama «bienes» o «males» según el uso que hace de ellas. Pero el hierro, de por sí, no es caliente ni frío; si se pone al fuego, se calienta; si se sumerge en agua, se enfría.

Séneca, *Epístolas morales* 82.14

Esta postura le permite a Séneca responder a la eterna pregunta de por qué les suceden cosas malas a las personas buenas: no es así. Las cosas que son en verdad malas solo ocurren en la mente, y la mente de la persona buena está libre de ellas.

«Pero ¿por qué permite Dios que les sucedan males a los hombres buenos?». La verdad es que no lo permite: los libera de todos los males, de los crímenes y las acciones vergonzosas, de los malos pensamientos e intenciones, de la avaricia, el deseo ciego y la codicia de los bienes ajenos. Al hombre bueno, lo protege y lo defiende. ¿O insinúas que Dios debería vigilarle también el equipaje? No; el hombre bueno exime él mismo a Dios de tal cuidado, con su desprecio de las cosas externas.

Séneca, *De la Divina Providencia* 6.1

Marco Aurelio dio la vuelta a esa idea y la convirtió en una prueba: nada es bueno ni malo si puede sucederle tan fácilmente a una persona buena como a una mala.

Muerte y vida, honor y deshonra, dolor y placer, riqueza y necesidad, no siendo de por sí cosas nobles ni vergonzosas, les suceden por igual a los hombres buenos y a los malos. En rigor, por tanto, no son ni bienes ni males.

Marco Aurelio, *Meditaciones* 2.11

También Epicteto especifica qué cosas debemos considerar buenas y, por tanto, fuente de deleite. Una vez más, nos advierte que evitemos entusiasmarnos con lo externo; deberíamos deleitarnos, o no, con la calidad de nuestro entendimiento, no con las propiedades de las cosas que no están bajo nuestro dominio.

> No te alabes jamás por excelencias ajenas. Si un caballo pudiese decir que es hermoso, en su boca sería tolerable. Pero cuando tú, jactándote, dices: «Tengo un hermoso caballo», ¿sabes lo que haces? Te alabas por lo que no te pertenece. ¿Qué es, pues, lo que es tuyo? El uso que haces de tus impresiones. Por esta razón, si miras las cosas conforme a su naturaleza y las juzgas en consecuencia, entonces es lícito que te sientas ensalzado, porque te enorgulleces de una facultad que efectivamente posees.
>
> Epicteto, *Enquiridión* 6

3. *Lo externo y la libertad.* Epicteto había sido esclavo. Tanto él como otros estoicos hablaron a menudo de que la dependencia de las cosas externas era una forma de esclavitud: quien está apegado a algo o a alguien, decían, es esclavo de eso que tiene dominio sobre él. La filosofía estoica es, por consiguiente, un camino a la liberación. Epicteto consideraba la voluntad como el verdadero yo y como la única parte de nosotros que es libre.

> Cualquiera, pues, que tenga deseo de ser libre, conviene que se acostumbre a no tener deseo ni aversión alguna de todo lo que depende del poder ajeno. Porque, de lo contrario, será inevitablemente un esclavo.
>
> Epicteto, *Enquiridión* 14

> Si te quedas boquiabierto por lo externo, forzosamente irás dando tumbos arriba y abajo según la voluntad de tu amo. ¿Y quién es tu amo? Quienquiera que tenga poder sobre las cosas que ansías o rehúyes.
>
> Epicteto, *Discursos* 2.2.25

El hombre no es amo del hombre; lo son la muerte y la vida, y el placer y el dolor. Sin esas cosas, tráeme al César y verás cómo no me inmuto. Pero si viene con ellas, atronador y echando rayos, y esas cosas me dan miedo, ¿qué hago entonces sino reconocer a mi amo, como el esclavo fugitivo? Mientras solo consiga de esas cosas alguna suerte de tregua, estaré de pie en el teatro como el esclavo fugitivo; me baño, bebo, canto, pero todo lo hago con miedo e intranquilidad. Ahora bien, si me libero de los amos –es decir, de aquellas cosas por las que los amos son temibles–, ¿qué problema tendré entonces, ni qué amo?

Epicteto, Discursos 1.29.60

Una vivaz costumbre en el aula de Epicteto era que a quienes se preocupaban o quejaban por cosas externas se los llamara sistemáticamente esclavos.

Ningún hombre bueno se aflige ni gime, ninguno se lamenta, ninguno palidece y tiembla ni dice: «¿Cómo me recibirá aquel, cómo me escuchará?». ¡Esclavo!, actuará como le parezca. ¿Por qué te preocupas de lo que hagan los demás?

Epicteto, Discursos 2.13.17

En pocas palabras, si le oyes decir: «¡Pobre de mí, lo que tengo que soportar!», llámalo esclavo. Si lo ves lamentarse abatido y culpar a otros de su desdicha, llámalo esclavo..., esclavo envuelto en una toga ribeteada de púrpura.

Epicteto, Discursos 4.1.57

La toga con ribete púrpura era la vestimenta de los senadores romanos.

Cuando veas a alguien arrastrarse ante otro, o adularlo en contra de su propia opinión, puedes tener la seguridad de que no es libre. Y no solo si lo hace por una simple cena, sino incluso por una prefectura o un consulado. A los que hacen estas cosas a cambio de una minucia, puedes llamarlos esclavos menores, mientras que a los que se arrastran a cambio de grandiosidad, puedes llamarlos grandísimos esclavos, como se merecen.

Epicteto, *Discursos* 4.1.55

A los ojos de Séneca, todos éramos esclavos por una u otra razón.

He sabido con agrado, por los que vienen de tu parte, que tienes un trato familiar con tus esclavos. Es propio de un hombre prudente y sabio como tú. ¿Son esclavos? No, son hombres. ¿Son esclavos? No, camaradas. ¿Son esclavos? No, son amigos humildes, y compañeros de esclavitud, considerando que estamos todos sujetos a los mismos caprichos de la fortuna.

Séneca, *Epístolas morales* 47.1

Porque ¿quién no es esclavo? Uno es esclavo de las mujeres, otro del dinero, otro de la ambición, y todos somos esclavos del miedo. Te presentaré a un antiguo cónsul que es esclavo de una vieja, y a otro, muy opulento, que es esclavo de una criada, ¡te mostraré a jóvenes ilustres que viven al servicio de algún comediante! Y no hay esclavitud más vergonzosa que la voluntaria.

Séneca, *Epístolas morales* 47.17

Los comediantes no eran mimos silenciosos, sino un tropel de cantantes y bailarines que representaban escenas de mitos y leyendas. Era una forma popular de entretenimiento en Roma, y a los actores de más éxito se los consideraba auténticas celebridades.

«Para gozar de verdadera libertad, has de ser esclavo de la filosofía».

Epicuro, citado en Séneca, *Epístolas morales* 8.7

Comparémoslo con lo que dice Montaigne:

> La servidumbre verdadera y efectiva solo concierne a los que se someten a ella de buen grado y a los que tratan de adquirir honores y riquezas a costa del trabajo ajeno. El que se contenta con sentarse discretamente en su casa, y sabe administrarla sin querellas ni procesos, es tan libre como el dux de Venecia.
>
> Montaigne, *Ensayos* I, *De la desigualdad que existe entre nosotros* (1580)

4. *No añadir nada a lo externo.* Este capítulo se ha dedicado hasta ahora principalmente a un único objetivo estoico: dejar de apegarse a las cosas externas. Hay una serie de enseñanzas relacionadas con esto que apuntan a lo difícil que nos resulta percibir lo externo acertadamente. Nos cuesta resistirnos a las cosas porque nos parecen atractivas, aterradoras o impresionantes, pero solo nos lo parecen porque no hemos aprendido a verlas como son en realidad. Séneca pensó que valía la pena observar nuestras reacciones como lo hacemos con las de los niños. Veamos lo que dice sobre nuestra percepción errónea de las cosas aplicado a las que nos agradan:

> Qué triviales son las cosas que admiramos. Somos como los niños, que toman por valioso cuanto les sirve de juguete y corren con más apremio hacia una bagatela que hacia sus padres y hermanos. ¿En qué nos diferenciamos de ellos, como dice Aristón, sino en que nuestra insensatez de adultos nos hace codiciar cuadros y estatuas, y es por tanto un desvarío más caro que el suyo?
>
> Séneca, *Epístolas morales* 115.8

Aristón de Quíos fue uno de los primeros filósofos estoicos griegos y colega de Zenón de Citio, el fundador de la escuela estoica. Volviendo a Séneca, esto es lo que dice sobre las cosas externas que tememos:

> Recuerda ante todo separar las cosas del tumulto que se forma en torno a ellas y considerar lo que es en sí misma cada una; verás

entonces que nada tienen de temible, salvo el miedo con que las miramos. Lo que les ocurre a los niños nos ocurre a nosotros (que somos niños grandes): si sus amigos, con los que acostumbran a jugar, se les presentan con una careta, se quedan aterrados. Tenemos que quitarles la máscara no solo a las personas, sino a las cosas también, y contemplarlas en su aspecto natural.

Séneca, *Epístolas morales* 24.13-14

Para ayudarnos a eliminar la máscara, los estoicos nos ofrecen dos técnicas, lo bastante generales como para examinarlas en este capítulo (en capítulos posteriores, veremos consejos más específicos para cuestiones concretas). La primera es probar a no añadir nada cuando se nos presenta algo externo. Lo habitual es que, en cuanto ocurre algo, nos apresuremos a atribuirle un significado. Lo catalogamos como una buena o una mala noticia, como motivo de alegría o de indignación. O le concedemos un lugar en un relato que nos contamos, que quizá viene de lejos o que inventamos en ese instante. Y acto seguido, reaccionamos a esa catalogación, al relato y a cualquier imaginación relacionada. Los estoicos consideran que este proceso es una trampa. La asignación de valor o significado a las cosas suele ser más automática que consciente, generalmente se basa en las convenciones y es por tanto falsa o arbitraria; y, sin embargo, determina cómo nos sentimos y lo que pensamos y hacemos respecto a lo sucedido. Por eso, los estoicos recomiendan que ralenticemos el pensamiento y desconfiemos de la imaginación; no de la imaginación en su vertiente creativa, sino de la imaginación que es «el enemigo de los hombres, el padre de todos los terrores», como la define Joseph Conrad. En resumen, cada vez que el estoico se encuentra con un comentario, un acontecimiento o un objeto, trata de verlo por lo que es realmente. Cualquier añadido se hace con mucho cuidado.

«Su nave se ha hundido». ¿Qué ha pasado? Que su nave se ha hundido. «Lo han metido en la cárcel». ¿Qué ha pasado? Que lo han metido en la cárcel. La idea de que «a ese le van mal las cosas» cada uno la añade por su cuenta.

Epicteto, *Discursos* 3.8.5

«Me duele la cabeza». No añadas: «¡Ay, qué desgracia! «Me duele el oído». No añadas: «¡Ay!». No digo que no puedas quejarte,
pero no te quejes por dentro.

Epicteto, *Discursos* 1.19.19

No te digas tú a ti mismo más de lo que dicen las primeras impresiones. Supón que se te anuncia que alguien va hablando muy
mal de ti: esto es lo que se te ha anunciado; no se te ha anunciado
que hayas sufrido daño alguno. Veo que mi hijo está enfermo:
esto lo veo; pero que esté en peligro no lo veo. Así pues, quédate
siempre con las primeras representaciones; no añadas nada en tu
interior, y no te pasará nada. O más bien, añade alguna reflexión,
pero como quien conoce a fondo la naturaleza de cuanto sucede
en el mundo.

Marco Aurelio, *Meditaciones* 8.49

Guillaume du Vair observó cierta trampa que nos hacemos a la hora de interpretar un acontecimiento, que es describirlo valiéndonos de metáforas que
en realidad no se corresponden con él y estableciendo comparaciones alar-
mantes y engañosas.

Más que las cosas en sí, nos atormentan las opiniones que tenemos de ellas y que se forman por las palabras que utilizamos.
Cuando ocurre algo sorprendente para lo que no tenemos palabras, lo llamamos por el nombre de algo que conocemos, e
imaginamos que es como eso otro, y la imagen y la idea se nos
quedan grabadas en la mente.

Du Vair, *De la philosophie morale des Stoïques*
[De la filosofía moral de los estoicos] (1585)

La segunda técnica estoica consiste en la sustracción. Se utiliza para cosas
externas que ya conocemos y que nos cuesta percibir con precisión porque

están ya envueltas en significados convencionales. Se trata, por tanto, de despojar al objeto de los matices románticos o terroríficos o de cualquier otro tipo que se le hayan superpuesto, y distinguir entre lo que es y las palabras que empleamos para hablar de él o el nombre que le damos. En realidad, esta técnica es una variante del proceso que se ha descrito hace un momento: percibir las cosas como son, no como nos han dicho que son, o como todo el mundo hace ver que son, o como nos contamos que son a nosotros mismos. Solo que, en este caso, en lugar de no añadirles nada, les quitamos lo que ya tienen añadido.

Uno de los métodos predilectos de los estoicos para poner esto en práctica es penetrar en cualquier cosa hasta percibirla de la manera más esencial posible o descomponerla en partes a fin de que se disuelva la apariencia formidable que pueda tener, ya como objeto de deseo o de aversión.

> Las cosas que te agradan o te son de utilidad, o aquellas que amas, acuérdate de considerarlas como son en sí mismas. Empieza el examen por las que menos te importan. Por ejemplo: cuando manejas una olla de barro, piensa que es una olla de tierra lo que manejas y que puede quebrarse fácilmente. Porque, habiendo hecho esta reflexión, si llegase a quebrarse, no te alterarás.
>
> Epicteto, *Enquiridión* 3

> Cuando nos presenten alimentos extravagantes y otros comestibles caprichosos, conviene hacer la reflexión «este es el cadáver de un pez, este el cadáver de un ave, este el de un lechón»; o «este vino de Falerno es el zumo de la uva», y «esta toga púrpura es lana de oveja teñida con sangre de marisco»; o, sobre la cópula, «esto es la fricción de un trocito de intestino y una excreción de mucosidad acompañada de cierta convulsión». Son muy eficaces esta clase de consideraciones, para que, al penetrar en el interior de las cosas y apartarles el velo, veamos con mayor claridad lo que son realmente. Igual deberíamos hacer con todo lo demás que ocurre en el curso de la vida: siempre que las cosas parezcan

demasiado valoradas, deberíamos desnudarlas en nuestra mente, percibir su baratura y despojarlas de su apariencia de fingida gravedad.

Marco Aurelio, *Meditaciones* 6.13

Menospreciarás el canto más deleitable al oído, el baile y el pancracio si divides la tonada armoniosa en sus tonos particulares y en cada uno te preguntas: «¿Esto es lo que me embelesa?», pues sin duda te avergonzaría confesarlo. Con el baile, haz otro tanto en cada movimiento y gesto particular del cuerpo, y haz lo mismo en lo que toca al pancracio. En suma, salvo ante la virtud y las acciones que emanan de ella, acuérdate de volver sobre las partes y considerarlas tomadas por sí solas, pues dividiendo las cosas de esta manera te será fácil despreciarlas. Finalmente, traslada esto mismo a tu vida entera.

Marco Aurelio, *Meditaciones* 11.2

El *pancracio* (literalmente, 'fuerza total') equivaldría más o menos a lo que ahora llamamos lucha libre profesional, o artes marciales mixtas, y era una de las pruebas olímpicas.

5. *Juzgar a los demás.* Los acontecimientos y bienes mundanos que se acaban de mencionar son los ejemplos más sencillos y comunes de lo externo. Pero los estoicos incluían además en esta categoría a los demás seres humanos, ya que tan difícil nos resulta percibirlos con claridad como nos ocurre con cualquier otra cosa. Por consiguiente, es al ser humano a quien se proponen esta vez despojar de sus disfraces.

Igual que se aclara y aguza con ciertos medicamentos la vista de los ojos, podemos hacer también más penetrante la del espíritu librándola de impedimentos, para que sea capaz de percibir la virtud aunque esté sepultada en un cuerpo, oculta por la pobreza o por una apariencia humilde y deshonrosa. Entonces, repito, veríamos la hermosura de aquella alma aunque estuviera cubierta de inmundicia. Y al contrario, descubriríamos la perversión y ruindad de la mente maliciosa a pesar del falso brillo de los honores y posesiones que deslumbran a quien los contempla.

Séneca, *Epístolas morales* 115.6

De aquellos a quienes la riqueza y los honores han colocado por encima de los demás, no encontrarás a uno solo que sea realmente grande. ¿Por qué lo parecen, entonces? Porque añades la medida de la base a la de la estatua. Pero un enano seguirá siendo pequeño aunque se ponga en la cima de una montaña; y un coloso conservará su tamaño aunque esté en el fondo de un pozo. He aquí nuestro error y lo que ordinariamente nos engaña: no estimamos a la persona sola, sino que le añadimos las envolturas y símbolos que la adornan.

Séneca, *Epístolas morales* 76.31-32

El pedestal no forma parte de la estatua. Mide al hombre sin sus zancos; que deje a un lado sus riquezas y honores y se presente en ropa interior. ¿Tiene el cuerpo bien dispuesto para realizar todas sus funciones? ¿Goza de buena salud y vitalidad? ¿Y su alma? ¿Es hermosa y capaz, y está felizmente provista de todas las cualidades que constituyen un alma íntegra? ¿Es rica en dones propios o prestados? ¿Cuánto ha tenido que ver con ello la fortuna? ¿Es capaz de ver desenvainar la espada sin inmutarse, indiferente a si la vida se le escapará por la boca o por la garganta? ¿Es un alma satisfecha, constante y serena? Esto es lo que debemos ver, y juzgar de acuerdo con ello las extremas diferencias que existen entre nosotros.

Montaigne, *Ensayos* I, *De la desigualdad*
que existe entre nosotros (1580)

Y el mismo análisis puede aplicarse a uno mismo.

> ¿Ves a ese rey de los escitas, o de los sármatas, que lleva la diadema en la frente? Si quieres conocerlo bien y saber su verdadero precio, despójalo de esa venda, y encontrarás debajo muchos vicios. Pero ¿por qué hablar de los demás? Si quieres apreciarte tú mismo, prescinde de tu dinero, tus casas, tus honores, y mírate por dentro: no te conformes con lo que digan de ti los demás.
>
> Séneca, *Epístolas morales* 80.10

Escitia, y la posterior Sarmacia, eran territorios situados en las estepas del norte y este del mar Negro. A menudo estaban en guerra con el Imperio romano, y los romanos y los griegos los consideraban pueblos bárbaros.

Hemos visto en la sección anterior que los estoicos se proponían llegar a la esencia de los objetos mundanos y verlos por lo que eran realmente, sin romanticismo ni miedo. La misma idea general la aplican a las personas.

> ¿Qué vienen a ser los hombres cuando comen, duermen, copulan, defecan...? ¿Qué son cuando se muestran imperiosos y arrogantes, o reprenden airadamente a otros desde una posición de superioridad? Hasta hace poco eran esclavos y hacían todas esas cosas que acabamos de nombrar; y pronto volverán a serlo.
>
> Marco Aurelio, *Meditaciones* 10.19

6. *Saber discernir.* Lo primero que los estoicos se preguntan ante cualquier aparente problema o contingencia es si depende de ellos. Si no es así, no se angustian con preocupaciones, pues hacerlo no serviría de nada. Por lo tanto, los estoicos ponen mucho cuidado en diferenciar las cosas que están en su mano de las que no.

> Ante cada adversidad, prueba a decir desde el principio: «Eres pura apariencia, y no lo que pareces». Luego, examina la situación

por las reglas que ya tienes: primera y principalmente, si es de las cosas que dependen de ti; porque si no depende, te bastará decir: «No va conmigo».

Epicteto, *Enquiridión* 1.5

Por supuesto, hay casos más heterogéneos: situaciones en las que quizá podamos controlar algunos aspectos de un problema, pero no otros, o tengamos la capacidad para controlar todos los aspectos, pero no el derecho a hacerlo, o no sea responsabilidad nuestra. Estos casos pueden requerir un análisis muy minucioso, y desafortunadamente los estoicos no les dedican tanta atención como hubiera sido de desear. Aun así, Epicteto expone la manera básica de abordarlos.

Es difícil, combinar y aunar la atención cuidadosa de quien tiene devoción por las cosas materiales y la estabilidad de quien es indiferente a ellas, pero no imposible; de lo contrario, sería imposible ser feliz. Es como planear un viaje por mar. ¿Qué puedo hacer? Puedo elegir el capitán, los marineros, el día, el momento oportuno. Luego se nos echa encima una tormenta. En ese momento, ¿qué me incumbe? Mi parte ya está hecha. El problema es de otro: el capitán.

Epicteto, *Discursos* 2.5.9

Desapegarse de las cosas externas no significa para el estoico retirarse del mundo. Como veremos en la última parte del capítulo once, el estoicismo nos exhorta a participar en la vida pública, no a retirarnos de ella. Sin embargo, en todas las circunstancias podemos trazar una línea entre las decisiones que dependen de nosotros y las que no.

Las cosas materiales son indiferentes; el uso que hacemos de ellas no. ¿Cómo conseguiremos, entonces, no solo mantener la impavidez y la calma sino, además, ser cuidadosos y no caer en la irreflexión o la indolencia? Podemos actuar como quien juega a un juego de mesa. Las fichas no son favorables ni desfavorables; tampoco los dados: ¿cómo saber lo que saldrá en la próxima tirada? Pero utilizar con cuidado y habilidad lo que salga, eso sí está en mi mano. En la vida también, esa es por tanto la principal tarea: distinguir y separar las cosas, y decir: «Lo exterior no está en mi poder; mis decisiones sí lo están. ¿Dónde buscaré lo bueno y lo malo? En lo interior, en las cosas que son mías». Las que dependen de los demás no las califiques de buenas ni de malas, no digas que son una ganancia ni un perjuicio, ni nada por el estilo. «¿Entonces qué? ¿Significa esto que debe darnos igual cómo las usemos?». De ninguna manera. Eso sería hacer mal uso de nuestra facultad de elegir, y por tanto contrario a la naturaleza. Las cosas externas deben usarse con cuidado, porque su uso puede ser bueno o malo. Pero manteniendo al mismo tiempo la compostura y la calma, porque las cosas en sí no son ni lo uno ni lo otro.

Epicteto, Discursos 2.5.1-7

La comparación con los dados aparecía ya en el libro 10 de *La República* de Platón (604 c). Adam Smith siguió profundizando en el paralelismo que establecieron los estoicos con el juego, y su análisis nos ofrece un buen final de capítulo.

Parece ser que los estoicos consideraban la vida humana como un juego de gran destreza, pero en el que intervenía, sin embargo, cierta proporción de azar, o de lo que vulgarmente se entiende por ello. [...] Si nos empeñábamos en que nuestra felicidad estribara en ganar la apuesta, la hacíamos depender de causas que quedaban fuera de nuestro poder y dirección, lo que significaba necesariamente exponernos a un miedo y una inquietud perpetuos, y con frecuencia a penosas y humillantes decepciones. Si, por el contrario, hacíamos que nuestra felicidad dependiese de jugar bien, de observar las reglas, de hacer uso de la prudencia y la habilidad; si la hacíamos depender, en suma, de la corrección de nuestra conducta, mediante la disciplina, la educación y la atención adecuadas, estaba totalmente en nuestras manos y bajo nuestra propia dirección. Nuestra felicidad estaba así plenamente asegurada y a salvo de las vicisitudes de la fortuna.

Smith, Teoría de los sentimientos morales (1759)

Capítulo tres

PERSPECTIVA

Marco Aurelio consideraba de especial importancia dos principios del estoicismo.

> Entre todas las otras máximas de las que a menudo echarás mano, debes tener estas dos muy presentes. La primera es que las cosas en sí no llegan al alma, sino que se quedan inmóviles fuera, luego todas tus inquietudes provienen solo del modo en que interiormente opinas de ellas. La segunda, que todas estas cosas que ves en cuanto hayas vuelto los ojos habrán cambiado y ya no serán lo que eran. Considera frecuentemente cuántas mutaciones has presenciado ya: el mundo es continua mutación; y la vida, lo que opines de ella.
>
> Marco Aurelio, *Meditaciones* 4.3.4

Uno de estos principios –que nuestra experiencia del mundo depende de los juicios u opiniones que nos formamos de él, más que de las cosas en sí– ha sido el tema de estudio de los dos primeros capítulos. El otro lo estudiaremos en este, y podría enunciarse como la mortalidad o naturaleza perecedera de todo cuanto existe, pero, para el propósito de este libro, será más conveniente que tratemos el tema como parte de otro más extenso: la perspectiva.

En general, se puede decir que los estoicos utilizan dos estrategias para disolver una ilusión. Una es analítica: valerse de la realidad para desmontar lo externo y mostrar su verdadera naturaleza. La otra es intuitiva: observar el mundo desde un punto de vista que puede producir un cambio automático en nuestra forma de verlo. Contemplar un problema, a un adversario o a uno mismo desde una determinada perspectiva –mirarlo desde lejos o como aspecto de una imagen de mayor magnitud– puede a veces desprendernos de un apetito o temor sin necesidad de utilizar el análisis.

Los estoicos se valen de ambos métodos a lo largo del libro. La mayoría de los capítulos que siguen utilizan el análisis como principal instrumento de corrección: toman los elementos externos de uno en uno y los examinan con detalle. El tiempo y el espacio, por ejemplo, pueden tratarse de esta manera, y de hecho se someten a cierta disección estoica en este capítulo. Los seres humanos tenemos la impresión de ser sumamente importantes, y nos parecen por tanto de gran significación el tiempo y el lugar en que vivimos. Al entender del estoico, esas impresiones son un error: nacen, exclusivamente, porque nuestra perspectiva ordinaria del mundo, la que utilizamos por defecto, es engañosa. Nos asomamos al mundo desde nuestro interior, y en cada momento percibimos las cosas en referencia a nosotros; nos olvidamos, o no somos conscientes, de lo insignificantes y efímeros que son nuestros juicios. Los estoicos, para rectificar este defecto de percepción, ponen los hechos en perspectiva, tomando como referencia la escala de nuestra existencia y nuestra mortalidad.

Pero las ideas que se exponen a lo largo del capítulo van dirigidas además, y muy especialmente, a introducir el lado intuitivo del estoicismo. Al tratar de abrirnos los ojos a lo diminutos que son nuestros asuntos en el orden global de las cosas, el estoico se propone inducir en nosotros un verdadero sentimiento de humildad y atracción por la virtud. El método puede llamarse intuitivo porque no utiliza la argumentación, sino que muestra y señala, con la esperanza de que tomar conciencia de nuestro error de percepción se traduzca espontáneamente en una serie de ajustes que nos hagan ver las cosas desde una nueva perspectiva. Es cierto que, al no utilizar argumentos, los estoicos se exponen a veces a las críticas analíticas. La elección de considerar un problema desde un punto de vista y no desde otro puede parecer arbitraria. Pero en este aspecto, como en muchos otros, los estoicos tardíos pueden calificarse de pragmáticos: si una perspectiva determinada tiene el poder de liberarnos de un mal hábito psicológico, no dudan en recomendarla.

A veces, contemplar un suceso desde una perspectiva nueva nos pone en el dilema de poder sacar de él más de una conclusión. Pero los estoicos tienen una idea precisa de qué conclusiones son las adecuadas. Ver la pequeñez de nuestras vidas y preocupaciones, por ejemplo, podría parecer nihilista y lúgubre; sin embargo, el estoico tiene la reacción opuesta. Contemplar nuestra vida y nuestros asuntos desde una perspectiva global es moralmente beneficioso. Aunque sea una afrenta al ego, es también un antídoto contra la vanidad, la ambición y la codicia. Nuestra insignificancia es un aliciente para que vivamos bien ahora, ya que no hay más propósito que sobreviva. Además, esa perspectiva lleva implícito el valor de considerarnos parte de un todo: si quisieras convencer a las hormigas para que trabajaran juntas en lugar de obsesionarse con la gloria individual, podrías empezar por mostrarles cómo las vemos nosotros.

Tampoco tendría por qué conducir a la pasividad, ni mucho menos, el que tengamos conciencia de lo diminutas que son nuestras vidas. Ya se ha comentado que dos de nuestros instructores estoicos estaban entre los estadistas más importantes de Roma, pero el ejemplo de Marco Aurelio merece especial reflexión. Fue, como se verá en este capítulo, el estoico más persistente en el estudio de perspectivas que hacen que nuestros asuntos parezcan minúsculos. Y, no obstante, por lo que cuentan los documentos que han llegado hasta nosotros, esto no lo hizo ser menos activo o compasivo, sino todo lo contrario:

> Debemos recordar que Marco Aurelio era estoico de profesión; y, de entrada, por el hecho de que fuera un filósofo teórico, pero más aún por tratarse de un filósofo estoico, podríamos suponerlo incapaz de descender de las elevadas alturas del pensamiento a las auténticas necesidades, debilidades y capacidades de la naturaleza humana. Y sin embargo, por extraño que parezca, de todos los buenos emperadores, él fue el más plenamente humano y el más práctico.
>
> De Quincey, *Los césares* (1851)

A quien entienda debidamente el estoicismo no le extrañará en absoluto esta observación.

1. *El tiempo*. Medimos el tiempo en función del que se nos concede vivir como seres humanos. La vida de alguien que llega a la vejez nos parece larga porque eso es lo máximo que conocemos directamente. El estoico, sin embargo, trata de contemplar el tiempo de fuera adentro, un punto de vista que crea una escala diferente.

> Puedes librarte de muchas cosas superfluas que turban tu paz interior, puesto que están todas en tu cabeza. Conseguirás de inmediato un campo más extenso para desahogo de tu espíritu si abarcas en tu mente todo este mundo, si reflexionas sobre la infinitud del tiempo y meditas sobre la rápida mutación de cada cosa en particular; sobre cuán breve es el espacio que media entre su principio y su fin, cuán inmenso fue el tiempo anterior a su nacimiento y cuán infinita será igualmente la eternidad que sucederá a su disolución.
>
> Marco Aurelio, *Meditaciones* 9.32

> Imagina la vasta extensión del tiempo y compara con su inmensidad lo que se llama *una vida humana*. Verás que es cosa muy exigua esto que deseamos e intentamos prolongar.
>
> Séneca, *Epístolas morales* 99.10

> Nuestra vida no dura más que un momento, y todavía menos de un momento; pero la naturaleza, dividiendo este momento, le ha dado apariencia de mayor duración. Ha hecho la infancia, la adolescencia, la edad adulta (que va gradualmente cuesta abajo hacia la ancianidad) y la ancianidad misma. ¡Cuántas etapas, para un trayecto tan corto!
>
> Séneca, *Epístolas morales* 49.3

> Cítame, si quieres, a esos ancianos de cuya longevidad habla la tradición; puede que cada uno alcanzara los ciento diez años.

Pero vuelve la mirada a la eternidad, y no verás diferencia entre la vida más larga y la más corta si, considerando el tiempo que cada cual ha vivido, lo comparas con el que no ha vivido.

Séneca, *Consolación a Marcia* 21.3

2. *El espacio.* La importancia de nuestro lugar en el mundo está determinada también por la escala a la cual, en nuestra experiencia, nos desplazamos dentro de él: lo que tenemos posibilidad de ver, adónde tenemos posibilidad de ir. El estoico contempla el espacio (o a veces el tiempo y el espacio juntos) desde una perspectiva externa al observador.

Asia y Europa son rincones del universo; el mar entero, una gota en el universo; el monte Athos, un pequeño terrón del mundo; todo el tiempo presente, un punto en la eternidad. Todas las cosas son caducas, perecederas, vanas.

Marco Aurelio, *Meditaciones* 6.36

Corta es la vida del que elogia y del que es elogiado; del que recuerda y del que es memorable. Además, estas cosas suceden en un rinconcito de esta región, en donde no todos están de acuerdo con esos elogios, y ni siquiera uno está siempre de acuerdo consigo mismo. Y por último, la Tierra entera es un punto.

Marco Aurelio, *Meditaciones* 8.21

Esta Tierra, con todos sus pueblos, ciudades, ríos, su cinturón de mares, no es más que un punto si la comparamos con el universo. Nuestra vida es menos aún que un punto si se compara con la totalidad del tiempo, pues la eternidad es más grande que el mundo: el mundo se recrea una y otra vez dentro de los confines del tiempo.

Séneca, *Consolación a Marcia* 21.2

3. *El carácter perecedero de todas las cosas*. La escala del tiempo y del espacio hace que todas las operaciones humanas se revelen como algo diminuto. A esto, el estoico añade que tales acciones son además sumamente perecederas: todas las obras humanas, y por consiguiente todas las obras de la naturaleza, cambian muy pronto y desaparecen. Esta perspectiva ayuda a poner en práctica el desapego al que exhortaban los estoicos en el capítulo dos. Oigamos a Marco Aurelio:

> Como los montones de arena, que al acumularse unos sobre otros ocultan los que hay debajo, así en la vida humana los sucesos anteriores quedan pronto sepultados en el olvido por los que ocurren después.

Marco Aurelio, *Meditaciones* 7.34

> Conviene pensar a menudo en la rapidez con que todo lo que existe, y que está naciendo, se nos arrebata de delante de los ojos y desaparece. Pues la sustancia es como un río en un curso continuo: las acciones consisten en una perpetua mutación; las causas sufren mil vueltas y revueltas, y casi no hay cosa firme ni estable. Y a nuestro lado está el abismo sin límites de lo que ha pasado y de lo que está por venir, en el que todas las cosas se pierden. ¿Cómo, pues, no va a ser un insensato el que dejándose llevar por estas cosas se envanece o aflige, o el que se queja de ellas como si fueran molestas y duraderas?

Marco Aurelio, *Meditaciones* 5.23

> Pronto la Tierra nos cubrirá a todos. Luego la Tierra misma se transformará; y lo que venga después seguirá transformándose sin cesar, otra vez, hasta el infinito. Quien contemple el flujo y reflujo de estas mudanzas y alteraciones, y su rapidez, fácilmente despreciará todo lo perecedero y mortal.

Marco Aurelio, *Meditaciones* 9.28

A Séneca:

> Por esta razón, pensando en los siglos pasados, dirá Catón: «Todo el género humano que existe y ha de existir está condenado a muerte. Algún día la gente se preguntará qué fue de aquellas grandes ciudades que gozaron del poder soberano y de aquellas otras de países extranjeros que les sirvieron de espléndido ornamento. Todo esto perecerá. [...] Así pues, ¿por qué he de indignarme y afligirme si precedo en unos instantes al destino común de todo el universo?».
>
> Séneca, *Epístolas morales* 71.15

Este pasaje se refiere a Catón el Joven, un estoico que murió unos cuarenta años antes de que naciera Séneca. Catón fue un estadista célebre por su escrupulosidad, y opositor de Julio César. Cuando César se impuso a Pompeyo y su ejército en la guerra civil romana, Catón usó su espada para quitarse la vida antes que rendirse y someterse. Pasó a formar parte de la lista de héroes estoicos, y a veces se lo citaba como ejemplo del sabio ideal. Encontraremos más referencias a él en capítulos posteriores.

Séneca hizo algunas profecías más concretas sobre la extinción de las creaciones humanas.

> El tiempo no destruye solamente las obras de los hombres, rebaja también la cumbre de las montañas y sepulta bajo tierra regiones enteras [...] Siendo maltratadas de esta manera las obras de la naturaleza, no debemos quejarnos de la destrucción de las ciudades. ¡Nada permanece en pie, sino para caer algún día! Todas las cosas han de tener fin: sea que los vientos subterráneos rompan las cavernas que los encierran, sea que impetuosos torrentes destruyan cuanto se oponga a su carrera, [...] sea que el tiempo, al que nada resiste, las mine insensiblemente, o que la inclemencia del cielo obligue a los pueblos a abandonar sus moradas, que la putrefacción enseguida destruirá. Sería largo enumerar todos los caminos que siguen los destinos de unos y otros; pero una

cosa sé, y es que las obras de los mortales están condenadas a muerte. Vivimos entre cosas destinadas a perecer.

Séneca, *Epístolas morales* 91.11-12

Las Siete Maravillas del Mundo (y tal vez cosas aún más admirables que levante la ambición de tiempos venideros) se verán un día arrasadas. Así que no hay cosa perpetua, y pocas que duren mucho. Unas son frágiles de un modo, y otras de otro; el final de unas y otras varía, pero todo lo que tuvo principio ha de tener fin [...] Vaya, pues, el que lo desee a llorar estas cosas y, una a una, las almas de los que se han ido. Vaya también a lamentarse de las cenizas de Cartago, Numancia y Corinto, y de cualquier otra cosa, si la hubo, que cayese de mayor altura; pues hasta el universo, que no tiene donde caer, ha de caer. Y vaya asimismo aquel otro a quejarse de que el Destino (que osará cometer un día tan execrable transgresión) ¡no lo haya perdonado a él!

Séneca, *Consolación a Polibio* 1.1-2

Las Siete Maravillas del Mundo eran obras arquitectónicas y escultóricas que los autores griegos de la Antigüedad describían en sus escritos para indicar al viajero helenístico qué lugares visitar y qué ver allí; entre ellas estaban el Coloso de Rodas y los Jardines Colgantes de Babilonia. De la lista que Séneca tenía en mente, solo ha sobrevivido la Gran Pirámide de Guiza. Cartago (en la actual Túnez), Numancia (en la actual España) y Corinto (en Grecia) eran ciudades que Roma había destruido durante los conflictos del siglo ii a. C.

Séneca observó también que las fuerzas de la disolución tienden a actuar mucho más rápido que las fuerzas de la creación.

Sería un consuelo para nuestra fragilidad y la de nuestras obras que las cosas perecieran todas con la misma lentitud con que tomaron forma; pero no es así: el desarrollo es siempre lento y la ruina rápida.

Séneca, *Epístolas morales* 91.6

Una variación sobre el mismo tema, de la mano de Montaigne:

> Este gran mundo, que algunos multiplican todavía como las especies dentro de su género, es el espejo en el que, para conocernos fielmente, debemos contemplar nuestra imagen. [...] Tantas mutaciones políticas y cambios en la fortuna de las naciones nos enseñan a no admirarnos de la nuestra; tantos nombres, tantas victorias y conquistas, todos enterrados en el olvido, hacen ridículo que esperemos inmortalizar nuestro nombre por el mérito de habernos apoderado de diez pobres soldados y un gallinero, que solo se conoce porque fue destruido.

> Montaigne, *Ensayos* I, *De la educación de los hijos
> a la señora Diana de Foix, condesa de Gurson*

Para poner de manifiesto el carácter perecedero de las vidas y las obras humanas, Marco Aurelio solía citar ejemplos de hombres célebres anteriores a él que habían quedado en el olvido. Si sus nombres significan poco o nada para nosotros, la idea cobra más fuerza aún, aunque está claro que hoy en día podemos encontrar fácilmente ilustraciones de cualquiera de ellos si lo deseamos.

> Expresiones que antes eran conocidas de todos ahora necesitan explicación. Lo mismo ocurre con los nombres de aquellos que en un tiempo fueron héroes y ahora necesitan explicarse o no dicen nada: por ejemplo, Camilo, Cesón, Voleso, Leonato; dentro de poco tiempo, también Escipión y Catón; y después será Augusto, y más tarde Adriano y Antonino. Porque todo es caduco y pronto se convierte en leyenda, y tarda poco en caer totalmente en el olvido. Y hablo solo de aquellos que en cierto modo brillaron y a quienes la gente admiraba; porque el resto, en cuanto exhalaron el último aliento, eran unos desconocidos y no se volvió a pronunciar su nombre. ¿Y qué es, al fin y al cabo, un recuerdo eterno? Pura vacuidad.

> Marco Aurelio, *Meditaciones* 4.28

Imagina, por ejemplo, los tiempos de Vespasiano. Verás que sucedían las mismas cosas que hoy: hombres que se casaban, educaban a la prole, enfermaban y morían; iban a la guerra, hacían sus fiestas, comerciaban, labraban la tierra, adulaban, estaban llenos de presunción y arrogancia; vivían con sospechas y armándose asechanzas; había quien deseaba la muerte a otros, quien murmuraba del estado de las cosas presentes, quien se enamoraba, quien atesoraba riquezas, quien ambicionaba el consulado y el imperio. Al final, a todos se les acabó la vida, sin que haya quedado rastro alguno de ella. Piensa ahora en los tiempos de Trajano. Todo vuelve a ser lo mismo: los que vivían entonces desaparecieron también. Reflexiona del mismo modo sobre otras épocas y determinadas edades de todas las naciones; ve cuántos, después de agotadores afanes, pronto murieron y se disolvieron en los elementos.

Marco Aurelio, *Meditaciones* 4.32

Vespasiano había sido emperador desde el año 69 al 79 d. C., aproximadamente un siglo antes que Marco Aurelio.

4. *Aplicaciones de la perspectiva global a la mortalidad*. Las perspectivas que recomendaban los estoicos tenían el propósito de neutralizar muchos engaños, vicios y juicios erróneos, incluido el miedo a la muerte. Aunque trataremos el tema a fondo en el próximo capítulo, veamos brevemente y de un modo general cómo abordarlo utilizando las ideas que se han expuesto hasta ahora, es decir, aplicando la perspectiva global para reducir el miedo a la mortalidad.

Un remedio sencillo, pero eficaz, para despreciar la muerte es recordar con frecuencia a aquellos que vivieron con mucho apego a la vida. ¿Qué ventaja lograron sobre los que tuvieron una muerte temprana? En cualquier caso, yacen enterrados en alguna parte Ceciliano, Fabio, Juliano, Lépido y algún otro semejante, si lo hubo, que llevaron a muchos a la tumba y que es también donde acabaron ellos.

Marco Aurelio, *Meditaciones* 4.50

Si alguno de los dioses te hubiese dicho que ibas a morir mañana, o pasado mañana a más tardar, no te preocuparía en exceso que fuera pasado mañana en vez de mañana mismo, a no ser que fueses en extremo mezquino y cobarde; pues ¿qué diferencia hay? Del mismo modo, no debería parecerte demasiado importante morir dentro de muchísimos años en lugar de mañana.

Marco Aurelio, *Meditaciones* 4.47

Comparémoslo con:

«¿Piensas que un alma elevada y sublime, que alcanza a contemplar todos los tiempos y la totalidad de la existencia, tendrá la vida humana por cosa de gran importancia?». «Imposible», dijo él. «Entonces, ¿esa alma no imaginará la muerte como un suceso temible?». «Ni lo más mínimo».

Platón, *La República* Libro VI (486 a-b)

Aristóteles dice que en el río Hypanis hay animalillos cuya vida no dura más que un día. De ellos, el que muere a las ocho de la mañana muere joven, y el que a las cinco de la tarde muere de decrepitud. ¿Quién no se reiría de que la diferencia casi momentánea entre esas vidas se tome como indicador de felicidad o desdicha? Sin embargo, llamar larga o corta a nuestra vida, cuando se compara con la eternidad, o incluso con la duración de las montañas, los ríos, las estrellas, los árboles y hasta algunos animales, es igual de ridículo.

Montaigne, *Ensayos* I, *Que filosofar es prepararse a morir* (1580)

Montaigne hace referencia aquí a la *Historia de los animales* (5.17.14.) de Aristóteles.

5. Reducción. Examinemos ahora otra perspectiva diferente que utilizan los estoicos: la del microscopio, por así decir, en lugar de la del telescopio. En el capítulo dos veíamos algunos de los métodos que empleaban para desmitificar lo externo. Uno era considerar las cosas externas en su esencia; otro, reducirlas a sus componentes a fin de que fuera más fácil quitarles gravedad. Marco Aurelio aplicó esta última perspectiva no solo a elementos externos concretos, sino incluso a la vida humana y al mundo.

> Piensa ahora en el baño. A juzgar por lo que se te presenta a la vista, ¿qué opinión tienes de él?: aceite, sudor, suciedad, agua viscosa, todo repugnante. Pues semejante es cada parte de la vida y todo cuanto percibimos por los sentidos.
>
> Marco Aurelio, *Meditaciones* 8.24

> En definitiva: ten presente siempre que todo lo humano viene a ser cosa de un día, y no más; efímero e insignificante: ayer una gota de moco; un cadáver embalsamado o reducido a cenizas mañana.
>
> Marco Aurelio, *Meditaciones* 4.48

> Todo queda reducido a hedor y sangre dentro de un saco.
>
> Marco Aurelio, *Meditaciones* 8.37

> La podredumbre de la materia que sirve de base a todas las cosas es agua, polvo, huesecillos y sordidez. O, lo mismo que el mármol es solo una callosidad de la tierra, el oro y la plata solo sedimentos, la ropa solo un tejidillo de pelo y el tinte púrpura solo sangre de una especie de concha, igual todo lo demás. También

el aliento vital que hay en nosotros es semejante, y anda mutando de unas cosas en otras.

Marco Aurelio, Meditaciones 9.36

6. *Repetición*. Otra maniobra de perspectiva consiste en observar la uniformidad de las cosas que parecen novedosas, despojándolas así de su poder para provocar apego.

Así como es agotador ir al teatro u otros lugares similares y ver los mismos espectáculos una y otra vez, porque el ver siempre lo mismo, sin que varíe su apariencia, causa tedio, podrá sucederte también en todo el curso de tu vida; porque todas las cosas superiores e inferiores son siempre las mismas y provienen de los mismos principios. ¿Hasta cuándo, entonces?

Marco Aurelio, Meditaciones 6.46

En todo acontecimiento, hazte esta reflexión: es algo que ya has visto muchas veces. De principio a fin, hallarás los mismos sucesos de los que están llenas las historias –las historias antiguas, las de los años intermedios y las de nuestros días– y que llenan las ciudades y las casas de hoy. Nada encontrarás de nuevo; todo es cosa trillada y efímera.

Marco Aurelio, Meditaciones 7.1

Viene al caso que consideres detenidamente el pasado, los innumerables cambios de regímenes políticos, pudiendo con esto prever lo venidero; porque sin duda lo que vendrá después tendrá absolutamente el mismo aspecto, dado que es imposible salirse del molde de lo que está sucediendo ahora. De ahí que viene a ser lo mismo observar durante cuarenta años lo que pasa en la vida humana que observarlo durante diez mil; pues ¿qué más se habría de ver?

Marco Aurelio, Meditaciones 7.49

Por si estas perspectivas suenan demasiado sombrías:

> Estando persuadida mi mente de que en nada se diferencian un día y un siglo, contempla tranquila la marcha de los días y de los negocios y se ríe del cambio de los tiempos. ¿Cómo han de perturbar accidentes ligeros y variables al que permanece firme ante lo inseguro?

Séneca, Epístolas morales 101.9

7. *Vista aérea.* Para ayudarnos a asimilar algunas de las perspectivas que se han considerado hasta ahora, los estoicos proponen un ejercicio de imaginación: contemplar la humanidad desde un lugar imaginario tan elevado que nos permita apreciarla toda de una vez. Lo que se pretende con él es que podamos llegar de un modo natural, en nuestra propia experiencia, a algunas de las conclusiones estoicas más conocidas, como son el carácter repetitivo de la vida humana y su naturaleza perecedera.

> Para poder desdeñar esos pórticos, esos artesonados resplandecientes de marfil, esos bosques recortados, esos ríos obligados a pasar por los palacios, es necesario haber abarcado todo el ámbito del mundo y haber dejado caer desde lo alto una mirada sobre este pequeño orbe terráqueo: cubierto en su mayor parte de mares, que limitan la tierra, y hasta la que sobresale de ellos está o helada o abrasada u ofrece espantosas soledades. ¿Este punto diminuto –se pregunta entonces el sabio– es el que tantos pueblos se disputan con el hierro y el fuego?

Séneca, Cuestiones naturales 1 Pref. 8

Marco Aurelio retornaba con frecuencia a este punto de vista.

> Qué bello ese pasaje de Platón donde dice: «Conviene mucho que quien discurra acerca de los seres humanos inspeccione también, como desde una atalaya, lo que pasa en la redondez

de la Tierra: masas de gente, ejércitos, labranzas, matrimonios, divorcios, nacimientos y muertes, el tumulto de los tribunales, los países desiertos, el mosaico de poblaciones extranjeras, las fiestas, los funerales, los mercados, toda la mezcla, y finalmente el universo, compuesto por la armoniosa disposición de cosas contrarias entre sí».

Marco Aurelio, *Meditaciones* 7.48

Contempla como desde lo alto la infinidad de rebaños, las innumerables ceremonias en los sacrificios, las navegaciones de todo tipo, en medio de la tempestad y de la calma, y la diversidad de cosas pasadas, presentes y que acaban de suceder. Considera también la vida que otros vivieron hace mucho tiempo, la que se vivirá después de ti y la que en el presente se vive en las naciones extranjeras. Reflexiona asimismo sobre cuántos hay que ni siquiera tienen noticia de tu nombre, sobre cuántos te olvidarán rápidamente y cuántos, que quizá hoy te alaban, muy pronto te vituperarán; y verás cómo ni la memoria ni la fama ni, en definitiva, ninguna otra cosa es digna de alabanza ni estimación.

Marco Aurelio, *Meditaciones* 9.30

Si elevándote de repente en el aire examinaras desde arriba los asuntos humanos en toda su diversidad, los despreciarías. [...] Y cada vez que te remontases, verías que son del mismo aspecto e igual de breves las cosas en que fundamentas tu vanidad.

Marco Aurelio, *Meditaciones* 12.24

Es similar el tema que Cicerón trata en el «Sueño de Escipión»:

Aunque me maravillaba de estas cosas, volvía de tanto en tanto los ojos a la Tierra. Entonces dijo el Africano: «Veo que aún contemplas la morada terrenal del ser humano. Si te parece pequeña, como lo es en realidad, eleva siempre la vista a estas cosas celestiales y desprecia las humanas. Pues ¿qué gloria puedes alcanzar en boca de los hombres, qué fama que valga la pena buscar?».

Cicerón, *De la República* 6.19-20

8. *Implicaciones*. Llegamos así a la conclusión de Séneca:

Es nuestra pequeñez, y no la propia naturaleza de los acontecimientos humanos, la que los hace parecer grandes.

Séneca, *Cuestiones naturales* III, 1 Pref. 15

Sobre las implicaciones de la modesta condición humana, Marco Aurelio —el estoico al que más le preocupaba el tema— tenía opiniones bien definidas, que eran humildes y benévolas: debemos tratarnos bien y con buen humor, pues no vale la pena preocuparse por las cosas que nos distraen de estos sencillos objetivos.

Hasta las cosas más valoradas en la vida son vanas, podridas y triviales; somos como perritos que se mordisquean unos a otros, como niños que se pelean y que un minuto ríen y al siguiente lloran... ¿Qué valor puede tener la buena reputación en un mundo así? Entonces, ¿qué, sino esperar con ánimo plácido, o bien tu extinción, o bien tu paso a otro estado distinto? Y mientras llega el momento oportuno para eso, ¿preguntas qué basta? ¿Qué otra cosa ha de bastar sino venerar y alabar a los dioses, hacer el bien a tus semejantes y tratarlos con tolerancia y moderación; y en cuanto a lo que está dentro de los límites de tu cuerpo y tu aliento, recordar que eso ni es tuyo ni depende de ti?

Marco Aurelio, *Meditaciones* 5.33

La vana afición a las ceremonias y a toda clase de representaciones teatrales, la cría de grandes rebaños de ganado mayor y menor, la lucha con lanzas o los ejercicios militares pueden compararse al entretenimiento de echar huesos a los perros y migajas a los peces en los estanques; al afán y acarreo de las hormigas; al correteo de ratoncillos asustados; a las figurillas de los titiriteros. Conviene, pues, que entre estas cosas ocupes tu lugar con buen ánimo y sin altivez, pero sabiendo que cada hombre vale tanto como las cosas que le importan.

Marco Aurelio, *Meditaciones* 7.3

Podríamos medir nuestros progresos en el estoicismo, o el grado de aptitud temperamental que tenemos para él, por la capacidad para leer las ideas expuestas en este capítulo y cerrar el libro con mejor humor, o mayor propósito, del que teníamos al abrirlo. Habrá quizá quienes consideren a Marco Aurelio muy poco elocuente como orador motivacional. Para los estoicos, es la única clase de orador tolerable.

Capítulo cuatro

LA MUERTE

La muerte tiene dos tipos de significado para los estoicos. En primer lugar, puede considerarse algo externo: queda fuera de nuestro control; podemos acelerarla y en algunos casos retrasarla, pero su llegada no depende de nosotros. Es también el acontecimiento más aterrador al que la mente ha de enfrentarse. Dado que cualquier cosa exterior que atemorice al ser humano es tema natural de estudio para los estoicos, lógicamente la muerte capta su atención de un modo muy especial. Consideran que, siendo tan difícil comprender la muerte con precisión, es irracional la actitud habitual que se tiene hacia ella. Qué es la muerte, nadie lo sabe, pero parece tratarse de un estado indoloro que no nos deja en peor situación de la que teníamos antes de nacer. Los estoicos ven además la muerte como algo muy similar a otros cambios que a todos nos resultan naturales; y como un proceso continuo, y no un suceso repentino: morimos todos los días a medida que nuestro tiempo de estancia en la Tierra va quedando atrás. Esgrimen asimismo otros argumentos para librarnos del terror que nos causa pensar en nuestra mortalidad. A su entender, superar el miedo a la muerte es uno de los logros filosóficos más importantes, y la conquista de una libertad extraordinaria.

Pero el estoicismo trata la muerte como algo más que un acontecimiento externo que conviene poner al descubierto. Para estos filósofos, más allá de que la muerte sea algo ante lo que reaccionamos de forma exagerada, es además fuente de perspectiva e inspiración, y por tanto una ayuda muy valiosa. Dado que la mortalidad es el rasgo definitorio de nuestra existencia, los estoicos quieren que su inminencia anime su vida cotidiana. Saber que pronto nos habremos ido puede inducir en la mente los mismos cambios que contemplar la vida desde perspectivas nuevas, de las que hablábamos en el capítulo anterior. El estoico medita sobre la muerte y eso estimula en él humildad, intrepidez, moderación y otras virtudes.

1. *El miedo a la muerte.* Antes de proponerse curar un miedo o un deseo, los estoicos acostumbran a analizar la actitud que por lo común se tiene hacia él. Y son unos analistas especialmente escrupulosos del miedo a la muerte.

> Nadie duda que la muerte tiene en sí algo de terrible que asusta a los seres humanos, en quienes la naturaleza puso el amor a la vida; de no ser así, no habría necesidad de prepararse y animarse a una cosa que haríamos por instinto, como cuidamos de la propia existencia.

Séneca, *Epístolas morales* 36.8

> La muerte se encuentra entre aquellas cosas que en verdad no son malas, pero que tienen toda la apariencia de serlo. La naturaleza ha grabado en el fondo de nuestro corazón amor a nosotros mismos y deseo de conservación: tememos la destrucción, porque parece que nos arrebata un bien muy grande y que nos priva de las comodidades a que estamos acostumbrados. Lo que nos inspira más horror a la muerte es que conocemos los parajes que habitamos, pero nada pueden decirnos de aquellos adonde hemos de ir, y con facilidad concebimos aversión por lo desconocido. De manera que, aunque la muerte sea indiferente por sí misma, no pertenece a aquellas cosas que fácilmente pueden despreciarse.

Séneca, *Epístolas morales* 82.15-16

Como veremos en las siguientes páginas, la muerte tiene para los estoicos una importancia de orden distinto al de otras situaciones que tememos. Aun así, a veces la analizan como un simple acontecimiento externo, como algo que adquiere significado por las formas en que la mente la disfraza. Lo que debemos superar, por tanto, no es la muerte sino la manera en que pensamos en ella.

No son la muerte ni el dolor lo que deberíamos temer, sino el miedo al dolor o a la muerte [...] Deberíamos por tanto mirar a la muerte con arrojo, y al miedo a la muerte con prevención. Ahora hacemos lo contrario: evitamos mirar a la muerte y nos trae sin cuidado, nos es del todo indiferente, si tiene algún fundamento lo que de ella opinamos.

Epicteto, Discursos 2.1.13-14

¿Qué es la muerte? Una máscara para asustar a los niños. Dale la vuelta y examínala. ¿Ves cómo no muerde? El pobre cuerpo debe ser separado del espíritu –como antes ya lo estuvo– ahora o más adelante. ¿Por qué te inquieta entonces que pueda ser ahora? Si no es ahora, será después.

Epicteto, Discursos 2.1.17

La muerte en sí es poca cosa; lo serio es el miedo que le tenemos. Y de ser un mal tan grande, preferible es que nos hiera una vez a que se cierna constantemente sobre nuestra cabeza. [...] Así pues, fortalécete cuanto puedas, Lucilio, contra el miedo a la muerte, porque es un temor que nos empequeñece; que para conservar la vida, la perturba y agita; es este temor el que magnifica en la mente los peligros de los terremotos y del rayo.

Séneca, Cuestiones naturales 6.32.8-9

2. *Sin miedo a la muerte*. Liberarse del miedo a la muerte es para el estoico uno de los objetivos principales de la investigación filosófica, pues de ello se derivan muchas otras libertades y beneficios. Quien no teme a la muerte camina con más ligereza por la vida y se libera también de muchos otros temores, dado que la muerte es el temor principal que subyace a todos ellos. De Séneca:

«¿Qué es, pues, lo que debemos aprender?». Aquello que es excelente defensa contra toda clase de ataques y de enemigos: a despreciar la muerte.

Séneca, *Epístolas morales* 36.8

El que aprende a morir desaprende la esclavitud. Y si no está por encima, al menos está más allá de todos los poderes. ¿Qué valen contra él las cadenas y las cárceles, si tiene siempre una puerta abierta?

Séneca, *Epístolas morales* 26.10

Hazte la vida agradable desechando la preocupación por que has de perderla. Ningún bien aprovecha a quien lo posee si no está preparado a perderlo cuando sea necesario; y nada es menos triste de perder que aquello que no podrá desearse después de perdido.

Séneca, *Epístolas morales* 4.5-6

Es necesario hacer nuestros preparativos para la muerte antes que para la vida.

Séneca, *Epístolas morales* 61.4

De otros:

Toda la vida de un filósofo es una preparación para la muerte.

Cicerón, *Disputaciones tusculanas* 1.30

La recta convicción de que la muerte no es nada para nosotros nos hace agradable la mortalidad de la vida; no porque le añada un tiempo indefinido, sino porque nos priva de un afán desmesurado de inmortalidad. Nada hay que cause temor en la vida para quien está convencido de que tampoco el no vivir guarda nada temible.

Epicuro, *Carta a Meneceo*

Después de que Filipo entrase a mano armada en el Peloponeso, alguien le dijo a Damindas que los espartanos sufrirían mucho si no volvían a ganarse los favores del invasor. «¡Cobarde! –respondió él–, ¿qué pueden sufrir quienes no temen a la muerte?». Le preguntaron también a Agis de qué manera puede un hombre vivir libre, a lo que respondió: «Despreciando la muerte».

Montaigne, *Ensayos* II, *Costumbre de la isla de Cea* (1580)

Montaigne tomó estos fragmentos de la obra de Plutarco *Apophthegmata lakonica* (Máximas de los espartanos). El pasaje habla del avance hacia Esparta de Filipo II de Macedonia en el 346 a. C. (aproximadamente) y del desinterés de los espartanos por conciliarse con él. Filipo decidió no tratar de conquistar Esparta. Agis fue uno de los numerosos reyes de Esparta llamados así.

3. *Correctivos del miedo*. El método estoico para liberarse del miedo a la muerte es el mismo que utilizan estos filósofos ante otras cosas externas: utilizar la razón para ver el hecho con claridad y despojarlo de sus rasgos aterradores.

a. *La muerte: la gran desconocida.*

Si un falso rumor no puede perjudicar al hombre honrado, tampoco debe hacer que te formes una mala opinión de la muerte. Hace mucho que tiene mala reputación, pero ninguno de los que la acusan la ha experimentado aún, y es temerario condenar lo que no se conoce.

Séneca, *Epístolas morales* 91.20

Y también:

> Temer a la muerte, señores, no es otra cosa que creerse sabio cuando no se es, pues es creer que uno sabe lo que no sabe. Porque nadie sabe si la muerte no es para el hombre hasta la mayor de las bendiciones, pero todos la temen como si tuvieran la certeza de que es el mayor de los males.

Platón, Apología de Sócrates 29a

> Pero, para morir, que es el acto magno que hemos de cumplir todos, en nada puede ayudarnos la experiencia. La costumbre y la ejercitación nos servirán quizá para fortalecernos contra los dolores, la vergüenza, la pobreza y otros males; pero, en cuanto a la muerte, solo se nos concede una vez experimentar sus efectos. Todos somos aprendices cuando nos alcanza su hora. En la Antigüedad, hubo algunos para quienes el tiempo era un bien tan precioso que intentaron saborear la muerte misma y que fortificaron su espíritu a fin de ver en qué consistía tan temido momento; pero no volvieron luego a la Tierra a contarnos lo que descubrieron.

Montaigne, Ensayos II, De la ejercitación (1580)

b. *El carácter indoloro de la muerte.* Morir puede ser una experiencia dolorosa; pero, hasta donde sabemos, la muerte en sí no lo es.

> Persuádete de que los muertos no experimentan ningún dolor. Ese infierno que tan terrible nos pintan es solamente una fábula: los muertos no tienen que temer ni tinieblas, ni cárceles, ni torrentes de llamas, ni el río del olvido: en aquel asilo de plena libertad no hay tribunales, ni reos, ni nuevos tiranos. Todas esas cosas son juegos de poetas que nos han agitado con vanos terrores.

Séneca, Consolación a Marcia 19.4

¿La muerte se acerca a ti? Sería cosa temible si fuera a quedarse. Pero necesariamente, o no llega, o llega y se va.

Séneca, *Epístolas morales* 4.3

Quien teme a la muerte tiene miedo, o bien a la insensibilidad, o bien a una sensibilidad de otro tipo. Pero si pierdes la sensibilidad, no percibirás ningún mal; y si adquieres una sensibilidad de otra clase, te habrás transformado en un ser distinto y no cesarás de vivir.

Marco Aurelio, *Meditaciones* 8.58

Es similar la opinión de Epicuro:

Acostúmbrate a pensar que la muerte para nosotros no es nada, porque todo el bien y todo el mal residen en las sensaciones, y precisamente la muerte consiste en estar privado de sensación. [...] Aquello cuya presencia no nos perturba no es sensato que nos angustie mientras se espera. El peor de los males, la muerte, no significa nada para nosotros, porque mientras vivimos no existe, y cuando está presente nosotros no existimos.

Epicuro, *Carta a Meneceo*

El morir en sí no suele durar mucho.

No es la muerte contra lo que nos preparamos; eso es algo demasiado momentáneo: un cuarto de hora de padecimiento, sin daños ni secuelas, no requiere una instrucción particular. En realidad, nos preparamos contra los preparativos para la muerte.

Montaigne, *Ensayos* III, *De la fisonomía* (1580)

c. *La muerte como transformación*. Los estoicos consideran la llegada de la muerte como una transición no muy distinta de otras que conocemos.

> No rechaces la muerte; más bien, recíbela con gusto, entendiendo que también esta es una de las cosas que la naturaleza quiere. Porque tan natural es que el alma se separe del cuerpo como lo es el ser joven y envejecer; el crecer y estar en la plenitud de la vida; el salir los dientes, la barba, las canas; el concebir, el gestar, el parir y otros efectos naturales que las distintas estaciones de la vida traen consigo. Por tanto, es propio del ser humano reflexivo no buscarse temerariamente la muerte, o correr con ímpetu hacia ella, ni tampoco despreciarla con orgullo, sino esperarla como una más de las operaciones de la naturaleza.
>
> Marco Aurelio, *Meditaciones* 9.3

Más concretamente, el estoicismo considera que la muerte es una transformación natural de la materia en otras formas de vida distintas.

> De todo cuanto muere o termina, nada cae fuera del universo. Y si permanece aquí, aquí se trasmuta y se disuelve luego en los elementos que lo constituyen, que son los elementos del universo y tuyos. Y también estos se transforman, y no se quejan.
>
> Marco Aurelio, *Meditaciones* 8.18

> «¿Entonces ya no existiré?». No, no existirás, pero sí algo distinto que el universo necesita ahora. Y es que tú también naciste no cuando quisiste, sino cuando el mundo tuvo necesidad de ti.
>
> Epicteto, *Discursos* 3.24.94

> La naturaleza del universo forma de la sustancia común, como si fuese cera, ahora un potrillo; luego lo deshace o lo funde y se sirve de la materia para producir un arbolito; más adelante, para

formar la figurita de un hombre; después, para dar forma a cualquier otra cosa, y cada una de ellas subsiste por un tiempo muy limitado; pero jamás es penoso para el arca el que la deshagan, como no lo fue el que la hicieran.

Marco Aurelio, *Meditaciones* 7.23

d. *Comparaciones con el tiempo anterior al nacimiento.* Una clásica respuesta estoica a la muerte es contemplar su similitud con la situación en que estábamos antes de nacer, que no tenemos motivos para pensar que fuera difícil.

«¿Qué es esto? –me digo–: ¿la muerte me pone a prueba con harta frecuencia?». Que haga lo que quiera; durante mucho tiempo la he degustado. ¿Cuándo? Antes de nacer, porque no existir es estar muerto [...] Nuestro error, si no me engaño, querido Lucilio, es que consideramos únicamente que la muerte nos seguirá, sin reflexionar que nos seguirá de la misma manera que nos ha precedido. Todo lo que fue antes de que naciésemos equivale a muerte. ¿Qué importa no empezar o concluir, puesto que lo uno y lo otro se reducen al mismo estado, es decir, a no ser?

Séneca, *Epístolas morales* 54.4-5

«Tal vez no consigo expresar lo que quiero decir: que precisamente esta circunstancia, el no existir después de haber existido, me parece la mayor desdicha». ¿Cómo? ¿Mayor aún que no haber existido nunca? De esto se deduciría que los que aún no han nacido son desdichados porque no existen, y que nosotros vamos a ser desdichados después de la muerte como lo éramos antes de nacer. Pero yo no recuerdo haber sido desdichado antes de nacer, y me agradaría que, si tú tienes mejor memoria, me dijeras qué recuerdas de tu situación, si es que recuerdas algo.

Cicerón, *Disputaciones tusculanas* 1.4

Los que han muerto vuelven al mismo estado en el que estaban antes de nacer. Así pues, igual que para nosotros no había nada bueno ni malo antes de nacer, tampoco lo habrá después de la muerte. E igual que las cosas que hubo antes de nosotros no eran nada para nosotros, tampoco las cosas que habrá después de nosotros para nosotros serán nada.

Plutarco, *Consolación a Apolonio* 15 (109e-109f)

¡Qué absurdo afligirnos por la llegada de ese momento que nos liberará de toda preocupación! Así como cuando nacimos nacieron para nosotros todas las cosas, nuestra muerte será la muerte de todas ellas. De modo que tan insensato es llorar porque de aquí a cien años no estaremos vivos como hacerlo porque no estábamos vivos cien años atrás.

Montaigne, *Ensayos* I, *Que filosofar es prepararse a morir* (1580)

e. *Comparaciones con criaturas irracionales.* Una línea recurrente de la argumentación estoica apunta a criaturas con capacidad de razonamiento limitada: los seres humanos en sus primeros años de vida, las personas insensatas o los animales, a ninguno de los cuales le preocupa la muerte ni sufre a causa de otros temores que agobian a la persona de inclinaciones filosóficas. Puede extraerse cierta inspiración de esos intrépidos ejemplos: tener una capacidad de razonamiento más desarrollada no debería poner al filósofo en peor situación que la del cerdo o la de quien apenas la ha desarrollado. Algunos de los siguientes ejemplos hacen referencia a asuntos distintos de la muerte, pero todos son aplicables a ella.

Los niños y los locos no temen a la muerte. Es vergonzoso que no podamos adquirir con el entendimiento la seguridad que dan la demencia o la simpleza.

Séneca, *Epístolas morales* 36.12

«Es difícil –me dirás– hacer que la mente se acostumbre a despreciar la vida». ¿Acaso no ves a diario que se la desprecia por causas insustanciales? Uno se ahorca a la puerta de su amante; otro se lanza desde el tejado para no tener que soportar más a un patrón iracundo; otro se clava la espada en el vientre cuando están a punto de prenderlo, por no tener que volver al punto de donde escapó. ¿No crees que pueda hacer la virtud lo que el miedo más enajenante?

Séneca, *Epístolas morales* 4.4

Lo mismo que te sucedió a ti le ocurrió a otro, que por ignorancia de lo que le había ocurrido, o por alardear de bravura, se mantuvo firme y salió ileso. Es, pues, cosa muy triste que pudiesen más la ignorancia y el deseo de impresionar de lo que puede la sabiduría.

Marco Aurelio, *Meditaciones* 5.18

Un día de fuerte tormenta, se encontraba Pirrón el filósofo en un barco, y a los que a su alrededor veía más asustados les señalaba un cerdo, que estaba allí sin inquietarse lo más mínimo por la tempestad, para animarlos con su ejemplo. ¿Nos atrevemos, pues, a decir que la razón humana, que tanto ensalzamos y por la que nos creemos dueños y emperadores del resto de las criaturas, nos fue dada solo como fuente de tormento? ¿Para qué el conocimiento, si nos vuelve más cobardes, si nos hace perder la tranquilidad y el reposo que tendríamos sin él, y nos pone en peor condición que la del cerdo de Pirrón?

Montaigne, *Ensayos* I, *Cómo el sentimiento de los bienes y los males depende en gran parte de la idea que de ellos nos formamos* (1580)

Pirrón fue un filósofo griego que nació en el siglo iv a. C., al que se considera fundador de la escuela de pensamiento que conocemos como escepticismo.

f. *Alivio; el valor de la mortalidad.* La visión que tenía Marco Aurelio de la humanidad le daba motivo para no temer a la muerte: a su entender, la raza humana, vista con precisión, no era la clase de compañía que debería dolernos dejar atrás.

> Si quieres un remedio vulgar que aplaque tu corazón, te hará estar de buen ánimo en lo tocante a la muerte considerar, sobre todo, los objetos de los que te alejarás y las costumbres morales de aquellos con quienes tu alma ya no habrá de mezclarse. Porque si bien es cierto que de ningún modo conviene chocar ni ofenderse con quienes las tienen, sino mirarlos con amor y tratarlos con paciencia, aun así, te ayudará mucho recordar que, al morir, te verás libre de unos hombres cuyos principios no concuerdan con los tuyos. Pues solo esto –si acaso fuera posible– podría atraerte y apegarte a la vida: que se te concediese convivir con quienes sostienen tus mismos principios. Pero bien ves cuánta desazón provoca la discordia de opiniones entre aquellos con quienes vives; tanta que a veces podrías decir: «¡Oh muerte, ven cuanto antes, no vaya a ser que hasta yo me olvide de mí mismo!».

Marco Aurelio, *Meditaciones* 9.3.2

El siguiente pasaje es similar; no tiene relación directa con la muerte, pero nos insta a desapegarnos igualmente de la vida, y por las mismas razones.

> Adelántate un poco más y mira de cerca las costumbres morales de aquellos con quienes vives, entre los cuales difícilmente soportas ni siquiera al más amable; por no hablar ya de que apenas si consigue el hombre soportarse a sí mismo. En medio de tal oscuridad y suciedad, y del fluir constantemente cambiante de la substancia y del tiempo, del movimiento y de las cosas movidas, no veo qué cosa pueda darse que sea absolutamente digna de aprecio y atención.

Marco Aurelio, *Meditaciones* 5.10.1

Séneca reflexionó sobre el sufrimiento que conlleva la vida, sobre nuestra eventual decrepitud y sobre las cosas vergonzosas que hace la gente para alargarla un poco más cuando le es posible, y llegó a esta conclusión: que la mortalidad es un regalo.

> Niega ahora, si puedes, que la Naturaleza sea muy generosa al imponer como inevitable morir.
>
> Séneca, *Epístolas morales* 101.14

Montaigne se extendió sobre el tema asumiendo la voz de la naturaleza:

> Imagina cuánto más penosa y menos soportable sería una vida inmortal que la que yo te he dado. Si no tuvieras la muerte, me maldecirías sin cesar por haberte privado de ella. En efecto, deliberadamente he mezclado la muerte con un poco de amargura para impedir que, en vista de las ventajas de su uso, la abraces con demasiada avidez o precipitación extrema. Para llevarte a un estado de moderación, en el que no huyas de la vida ni rehúyas la muerte, he entreverado la una y la otra de dulzores y amarguras.
>
> Montaigne, *Ensayos* I, *Que filosofar es prepararse a morir* (1580)

4. *El carácter progresivo de la muerte.* El estoico quiere hacerse amigo de la muerte, y para ello se propone eliminar todas las ideas engañosas al respecto. Una de ellas es que la muerte, esa eventualidad terrible, nos espera en la distancia, y los estoicos atacan esta impresión de maneras diversas. Así, entienden la muerte como un proceso continuo y no un acaecimiento. Todos estamos muriendo; cada día que pasa es un avance hacia la mortalidad.

> ¿A quién me presentarás que dé su verdadero valor al tiempo, que aprecie el día, que comprenda que diariamente se acerca a la muerte? Nos engañamos al considerar que la muerte está lejos de

nosotros, cuando su mayor parte ha pasado ya, puesto que todo el tiempo trascurrido pertenece a la muerte.

Séneca, *Epístolas morales* 1.2

No caemos de repente en poder de la muerte, sino que vamos a ella poco a poco: morimos todos los días, porque todos los días perdemos parte de nuestra vida; estábamos todavía creciendo y nuestra vida ya empezaba a menguar. El tiempo de la infancia desapareció; hemos pasado también el de la adolescencia y el de la juventud; en una palabra, todo el tiempo que ha trascurrido hasta el día de ayer está perdido para nosotros; y este mismo día en que nos encontramos está dividido entre la vida y la muerte. No es la última gota la que vacía el reloj de agua, sino todas las que le precedieron.

Séneca, *Epístolas morales* 24.19

¿Por qué temes tu último día? No hace más por acercarte a la muerte que cualquiera de los anteriores que has vivido. El último paso no produce el desfallecimiento, lo confirma. Todos los días van hacia la muerte: el último llega a ella.

Montaigne, *Ensayos* I, *Que filosofar es prepararse a morir* (1580)

Comparémoslo con:

Cada día es una pequeña vida, cada despertar y cada levantarse un pequeño nacimiento, cada fresca mañana una pequeña juventud y cada acostarse, con su noche de sueño, una pequeña muerte.

Schopenhauer, *Sobre la sabiduría del vivir* (1851)

5. *La muerte está a nuestra disposición.* El estoico considera la muerte como una opción y no como una amenaza. Ese carácter opcional se convierte, a su vez,

en fuente de coraje para vivir. La posibilidad de poner fin a la propia vida es, por tanto, una importante libertad para el estoico. Si la vida es intolerable, como dice Epicteto, «la puerta está abierta».

¿Qué es el dolor? Una máscara aterradora. Dale la vuelta y examínala. La pobre carne es tratada a veces con rudeza, a veces con suavidad. Si no te compensa, la puerta está abierta; si te compensa, aguántalo.

Epicteto, *Discursos* 2.1.19

Séneca:

La ley eterna tuvo su mayor acierto cuando ordenó que hubiera una sola entrada a la vida, pero salidas muchas. ¿Quieres que espere a que los dolores de una enfermedad o la crueldad de un enemigo me consuman enteramente, cuando puedo librarme al instante de todos los tormentos y de todas las adversidades? Por esta razón, no podemos quejarnos de la vida, puesto que a nadie retiene contra su voluntad. Excelente es la condición del ser humano, porque nadie es desgraciado más que por su culpa. ¿Te agrada vivir? Vive. ¿No te agrada? Puedes volver al punto del que viniste.

Séneca, *Epístolas morales* 70.14-15

Ahora bien:

Cualquier pensamiento de estos que medites te dispondrá a soportar sin pena la vida o la muerte: porque debemos cuidar de no amar demasiado la vida ni odiarla demasiado. Y cuando la razón nos aconseje abandonarla, no debe ser a la ligera y con precipitación. El hombre valiente y sabio no debe huir de la vida, sino salir de ella.

Séneca, *Epístolas morales* 24.22, 24-25

Montaigne:

> Cuanto más voluntaria, más hermosa es la muerte. La vida depende de la voluntad ajena, la muerte solo de la nuestra. En ninguna ocasión debemos acomodarnos a nuestros sentimientos tanto como en esta. La reputación y lo que opinen los demás son cosas que en nada afectan a esta decisión; es locura siquiera considerarlas. Vivir es esclavitud si falta la libertad para morir.

Montaigne, *Ensayos* II, *Costumbre de la isla de Cea* (1580)

> He aquí las palabras de la ley sobre este asunto: si el azar te depara alguna gran desgracia que no puedas remediar, el puerto siempre está cerca, y el alma puede salvarse a nado alejándose del cuerpo como quien deja atrás una barca que se va a pique; puesto que es el temor a la muerte, no el deseo de vivir, lo que retiene al necio amarrado al cuerpo.

Montaigne, *Ensayos* II, *Apología de Raimundo de Sabunde* (1580)

6. *¿Duración o calidad?* La impresión de que la muerte está en la distancia puede hacernos desear que continúe allí, o lo más lejos posible: que lo más importante de la vida sea su longitud. Al estoico, por el contrario, más que la duración de la vida le importa su calidad. La virtud y el honor son bienes que no se miden con tiempo; quien los posee ha vivido suficiente.

> Nadie cuida de vivir con dignidad, sino de vivir mucho tiempo,
> a pesar de que todos pueden vivir dignamente y nadie puede
> vivir mucho.

Séneca, *Epístolas morales* 22.17

> Lo que importa no es cuánto tiempo se vive, sino vivir bien; y
> con frecuencia vivir bien consiste en vivir poco.

Séneca, *Epístolas morales* 101.15

El viaje será incompleto si no llegas al término propuesto; pero la vida será perfecta si es honrada. Tus años serán completos si los terminas bien, y algunas veces se les puede poner fin con valentía aunque no sea por causas importantes, puesto que tampoco lo son las que nos retienen en la vida.

Séneca, *Epístolas morales* 77.4

Si examinamos con interés la naturaleza de todas las cosas, la verdad nos mantendrá siempre activos, porque solamente la falsedad acaba por producir disgusto. Por otro lado, si viene la muerte, si nos llama, aunque sea antes de tiempo, y nos detiene en medio del camino, habremos obtenido ya el disfrute de todo lo que la más larga de las vidas puede ofrecer. Habremos conocido la mayor parte de la naturaleza; sabremos que el tiempo no aumenta la virtud, y que la vida parece siempre corta cuando se la mide por los placeres vanos, que son por esa razón interminables.

Séneca, *Epístolas morales* 78.26-27

¿Quieres saber cuál sería la extensión más excelente de la vida? Vivir hasta haber adquirido la sabiduría. Quien la alcanza puede decir que ha llegado no al fin más lejano, sino al más importante. Puede entonces complacerse con confianza, dar gracias a los dioses, congratularse y agradecer a la naturaleza haber existido. Puede hacerlo con razón, porque ha devuelto la vida mejor que la recibió.

Séneca, *Epístolas morales* 93.8

Aunque el elogio no ocupa un lugar destacado en la lista de objetivos estoicos, este comentario de Plutarco está en la misma línea que los que acabamos de ver:

No es una vida mejor la más larga, sino la mejor vivida. No es a quien más ha tocado la lira a quien se alaba, ni a quien más discursos ha pronunciado o ha pilotado más barcos, sino a quien lo ha hecho bien.

Plutarco, *Consolación a Apolonio* 17 (111a-b):

Y al contrario: una vida vivida con frivolidad es, en realidad, corta.

No creas, pues, que alguien ha vivido mucho por verlo con canas y arrugas; no es que haya vivido mucho, solo ha estado mucho tiempo en el mundo. ¿Dirías acaso que navegó mucho aquel que, nada más salir del puerto, fue lanzado de acá para allá por una cruel tempestad y, forzado por la furia de vientos que soplaban de direcciones encontradas, estuvo dando vueltas en un mismo paraje? No navegó mucho; anduvo muy zarandeado.

Séneca, *De la brevedad de la vida* 7.10

«¡Pero no ha vivido tanto como hubiera podido!». Y hay libros que contienen solo unas pocas líneas y son sin embargo útiles y muy estimables. Luego están los *Anales* de Tanusio, y ya sabes el caso que se hace de ellos y cómo se los llama. Hay personas cuya vida es así, ¡como los *Anales* de Tanusio!

Séneca, *Epístolas morales* 93.11

Séneca parece referirse aquí a Tanusio Gemino, un historiador del siglo I a. C. que parece ser que escribió extensamente pero del que, para bien o para mal, se conserva muy poco. El poeta romano Catulo, contemporáneo suyo, se burlaba de un historiador de su época refiriéndose a sus escritos como *cacata carta* (que traduciremos cortésmente como 'papel higiénico'). Una escuela de estudiosos sostiene que Catulo se refería veladamente a los *Anales* de Tanusio y que a eso aludía Séneca al decir, con una delicada falta de concreción, «ya sabes cómo se los llama».

Quien «no vivió tanto como hubiera podido», al principio del fragmento, fue Metronacto, un amigo de Séneca, que volverá a aparecer en la sección 8 del capítulo siete.

7. *La manera de morir.* Los estoicos consideran que no temer a la muerte es un gran logro; y la manera en que uno afronta la muerte cuando le llega, una demostración de carácter y la prueba fehaciente de ese logro, quizá la verdadera prueba.

> Esto es lo que quiero decir: que los estudios, las disertaciones aprendidas y las sentencias tomadas de los sabios de la Antigüedad no son pruebas de la verdadera fuerza del alma. Hasta los tímidos hablan a veces con gran atrevimiento. Solo se sabrá lo que has alcanzado cuando exhales el último suspiro. «Acepto la condición y no temo el juicio».
>
> Séneca, *Epístolas morales* 26.6

> Con la vida ocurre lo que con una comedia: no se atiende a cómo es de larga, sino a lo bien representada que esté. Conclúyela donde quieras; solo, asegúrate de ponerle un buen final.
>
> Séneca, *Epístolas morales* 77.20

> [Puedo mostrarte que] además de esos grandes hombres que han despreciado el momento de la última exhalación, hay otros que, aunque débiles en muchas cosas, igualaron en esto al ánimo de los más valerosos. Piensa en aquel comandante Escipión, suegro del gran Pompeyo, que al ser arrastrado de vuelta a la costa de África por viento contrario, y viendo su nave en manos enemigas, se atravesó con la espada, y a los que preguntaron: «¿Dónde está el Comandante?», contestó: «¡El Comandante está bien!». Esta sola frase lo hizo igual a sus antepasados y consiguió que no se interrumpiese la gloria de los Escipiones, fatal para África.

Mucho fue vencer a Cartago, pero lo fue más vencer a la muerte.
«¡El Comandante está bien!».

Séneca, *Epístolas morales* 24.9

El Escipión al que se refiere Séneca –Quinto Cecilio Metelo Escipión– fue un comandante que, como Catón el Joven, se puso del lado de César en la guerra civil romana y que, como Catón, se quitó la vida al final de la misma. Entre los antepasados de Metelo Escipión a los que Séneca se refiere, destaca Escipión el Africano, el general romano que había derrotado a Aníbal en la Segunda Guerra Púnica contra Cartago unos quince años antes. A Metelo no se lo consideraba uno de los más impresionantes de la estirpe –más bien lo contrario–, pero sí se creía que había muerto con dignidad.

Y ahora volvamos al tema que nos ocupaba, con las palabras de Montaigne:

> Epaminondas, cuando le preguntaron a quién de los tres debía tenerse en mayor estima: Cabrias, Ifícrates o él mismo, respondió: «Primero hay que vernos morir, para poder decidirlo».

Montaigne, *Ensayos* I, *Que no debe juzgarse de nuestra dicha hasta después de la muerte*

Los tres personajes de la anécdota eran generales griegos que lucharon contra Esparta, en el bando de Atenas o de Tebas, en el siglo IV a. C.

8. *La muerte como igualadora universal.* El estoico encuentra consuelo ante la muerte en la reflexión de que es nuestro destino común.

> Será, pues, de gran consuelo pensar que aquello que nos sucede lo padecieron todos los que pasaron antes, y lo han de padecer los que vendrán después; con este propósito, creo yo, quiso la naturaleza que lo más difícil de soportar fuese común a todos, para que la igualdad nos consolara de las asperezas del destino.

Séneca, *Consolación a Polibio* 1.4

Existe un orden invencible e invariable que envuelve y arrastra todas las cosas. ¡Cuántos te seguirán después de tu muerte! ¡Cuántos te acompañarán! Supongo que mostrarías más fortaleza si vieses morir a muchos contigo; y sin embargo, en este preciso momento en que temes morir, están exhalando su último aliento de diferentes maneras multitud de seres humanos y de animales.

Séneca, *Epístolas morales* 77.13

La muerte nos iguala a todos, lo cual debería hacernos magnánimos en vida.

Cuando Alejandro de Macedonia y su mozo de mulas murieron, vinieron a parar a una misma cosa: porque, o bien fueron reabsorbidos en los mismos principios generadores del universo, o bien se dispersaron por igual, reducidos a átomos.

Marco Aurelio, *Meditaciones* 6.24

¿Por qué irritarte contra tu esclavo, contra tu señor, contra tu patrono, contra tu cliente? Ten paciencia un momento: he aquí la muerte que viene, y a todos nos hace iguales.

Séneca, *De la ira* 3.43.1

Allí, hacia la muerte, se encamina con paso igual toda esa multitud que ves pleitear en el foro, sentarse en los teatros y orar en los templos. Y los que adoras y los que desprecias no serán más que una misma ceniza.

Séneca, *Consolación a Marcia* 11.2

Nacemos diferentes; morimos iguales. Lo mismo digo de las ciudades que de sus habitantes: Roma fue tomada lo mismo que Ardea. El fundador de la ley humana no nos distinguió por nuestro linaje o ilustre ascendencia más que durante el tiempo que estamos vivos.

Séneca, *Epístolas morales* 91.16

Ardea era una antigua ciudad, al sur de Roma, que fue saqueada por los samnitas (un grupo de tribus del sur de Italia). En tiempos de Séneca estaba poco poblada y era conocida sobre todo por su clima palúdico y por los elefantes imperiales que se guardaban en sus inmediaciones.

9. *La proximidad de la muerte.* Una vez superado el miedo a la muerte, los estoicos la consideran su aliada: remedio para la vanidad y maestra de sabiduría. Por lo tanto, cultivan una especie de cercanía a la muerte, en lugar de distanciarse de ella. Observan que la posibilidad de morir está más próxima de lo que imaginamos, pero que esto no debería causarnos ansiedad, sino disiparla. Entender que la muerte no es una sombra aterradora que nos sigue los pasos, sino una presencia que está a nuestro lado en todo momento, debería impulsarnos a aceptarla como razón para vivir noblemente el tiempo que nos queda.

> Los poderosos cuerpos de los toros se derrumban por una pequeña herida, y un golpe de la mano del hombre echa por tierra a bestias de considerable vigor. [...] El espíritu no está oculto en las profundidades; no se necesita un cuchillo para sacarlo ni es preciso explorar las entrañas con una incisión que penetre hasta lo más hondo. La muerte está ahí, nada más.

Séneca, *De la Divina Providencia* 6.8-9

> Piénsalo: un ladrón o un enemigo puede sorprenderte y degollarte; y, pese a no ser tu amo, no hay esclavo que no tenga en sus manos tu vida y tu muerte. Por tanto, te aseguro que quien desprecia su vida es dueño de la tuya.

Séneca, *Epístolas morales* 4.8-9

Si crees que en un viaje por mar se está más cerca de la muerte, te equivocas: en todas partes se está igual de cerca. Es verdad que en ninguna se nos muestra tan próxima, y sin embargo estamos siempre igual de próximos a ella.

Séneca, *Epístolas morales* 49.11

Los peligros, riesgos y azares nos acercan poco o nada a nuestro fin; y si consideramos cuántos accidentes pueden sobrevenir –porque, además del que parece amenazarnos con mayor obstinación, millones de otros pesan sobre nuestras cabezas–, nos daremos cuenta de que, sanos o enfermos, en la mar o en casa, en la batalla o en el reposo, la muerte está cerca siempre.

Montaigne, *Ensayos* I, *Que filosofar es prepararse a morir* (1580)

Herman Melville era lector de Séneca y de Montaigne.

Todos los hombres viven envueltos en estachas balleneras. Todos nacen con una soga al cuello; pero hasta que no se ven arrastrados por el rápido y repentino ciclón de la muerte, los mortales no se dan cuenta de los silenciosos, sutiles y omnipresentes peligros de la vida. Y si fueras filósofo, aunque estuvieras sentado en un bote ballenero, no sentirías en el fondo ni un ápice más de terror que estando sentado en tu butaca delante del fuego con un atizador, y no un arpón, a tu lado.

Melville, *Moby Dick* (1851)

Séneca había expresado una idea semejante a esta: en todas partes hay razones para tener miedo; y, paradójicamente, esto puede liberarnos del miedo a cualquiera de ellas o a todas. Cualquier cosa puede matarnos en cualquier momento, así que lo mismo da que sigamos nuestro camino sin preocuparnos en absoluto.

Niego que exista quietud eterna, y aseguro que todo puede perecer y darnos muerte. Sin embargo, en esto mismo encuentro motivo de tranquilidad, y un motivo muy poderoso; porque en última instancia, cuando un mal es inevitable, para qué temerlo. [...] De modo que, si quieres no temer nada, piensa que todo se ha de temer.

Séneca, Cuestiones naturales 6.2.1

10. *Intimidad con la muerte.* A la proximidad de la muerte como hecho físico, los estoicos suman su propósito de mantenerla cerca en el pensamiento. Recomiendan pensar en la muerte a menudo, pues consideran que esto ayuda a alcanzar la virtud sin necesidad de argumentos.

Nada te ayudará tanto a observar moderación en todas las cosas como la meditación frecuente acerca de la brevedad de la vida y la fecha incierta de su final. En cualquier cosa que hagas, piensa en la muerte.

Séneca, Epístolas morales 114.27

Ten de continuo delante de los ojos la muerte, el destierro y las demás cosas de apariencia aterradora. Ten presente en especial la muerte, y así nunca consentirás pensamientos bajos o serviles, ni un deseo desmedido de nada.

Epicteto, Enquiridión 21

No puede tener una vida tranquila quien solamente piensa en prolongarla o quien cuenta entre sus bienes más grandes el número de cónsules que ha visto dirigir el Estado. Ten presente con frecuencia todo esto para que puedas abandonar con tranquilidad la vida, a la que tantos se aferran igual que aquellos a quienes arrastran las aguas de un torrente se agarran a las espinas y las rocas afiladas.

Séneca, Epístolas morales 4.4-5

Montaigne:

> Quitémosle la extrañeza a la muerte; pasemos tiempo en su compañía, acostumbrémonos a ella; no tengamos nada en el pensamiento más a menudo que la muerte. Contemplémosla en la imaginación en todos los momentos y con todas las apariencias. Al tropezar un caballo, al desprenderse de lo alto una teja, al más leve pinchazo de alfiler, digamos y repitamos en cada instante: «Nada me importa que sea este el momento de mi muerte».

> Montaigne, *Ensayos* I, *Que filosofar es prepararse a morir* (1580)

Johnson:

> Son los deseos, las penas y los temores los que perturban nuestra felicidad en este mundo, y el remedio infalible para todos ellos es tener presente la muerte con la mayor frecuencia posible.

> Johnson, *The Rambler* n. 17 (1750)

Epicuro fue más conciso.

> Piensa en la muerte.

> Epicuro, en Séneca, *Epístolas morales* 26.8

11. *La mortalidad como inspiración.* Para los estoicos, reflexionar sobre la muerte es, como hemos visto, una forma de temerla menos, pero también un estímulo y fuente de inspiración para vivir bien el presente y aprovechar cada instante. He aquí algunos comentarios más sobre este último aspecto, esta vez de Marco Aurelio:

> La perfección del carácter moral consiste en esto: en pasar cada día como si fuera el último, sin apresurarse, sin caer en el desánimo, sin fingir.

> Marco Aurelio, *Meditaciones* 7.69

Piensa en ti como si hubieras muerto y como si hubiera terminado la vida que has vivido hasta hoy. La porción que se te conceda más allá de esto vívela según dicta la naturaleza.

Marco Aurelio, *Meditaciones* 7.56

Vas a morir en cualquier momento, y aun así no acabas de ser sencillo y sincero; no tienes paz de espíritu, ni abandonas la sospecha de que te harán daño cosas externas, ni eres bondadoso con todos, ni comprendes que no hay otra sabiduría que el obrar bien.

Marco Aurelio, *Meditaciones* 4.37

De Séneca:

Debemos por tanto persuadirnos de que ya hemos vivido suficiente.

Séneca, *Epístolas morales* 23.10

Dispongamos, pues, nuestro ánimo como si hubiésemos llegado ya al último momento; no esperemos más; estemos dispuestos todos los días a devolver a la vida lo que hemos recibido de ella.

Séneca, *Epístolas morales* 101.7-8

Aprovecha los dones de la fortuna como bienes sobre los que su señor se ha reservado todos los derechos. Apresúrate a gozar de tus hijos y, recíprocamente, haz que ellos gocen de ti; apura sin dilación toda tu felicidad: nada te asegura que llegarás al final del día; he puesto un término muy largo: nada te asegura ni siquiera esta hora. Debemos apresurarnos; la muerte nos viene detrás.

Séneca, *Consolación a Marcia* 10.4

Capítulo cinco

EL DESEO

En el capítulo uno hablábamos de la proposición estoica fundamental: que no reaccionamos a las cosas, sino a nuestros juicios sobre ellas. Sin embargo, esto no significa necesariamente que esos juicios sean erróneos. De hecho, podríamos reaccionar a esa proposición ofreciéndonos a demostrar sus limitaciones. Porque, si deseamos o tememos algo, y el deseo o el temor nacen de nuestros pensamientos sobre ello, cabe la posibilidad de que esos pensamientos sean acertados. ¿Cómo saberlo?

En el capítulo dos los estoicos daban una respuesta general a esta pregunta: el apego a lo externo es una trampa. Y hemos visto el comienzo de respuestas más específicas en los capítulos tres y cuatro, con las que trataban de hacernos entender que acostumbramos a juzgar equivocadamente el tiempo, el espacio y la muerte. Pero este capítulo inicia una serie de investigaciones más profundas sobre algunos juicios muy concretos que hacemos sobre el mundo. La noción de que «todo es opinión» les da a los estoicos motivo suficiente para examinar nuestro pensamiento habitual más de cerca, departamento por departamento, y ver si cuadra con la razón y con lo que sabemos de la naturaleza humana. Para simplificar un poco, el estoicismo considera que la mayor parte de nuestras desventuras se derivan de cómo nos relacionamos con nuestros deseos y temores enfocados en el futuro y con los placeres y dolores presentes. Este capítulo empieza por analizar el deseo: cómo surge y cómo relacionarnos con él de un modo más racional.

Hemos observado que cada uno de los maestros estoicos tiene cierta especialidad: la de Epicteto, lo externo; la de Marco Aurelio, la perspectiva. En el tema de la psicología, que pasa a primer plano en este capítulo, el gran especialista estoico es Séneca el Joven. Séneca, junto con otros filósofos de los que hablaremos, reconoció en época temprana muchas tendencias mentales que cada nueva generación reaprende, a menudo por la fuerza, y que están presentes por tanto en la mayoría de nosotros: que lo que más deseamos es aquello que no tenemos o no podemos tener; que ambicionar algo es más placentero que poseerlo; que la posesión de un bien y la familiaridad con él tienden a provocar indiferencia o fastidio; que tasamos mal el valor de lo que tenemos, o de lo que no tenemos, porque lo comparamos con nuestras expectativas o con las posesiones de otros. En definitiva, que el modo de hablarnos a nosotros mismos sobre nuestros deseos es siempre engañoso. Los estoicos nos proponen formas de dialogar con nosotros mismos más precisas y nos ofrecen algunos consejos sobre cómo evitar o burlar nuestras insensateces.

1. *La insaciabilidad de los deseos.* La primera observación que hacen los estoicos sobre el deseo es que conseguir lo que queremos no suele producir la satisfacción que imaginábamos. Nos hace querer más. Por cada deseo que se cumple, otro nuevo aparece; se diría que la mente goza con el deseo en sí y con la ilusión de que satisfacerlo nos llevará a la plenitud. Y la plenitud nunca llega.

> Porque ¿quién se contentó jamás con lo que se le concedió y que le parecía muy grande mientras lo deseaba?
>
> Séneca, *Epístolas morales* 118.6

> ¿A qué esperas para descansar? ¿A conseguir todo lo que deseas? Nunca llegará ese momento. Las causas que producen los deseos forman un encadenamiento parecido a las que producen el destino: las unas toman origen en el final de las otras.
>
> Séneca, *Epístolas morales* 19.6

> Por experiencia aprenderás la verdad: que las cosas que más se valoran y más se anhelan no sirven de nada una vez que se consiguen. Quienes no las tienen imaginan que, si las tuvieran, sería suyo todo lo bueno que se pueda desear; hasta que un día las tienen, y el ardor de sus deseos es el mismo, es la misma

agitación, el mismo hastío por lo que poseen y el mismo deseo de lo que no.

Epicteto, *Discursos* 4.1.174

Los apetitos físicos desordenados se utilizan con frecuencia para establecer una analogía que explique deseos de otro tipo.

Algún día desaparecerán esos bienes tan peligrosos, mejores de esperar que de poseer. Si tuviesen algo de sólido, se vería al menos a alguna persona satisfecha; pero no hacen otra cosa que avivar la sed del que los prueba.

Séneca, *Epístolas morales* 15.11

¿No sabes cómo es la sed del que tiene fiebre? En nada se parece a la del que está sano, que al beber sacia la sed. El enfermo se complace por un momento, luego tiene náuseas; el agua se le vuelve bilis, vomita, le duele el estómago, y entonces tiene más sed todavía. Es igual que desear riquezas y conseguirlas, que desear poder y tener poder, que desear a una mujer hermosa y yacer con ella.

Epicteto, *Discursos* 4.9.4-5

Amontona oro y plata, construye pérgolas, llena tu casa de esclavos y la ciudad de deudores: a menos que des reposo a las pasiones del alma, que pongas freno a tus deseos insaciables y te liberes del miedo y la inquietud, no harás más que escanciar vino para un enfermo, ofrecerle miel a un bilioso y preparar un suntuoso banquete para quienes sufren de disentería, y no solo no podrán retener los alimentos ni obtener de ellos ningún beneficio, sino que su estado se agravará por ellos.

Plutarco, *Sobre la virtud y el vicio* 4 (101c)

Este tema general de los estoicos –la ilusión de que la realización de un deseo nos llevará al estado de ánimo anhelado (que nunca llega del todo)– lo han retomado muchos de sus primos hermanos y descendientes.

> El que tiene más de lo que necesita, y aun así ambiciona más, no encontrará remedio en el oro ni la plata, ni en caballos, ovejas y bueyes, sino en arrancar de raíz la perversión y purgarse. Porque su mal no es la pobreza, sino la insaciabilidad y avaricia que nacen de una opinión irreflexiva y errónea; y a menos que alguien expulse de su mente esa especie de solitaria que se ha instalado en ella, nunca dejará de codiciar cosas superfluas, es decir, de querer lo que no necesita.

Plutarco, *Sobre el excesivo amor a las riquezas* 3 (524c-d)

> Nada de lo que llega a nuestras manos y a nuestro conocimiento nos satisface. Suspiramos por cosas futuras y desconocidas, porque las presentes nunca nos contentan; y, en mi opinión, no porque carezcan de lo necesario para contentarnos, sino por el ansia enfermiza con que las atenazamos.

Montaigne, *Ensayos* I, *De una sentencia de César*

He aquí una nueva forma de pensar en las pirámides:

> A mi modo de ver, una pirámide es un monumento a la insignificancia de las diversiones humanas. Un rey con poder ilimitado, y cuyos tesoros superan con creces todas las necesidades reales e imaginarias, no encuentra más consuelo que erigir una pirámide. Saciado de dominio, y dada la insipidez de los placeres, decide amenizar el tedio de su vida decadente mirando a miles de hombres trabajar de sol a sol colocando, sin propósito alguno, una piedra encima de otra. Quienquiera que seas que, descontento con una situación moderada, imaginas la felicidad que reside en la magnificencia regia, y sueñas que las riquezas o

el poder pueden alimentar el apetito de novedad con perpetuas gratificaciones, mira las pirámides y admite tu insensatez.

Johnson, *Rasselas* (1759)

Schopenhauer ofreció algunas formas interesantes de explicar esta perspectiva estoica:

Cuando nos sobreviene una buena fortuna, nuestras pretensiones aumentan más y más, ya que no hay nada que las regule; es en esta sensación de expansión donde reside el deleite. Pero no dura más que el tiempo que tarda la operación en terminar, y cuando la expansión es completa, el deleite cesa. Nos acostumbramos a las nuevas pretensiones, ahora aumentadas; y en consecuencia, las riquezas que ahora necesitamos solo para satisfacerlas nos dejan indiferentes.

Schopenhauer, *Sobre la sabiduría del vivir* (1851)

No existe una cantidad absoluta o definida de riqueza que nos satisfaga. La cantidad es siempre relativa, es decir, depende de la proporción entre lo que queremos y lo que obtenemos; porque medir la felicidad de alguien solo por lo que obtiene, sin tener también en cuenta lo que esperaba obtener, tiene tan poco significado como el numerador de una fracción que carece de denominador. Un hombre no se siente privado de cosas que no ha deseado nunca; es igual de feliz sin ellas. Otro, que tal vez tiene cien veces más, se siente desdichado porque no tiene justamente la cosa que ambiciona.

Schopenhauer, *Sobre la sabiduría del vivir* (1851)

2. *Apetitos naturales y antinaturales.* Los estoicos a veces explican los deseos insaciables aludiendo a su carácter antinatural. Tenemos dos tipos de apetitos. Unos están implantados por la naturaleza, como el hambre; son finitos

y pueden satisfacerse plenamente. Por supuesto, luego vuelven a aparecer; la satisfacción no es permanente, pero su medida está clara: comemos hasta saciar el hambre, y lo mismo que nos satisfacía ayer puede satisfacernos hoy. Los otros –el deseo de estatus, por ejemplo– son producto de la vida social o de estimular el apetito por cosas que no necesitamos. Los deseos artificiales de este tipo nunca se satisfacen del todo; cuando se cumplen, la sensación no es tan gratificante como imaginábamos, lo cual nos obliga a perseguir otros nuevos y más sublimes, con la esperanza de que estos sí nos satisfarán. Y como no están vinculados a una necesidad concreta, no tienen un punto natural en que detenerse.

> No bastará ninguna bebida para calmar un deseo que no nace de una necesidad, sino de un fuego que abrasa las entrañas; porque ya no es sed, es enfermedad. Y esto no ocurre solamente con el dinero y los alimentos; igual carácter tienen todos los deseos que no proceden de la naturaleza, sino del vicio: por mucho pasto que les deis, no pondréis fin a la avidez, sino que le daréis un aliciente más. Cuando nos contenemos en los límites de la naturaleza, se desconoce la miseria; cuando se traspasan, la pobreza nos sigue hasta en la cumbre de la riqueza.

Séneca, *Consolación a Helvia* 11.4

> Medimos las cosas necesarias por la utilidad que tienen, pero ¿qué medidas tomarás para las superfluas? Muchos se sumergen de tal manera en los placeres que, una vez que se acostumbran, ya no pueden prescindir de ellos; y ahora es cuando son desdichados, pues lo que antes les era superfluo se ha convertido en necesario.

Séneca, *Epístolas morales* 39.5-6

> Imagina que se acumulan en tu casa todas las riquezas que han poseído numerosos hombres acaudalados; que te da la Fortuna más dinero que cualquier otro poseyó jamás; imagina que te

viste de púrpura y te aloja en dorados palacios pavimentados de mármol –en una palabra, que no solamente posees riquezas, sino que las pisas bajo tus pies–, y que a todo esto añade estatuas, pinturas y cuanto han hecho las artes para satisfacer el lujo. Bien, pues todo esto te serviría solamente para desear más. Los deseos de la naturaleza son limitados; los que nacen de la falsa opinión no saben dónde detenerse, porque el error no tiene término cierto. El que sigue el camino llega a su término; el que va deambulando por las veredas no lo alcanza jamás.

Séneca, *Epístolas morales* 16.8-9

Veamos algunas reelaboraciones posteriores de esta idea:

Las leyes de la naturaleza nos enseñan lo que legítimamente necesitamos. Los filósofos, después de decirnos que según la naturaleza nadie es pobre, y que todos lo son según opinen de sí mismos, hicieron una sutil distinción entre los deseos que proceden de la naturaleza y los que emanan del desorden de nuestra fantasía: aquellos cuyo final percibimos con claridad son suyos; los que huyen ante nosotros y nunca tienen límite son nuestros. La pobreza de bienes materiales tiene fácil remedio; la pobreza del alma es irremediable.

Montaigne, *Ensayos* III, *Gobierno de la voluntad* (1580)

Nuestros deseos aumentan a la par que nuestras adquisiciones; cada avance nos pone a la vista algo que antes no veíamos y que, en cuanto lo vemos, empezamos a desear. Donde la necesidad termina, la curiosidad empieza; una vez satisfecho todo lo que nuestra naturaleza puede requerir, nos sentamos a inventar apetitos artificiales.

Johnson, *The Idler* n. 30 (1758)

Continuaremos desarrollando este tema en la sección 8 del capítulo seis.

3. *El afán y la posesión.* Otro engaño que identificaron los estoicos es que cuando trabajamos con afán para conseguir un objetivo, imaginamos la felicidad que nos traerá su logro; y luego descubrimos que la persecución fue más placentera de lo que es finalmente la captura.

> El filósofo Atalo solía decir: «Es más agradable hacer un amigo que haberlo hecho, como le es más agradable al artista pintar que haber pintado». La atención y el esmero con que trabaja dan regocijo a la labor; cuando retira la mano después de la última pincelada, al contemplar la obra el gozo ya no es igual. Ahora goza del fruto de su trabajo, pero gozaba del arte mismo mientras pintaba.
>
> Séneca, *Epístolas morales* 9.7

Atalo fue un filósofo estoico y uno de los primeros maestros de Séneca. En las *Epístolas morales* (108.3), Séneca dice sobre él: «Frecuentábamos su escuela con tal avidez que llegábamos los primeros y nos retirábamos los últimos». En opinión del padre de Séneca, Atalo era el filósofo más sutil y elocuente de su época.

> *Graciano:* Todas las cosas de este mundo se persiguen con más ardor que se gozan.
>
> Shakespeare, *El mercader de Venecia* 2, 6

> El placer de esperar algo con anhelo suele ser mayor que el de obtenerlo; al hacerse realidad un deseo, casi siempre nos decepciona.
>
> Johnson, *The Rambler* n. 71 (1750)

4. *Falta de interés por lo que se posee.* Otra ley estoica referente al deseo, pero con un matiz distinto, es que poseer una cosa tiende a provocar indiferencia

o desprecio por ella. A veces esto se debe a que la posesión final del objeto deseado pone al descubierto su insignificancia.

> Porque ¿quién se contentó jamás con lo que se le concedió y que le parecía admirable mientras lo deseaba? [...] Crees que es grande la riqueza porque te encuentras lejos de ella, pero es pobre a los ojos de quienes la poseen. Mucho me engaño si lo que quieren no es elevarse aún más; porque lo que tú crees que es la cumbre, no es para ellos más que un escalón. Los hombres sufren mucho por ignorancia de la verdad. Dejándose engañar por la opinión vulgar, buscan las riquezas como si fueran un verdadero bien; y cuando con muchos sufrimientos las adquieren, descubren que son dañosas, o inútiles, o menos importantes de lo que esperaban.
>
> Séneca, *Epístolas morales* 118.6-7

O en palabras de Schopenhauer:

> Conseguir algo que hemos deseado significa descubrir que carece de valor. Vivimos siempre con expectativas de que nos llegarán cosas mejores y, al mismo tiempo, con añoranza y arrepentimiento por las que ya pasaron.
>
> Schopenhauer, *Sobre la sabiduría del vivir* (1851)

Pero los estoicos entienden que la dificultad es aún mayor: cualquier cosa pierde su poder de satisfacernos una vez que la poseemos, no solo porque la vemos de un modo más realista, sino porque el hecho en sí de poseerla cambia lo que sentimos por ella. Ninguna adquisición ni estímulo nos causa la misma impresión al cabo de cierto tiempo.

> ¿No ves que todo pierde su fuerza por la costumbre?
>
> Séneca, *Cuestiones naturales* IV B, 13.11

Nada hay que apreciemos tanto como un favor mientras deseamos que se nos otorgue, ni que apreciemos menos después de recibido.

Séneca, *Epístolas morales* 81.28

¡Ojalá los que codician riquezas se dejaran aconsejar por los ricos! ¡Ojalá los que desean honores tomasen consejo de los ambiciosos y de los que han alcanzado las máximas dignidades! Pronto cambiarían de idea, al ver que todos ellos se forman nuevos proyectos después de despreciar los antiguos, puesto que nadie está satisfecho de su fortuna, por próspera que sea. Todos se quejan de haberse dejado aconsejar mal y de los procedimientos que emplearon, y siempre prefieren lo que no hicieron a lo que han hecho.

Séneca, *Epístolas morales* 115.17

El siguiente es un ejemplo de lo mismo a escala social, más que individual, en el que Séneca habla de una visita que hizo a la villa de Escipión el Africano:

En esta casa de baños de Escipión, en vez de ventanas no hay más que hendiduras en la pared, que sin quitar fuerza al edificio dejan penetrar la luz. En estos tiempos, sin embargo, si una casa de baños no está preparada de manera que reciba el sol todo el día por grandísimas ventanas, si dentro no se recibe el aire al mismo tiempo que el agua, y si desde la bañera no se ve el campo y el mar, se dice que es una gruta. Así pues, las cosas que produjeron admiración general en sus tiempos no pasan de antiguallas cuando al lujo le place inventar alguna novedad que supere lo que había inventado antes.

Séneca, *Epístolas morales* 86.8

Montaigne fue un observador atento de los efectos corrosivos que tenían en el ánimo la familiaridad y el exceso.

Me siento abrumado por un error del alma, que me atormenta por injusto y, más todavía, por conflictivo; procuro corregirlo, pero no consigo arrancarlo de raíz. Ese error es que atenúo el justo valor de las cosas que poseo y realzo el de las cosas que me son extrañas, que están ausentes o que no son mías. [...] La posesión engendra desdén por aquello que tengo a mi disposición y bajo mi dominio.

Montaigne, *Ensayos* II, *De la presunción* (1580)

Nada hay tan molesto ni que tanto empache como la abundancia. ¿Qué apetito sexual no se tornaría en desgana viendo a trescientas mujeres a su disposición, como las tiene actualmente el Gran Turco en su serrallo? ¿Qué placer podía sacar de la caza un antecesor suyo, que jamás salía al campo sin la compañía de siete mil halconeros?

Montaigne, *Ensayos* I, *De la desigualdad que existe entre nosotros* (1580)

Johnson, por su parte, dice sobre el tema:

Las sensaciones corporales dependen hasta tal punto de la novedad que la costumbre quita a muchas cosas el poder de producirnos placer o dolor. Así, sentimos que una prenda nueva se va haciendo cada vez más a nosotros y el paladar se habitúa poco a poco a alimentos que al principio le repugnaban [...] Algo parecido, o análogo, se observa en los efectos que se producen en la mente de inmediato: salvo lo que es repentino o insólito, nada nos afecta o impresiona intensamente. Incluso acontecimientos de importancia, si se vuelven familiares, ya no los consideramos con asombro o interés; lo que al principio captaba toda nuestra atención, y no dejaba lugar para ningún otro pensamiento, pronto queda relegado a algún lugar remoto de la mente, y yace en un rincón entre las brasas de la memoria, abandonado.

Johnson, *The Rambler* n. 78 (1750)

Es tan superficial el goce humano que el presente enseguida nos impacienta. Al logro le sigue rápidamente el desdén, y a la posesión el hastío. Así, la maliciosa sentencia que hizo sobre el matrimonio un filósofo griego puede aplicarse a cualquier otra ocasión de la vida: que sus dos días de felicidad son el primero y el último.

Johnson, *The Rambler* n. 207 (1752)

Probablemente Johnson estaba haciendo una interpretación elegante de un dicho bastante despectivo del poeta griego Hiponacte, que vivió en el siglo vi a. C.: «Hay dos días en que una mujer es un placer: el día que uno se casa con ella y el que saca su cadáver de casa».

Nuestro tema en esta sección podría considerarse un aspecto de lo que los psicólogos actuales llaman a veces adaptación: la tendencia a acostumbrarse a las cosas y dejar de notarlas, y todo lo que se deriva de ello. Los estoicos son grandes estudiosos de la adaptación y sus mecanismos, algunos de los cuales nos ayudan y otros nos perjudican. La adaptación era relevante en el capítulo uno, por ejemplo, porque acostumbrarnos a una situación puede hacer que la consideremos natural e inevitable cuando no lo es. Volverá a ser relevante cuando tratemos el tema de la adversidad, porque nos ayuda a hacerle frente. Y, además, la adaptación está en la raíz de muchos deseos, porque corroe nuestra capacidad de encontrar placer en lo que ya tenemos y nos crea nuevas necesidades. Smith supo relacionar el fenómeno con una afirmación estoica más general.

La certeza infalible de que, más tarde o más temprano, todos nos acostumbramos a aquello que se haya convertido en nuestra situación permanente puede, tal vez, inducirnos a pensar que los estoicos estaban, cuando menos, muy cerca de la verdad: que, en lo que a la felicidad se refiere, entre una situación permanente y otra no hay ninguna diferencia esencial; o, si la hay, es justo la suficiente para que algunas situaciones se nos antojen deseables o preferibles, sin que lleguemos a codiciarlas con fervor o impaciencia, y otras nos provoquen un simple rechazo, que nos hace despreciarlas o evitarlas, pero sin una ferviente o ansiosa aversión.

Smith, *Teoría de los sentimientos morales* (1759)

5. *La envidia.* El que la realización de nuestros deseos no consiga satisfacernos se debe en parte a que medimos la satisfacción que nos da lo que tenemos comparándolo con lo que tienen otros. Siempre es posible encontrar a alguien que parezca estar por delante de nosotros o tener más, y esas suelen ser las únicas comparaciones que nos importan.

Nunca será feliz quien se atormenta al ver a otro más feliz que él.

Séneca, *De la ira* 3.30.3

Nadie está contento de su fortuna cuando contempla la de otros. De aquí que nos irritemos hasta contra los dioses porque otro nos lleva la delantera, olvidando cuántos quedan a nuestra espalda y la cantidad tan enorme de envidia que persigue a quien puede envidiar a muy pocos. Tal es, sin embargo, la exigencia de los hombres; aunque hayan recibido mucho, se toman como injuria haber podido recibir más.

Séneca, *De la ira* 3.31.1

Si consideras las riquezas como un bien, te afligirá la pobreza, y lo que es mucho peor, una pobreza imaginaria. Aunque poseas mucho, si ves que alguien posee más, creerás que te falta todo aquello en que el otro te supera. Si haces estribar la felicidad en los honores, te disgustará que este sea cónsul por primera vez, y

aquel por segunda, y envidiarás a aquel otro cuyo nombre se repite con frecuencia en la lista de altos cargos. Tal será el furor de
tu ambición que te creerás el último si alguno te precede.

Séneca, *Epístolas morales* 104.9

¿Por qué habría una persona de envidiar a otra? ¿Por qué admirar
a los ricos o a los poderosos, en especial a los que son fuertes y
coléricos? Pues, dime, ¿qué van a hacernos? Lo que nos pueden
hacer no nos importa; y lo que nos importa no pueden.

Epicteto, *Discursos* 1.9.20

Todo el mundo encuentra a quién envidiar: si no es a quien consigue más,
entonces a quien consigue algo distinto.

No solamente los hombres de un mismo oficio tienen envidia
unos de otros o de quienes se ganan la vida de forma similar a
ellos, sino que también los ricos envidian a los instruidos, los
famosos a los ricos, los abogados a los sofistas y, ¡por Zeus!, los
hombres libres y los patricios miran con admiración y envidia a
los comediantes de éxito en el teatro, y a los bailarines y criados
de la corte de los reyes, con lo cual se infligen a sí mismos no poca
insatisfacción y tormento.

Plutarco, *Sobre la paz del alma* 13 (473b)

La envidia no solo nos hace sentirnos menos satisfechos, sino que nos hace
querer cosas que de otro modo no se nos habría ocurrido desear.

¡Cuántas cosas tenemos solamente porque otros las tienen!

Séneca, *Epístolas morales* 123.6

La envidia, como otros temas de este capítulo, ha suscitado muchas disquisiciones entre los descendientes de los estoicos. Johnson fue un perspicaz analista del problema. Desarrolló un poco esta última idea de Séneca.

> Muchas de nuestras desdichas son simple fruto de la comparación. A menudo, somos infelices no por la presencia de un mal real, sino por la ausencia de un bien ficticio: de algo que no responde a una necesidad real de nuestra naturaleza, que no tiene en sí mismo capacidad para gratificarnos, y que ni la razón ni la fantasía nos habrían impulsado a desear si no hubiéramos visto que otros lo poseían.
>
> Johnson, *The Adventurer* n. 111 (1753)

Comentó también, con su estilo característico, que imaginar lo envidiable que es la vida de otros constituye un problema de alcance universal.

> Posiblemente, todos los escritores que han dejado tras de sí observaciones sobre la vida han resaltado el hecho de que nadie está satisfecho con su situación actual, tanto si ha llegado a ella por azar o por decisión propia, como dice Horacio. Siempre hay una u otra circunstancia que nos disgusta de nuestro presente, e imaginamos que el de otros es mucho más afortunado o está menos expuesto a calamidades.
>
> Johnson, *The Rambler* n. 63 (1750)

Por último, Johnson apuntó que, aun en el caso de que pudiera hacernos más felices tener lo que otro tiene, envidiarlo nos hace siempre infelices.

> Si algo puede aplicarse a cualquier edad, sexo y condición es que todos tenemos nuestros desvelos, por motivos naturales o irracionales. Así pues, quien tenga la tentación de envidiar a otro debe recordar que no conoce realmente la situación que desea obtener, pero de lo que no cabe duda es de que, cediendo a ese apetito

malsano, reducirá inevitablemente la felicidad que ya considera escasa.

Johnson, *The Rambler* n. 128 (1751)

Schopenhauer añadió que la envidia es un raro vicio que nos hace infelices en el acto.

> La envidia es a la vez un vicio y una fuente de desdicha. Debemos tratarla como enemiga de la felicidad y sofocarla como un mal pensamiento. Este es el consejo dado por Séneca; como él bien dice, estaremos satisfechos con lo que tenemos si evitamos torturarnos comparando nuestra suerte con otra más feliz.

Schopenhauer, *El arte de ser feliz* (1851)

La envidia puede considerarse parte de un defecto mayor, que son las comparaciones inútiles, sobre las que Smith volvió a hacer un comentario interesante.

> Parece ser que la principal fuente de desdichas y trastornos en la vida humana es sobreestimar la diferencia entre una situación permanente y otra. La avaricia sobreestima la diferencia entre la pobreza y la riqueza; la ambición, la diferencia entre una posición privada y una pública; la vanagloria, la que existe entre vivir en el anonimato y tener una gran reputación. Bajo el influjo de cualquiera de estas extravagantes pasiones, la persona no solo es desdichada en su situación actual, sino que a menudo no dudará en perturbar la paz social con tal de conseguir lo que tan neciamente admira. Observar con un poco de atención le mostraría, sin embargo, que un ánimo favorablemente dispuesto goza de igual serenidad, alegría y satisfacción en todas las situaciones ordinarias de la vida humana.

Smith, *Teoría de los sentimientos morales* (1759)

6. *Deseos y opiniones.* Ahora que conocemos el diagnóstico estoico, pasemos a los remedios. Los antídotos más directos, para los deseos y en la mayoría de los casos, son los que se han presentado en los dos primeros capítulos del libro. Podemos proponernos ver con precisión el objeto de deseo y de este modo desapegarnos de él; esto resolverá principalmente el problema, dado que el apego a las cosas externas es, en general, caldo de cultivo para la envidia y otros vicios. O podemos percibir cualquier deseo como uno de tantos errores de juicio y, si hemos desarrollado suficiente destreza para ello, sencillamente descartarlo. Recordemos cuál era el planteamiento de base: atendiendo al principio que se exponía en el capítulo uno, la mente y sus opiniones son las responsables de que deseemos todo lo que deseamos; de esto se infiere que, para satisfacer –o tratar de un modo efectivo– cualquier deseo, tenemos dos vías posibles: una es perseguir el objeto del deseo y la otra es ocuparnos del segundo término de la ecuación: la opinión que está en su origen. Resolver la ecuación de este modo (empezando por la derecha, en vez de por la izquierda, como parecería natural) es el habitual procedimiento estoico.

La libertad no se consigue satisfaciendo los deseos, sino eliminándolos.

Epicteto, *Discursos* 4.1.175

Nadie puede tener todo lo que desee; pero sí puede dejar de desear lo que no tiene, y recibir con alegría lo que se le presenta.

Séneca, *Epístolas morales* 123.3

Un hombre pide a los dioses: «¿Cómo haré para acostarme con aquella mujer?». Suplícales tú: «¿Cómo haré para no desear acostarme con ella?». El otro: «¿Cómo puedo librarme de esto?». Tú: «¿Cómo hago para no necesitar librarme de ello?». Otro: «¿Qué puedo hacer para que no muera mi hijito?». Tú: «¿Cómo haré para no tener miedo de perderlo?». En suma, cambia de esta forma tus súplicas y observa lo que resulta.

Marco Aurelio, *Meditaciones* 9.40

¿Acaso no admitirías cuánto mejor es, en vez de esforzarte para conseguir la esposa de otro, esforzarte por educar tus deseos; en vez de angustiarte por el dinero, aprender a desear poco; en vez de pensar a todas horas en cómo alcanzar renombre, tratar de comprender la vacuidad de la fama; en vez de buscar la manera de hacer daño a quien envidias, proponerte con firmeza no envidiar a nadie, y en vez de estar al servicio de supuestos amigos, como hacen los aduladores, soportar las dificultades de encontrar amigos de verdad?

Musonio Rufo, *De que deberían despreciarse las fatigas*

Sobre este particular, Epicuro hizo un comentario que fue del gusto de Séneca.

«Si quieres hacer rico a Pítocles –dice Epicuro–, no debes aumentar sus tesoros, sino disminuir su codicia».

Epicuro, citado en Séneca, *Epístolas morales* 21.7

De hecho, fue tan de su gusto que decidió multiplicar su lógica.

Si quieres hacer virtuoso a Pytocles, no debes aumentar sus honores, sino disminuir su codicia. Si quieres que Pítocles viva en continua satisfacción, no debes aumentar sus voluptuosidades, sino disminuir sus deseos. En fin, si quieres que su vida sea larga, no le des más años, quítale pasiones.

Séneca, *Epístolas morales* 21.8

7. *Comparaciones útiles con otras personas.* Resolver la cuestión de los deseos desvinculándonos de ellos, como se acaba de mostrar, es la primera vía de respuesta estoica, y, desde una perspectiva purista, quizá podría decirse que no hace falta más. Pero los estoicos tardíos sabían que una intervención tan directa puede ser muy difícil, por lo cual ofrecieron también otras estrategias

psicológicas para lidiar con el deseo. En secciones anteriores, los hemos visto criticar las comparaciones que causan descontento; sin embargo, recomiendan aquellas comparaciones que tienen el efecto contrario. De entrada, se podría pensar que cualquier comparación con otros solo puede ser irrelevante; que pretender reducir nuestra infelicidad mirando a quienes son más infelices que nosotros es igual de absurdo que reducir nuestra felicidad por mirar a quienes son más felices. Pero este es otro ejemplo del pragmatismo que caracteriza a los estoicos tardíos, y en especial a Séneca: juzgan una perspectiva por sus consecuencias. Una comparación puede ser recomendable solo si nos sirve para librarnos de tendencias mentales que hemos diagnosticado de nocivas.

Algunas de las comparaciones saludables que sugieren los estoicos utilizan como referente a personas y circunstancias del pasado.

> Cada vez que miro los ejemplos de la Antigüedad, me avergüenzo de buscar consolación para la pobreza. La extravagancia de nuestros días ha llegado al extremo de que los gastos de viaje de los exiliados superan a las herencias de los príncipes de otros tiempos.
>
> Séneca, *Sobre la tranquilidad del ánimo* 12.4

Las comparaciones con quienes han vivido situaciones similares a las nuestras pueden ser igualmente efectivas.

> Contribuye también a la tranquilidad de espíritu recordar a hombres célebres que no se lamentaron por males iguales a los tuyos. ¿Te aflige acaso no tener hijos? Piensa en los reyes de Roma, de los que ninguno tuvo un hijo al que poder legar el reino. ¿Te angustia en este momento la pobreza? Dime: ¿quién de entre los beocios habrías preferido ser que Epaminondas?; de entre los romanos, ¿quién sino Fabricio?
>
> Plutarco, *Sobre la paz del alma* 6 (467e)

Epaminondas fue un venerado estadista y general griego del siglo IV a. C., conocido por su sencillez. Fabricio fue cónsul de Roma en los tiempos de la República, y también él tenía reputación de hombre austero.

Igualmente, podemos establecer comparaciones eficaces con quienes se encuentran ahora en peor situación que nosotros. Tenemos tendencia, sin embargo, a mirar en la otra dirección: hacia arriba en lugar de hacia abajo.

> Ninguno de los que intervienen en la vida pública piensa en todos aquellos a los que ha aventajado; piensa solo en los que lo han aventajado a él. Le indigna más que uno solo lo preceda de lo que le complace ver los muchos a los que él ha dejado atrás. El mal de la ambición está en que nunca mira a la espalda.
>
> Séneca, *Epístolas morales* 73.3

Los estoicos recomiendan cambiar la dirección en la que buscamos con quién compararnos para decidir cómo nos va a nosotros. Podemos realmente darle la vuelta a la envidia.

> ¿Te aventajan muchos? Considera cuánto más numerosos son los que te siguen que los que te preceden. ¿Preguntas cuál es tu mayor error? Haces mal los cálculos: estimas en mucho lo que das y en poco lo que recibes.
>
> Séneca, *De la ira* 3.31.3

También Plutarco habló de esto: dado que somos nosotros los que elegimos con quién compararnos, tenemos la posibilidad de amañar la competición. Sea o no un principio filosófico noble, es psicológicamente ventajoso.

> En los Juegos Olímpicos, no puedes elegir a tus competidores para asegurarte la victoria. Pero, en la vida, las circunstancias te permiten enorgullecerte de tu superioridad sobre muchos, y despertar envidias, más que envidiar a los demás…, a menos, claro

está, que hagas del gigante Briareo o de Hércules tu oponente. [...] Cuando te maravilles de la grandeza de Jerjes al cruzar el Helesponto por el puente de barcas, acuérdate también de los que perforaban el monte Athos a golpe de látigo y de aquellos que quedaron con las orejas y las narices mutiladas cuando el puente fue destruido por la corriente. Acuérdate, en esos momentos, de que ellos piensan en lo feliz que es tu vida y en tu buena fortuna.

Plutarco, *Sobre la paz del alma* 10 (470e)

Jerjes I de Persia había intentado invadir Grecia en el año 480 a. C. Para ello, su ejército tuvo que excavar un canal cerca del monte Athos y construir un puente de barcas de mil metros de longitud sobre el Helesponto, el actual estrecho de los Dardanelos, que separa Asia de Europa. La primera versión del puente se derrumbó, tras lo cual Jerjes ordenó terribles castigos para aquellos a los que consideraba responsables, así como una vengativa flagelación de las aguas circundantes. Se cuenta que, al ver a Jerjes finalmente cruzar el puente al frente de su ejército, un lugareño lo comparó con Zeus (según relata Heródoto, en las *Historias* 7.56). En cuanto a Briareo, se trata de una criatura de la mitología griega dotada de cincuenta cabezas y cien brazos.

He aquí otro ejemplo que requiere menos explicaciones:

Un día en que el renombrado Pítaco –célebre por su valentía, sabiduría y rectitud– estaba conversando con unos invitados, su esposa entró hecha una furia y volcó la mesa. Los invitados se quedaron consternados, pero Pítaco dijo: «Cada uno tenemos algún motivo de inquietud. Quien solo tenga el mío puede estar contento».

Plutarco, *Sobre la paz del alma* 11 (471b)

Pítaco fue uno de los Siete Sabios de Grecia, el círculo de políticos y filósofos del siglo VI a. C. al que en la época clásica se veneraba por su sabiduría. Veamos algunas continuaciones más recientes de estas ideas:

En todas las circunstancias, nos comparamos con los que están por encima de nosotros y miramos a los que están en mejor posición. Midámonos con los que están por debajo, y no habrá nadie, por mísero que sea, que no encuentre mil ejemplos que le sirvan de consuelo.

Montaigne, *Ensayos* III, *De la vanidad* (1580)

Mencioné el consejo que nos dan los filósofos de que, cuando estemos angustiados o avergonzados, nos consolemos pensando en los que están en peor situación que nosotros. Añadí que esto no puede aplicarse a todos los hombres, pues en algunos casos no habrá nadie que esté en peor situación que ellos. Johnson: «Sin duda, señor; pero ellos no lo saben: ningún ser humano se considera tan pobre y tan despreciable como para pensar que no hay alguien aún más pobre y despreciable que él».

Boswell, *La vida de Samuel Johnson* (1791)

Es un hecho que cuando nos sucede una auténtica desgracia, el consuelo más eficaz –aunque brote de la misma fuente que la envidia– es pensar en desgracias mayores que las nuestras; y además, buscar la compañía de quienes corren la misma suerte que nosotros: nuestros compañeros de amarguras.

Schopenhauer, *El arte de ser feliz* (1851)

Una variante:

Cuando hemos sufrido una calamidad, lo primero que debemos recordar es de cuánto nos hemos librado.

Johnson, *Carta a Hester Thrale* (1770)

Una forma de ilustrar esta enseñanza es imaginar un mercado de desdichas y preguntarnos si querríamos hacer un trueque de las nuestras. Aunque no parece que la idea esté directamente relacionada con el problema del deseo, podemos considerarla otro recurso para aumentar la satisfacción con lo que tenemos.

> Si todos llevásemos nuestras desgracias a un sitio común, para que a cada cual le tocara una porción igual en el reparto, la mayoría estarían contentos de volver a tomar las suyas y marcharse.
>
> Plutarco, *Consolación a Apolonio* 9 (106b)

Heródoto presentó una idea similar:

> Sé decir únicamente que si salieran a la plaza todos los hombres cargados con sus males a cuestas para intentar intercambiar su hatillo con el de otro, en cuanto pusiera cada cual la mirada en los males de su vecino volvería a toda prisa a cargar con sus mismas alforjas y encantado regresaría a casa con ellas.
>
> Heródoto, *Historias* 7.152

8. *Cómo sería perder lo que ahora no valoramos.* Otra comparación valiosa es darnos cuenta de lo deseables que nos parecerían los bienes que ahora tenemos si no los tuviéramos. Antes hemos visto que la adaptación da lugar a que se forme una cadena de deseos sin fin. Acostumbrarnos a lo que tenemos nos hace perder el aprecio por ello. Los estoicos responden a esto tratando de ver con mirada nueva las cosas conocidas. En lugar de cambiar sus posesiones, se proponen cambiar su forma de verlas.

> No conviene imaginar tanto las cosas que nos faltan, sino, de entre las que ahora tenemos, escoger las predilectas y pensar en cuánto las anhelaríamos si no las tuviésemos.
>
> Marco Aurelio, *Meditaciones* 7.27

No desaproveches la ocasión de gozar de los bienes presentes
deseando los ausentes; ve que lo que tienes hoy estuvo en algún
momento entre aquello que anhelabas.

Epicuro, *Sentencias vaticanas 35*

Convendría que a veces consideráramos nuestras posesiones tal
y como pensaríamos en ellas si las hubiéramos perdido.

Schopenhauer, *Sobre la sabiduría del vivir* (1851)

Comparémoslo con:

A ti, todo lo que tienes te parece pequeño; mis cosas, a mí, todas
me parecen grandes.

Epicteto, *Discursos* 3.9.21

La misma idea puede aplicarse a las circunstancias en lugar de a las cosas. Es
una forma de cultivar la gratitud no solo por lo que tenemos, sino por las
condiciones y la situación en que nos encontramos.

No debemos menospreciar ni siquiera las cosas comunes y ordinarias, sino tenerlas en cuenta y dar gracias por estar vivos y
sanos y poder ver el sol. [...] Estas cosas nos darán mayor tranquilidad de espíritu si, estando presentes, imaginamos que no lo
estuvieran y recordamos el bien tan precioso que es la salud para
el enfermo, la paz para los que están en guerra, y para un extran-
jero recién llegado a una ciudad grande, tener una reputación y
amigos; y pensamos en lo doloroso que es encontrarse privado
de estas cosas una vez que se han tenido. Entonces no se dará el
caso de que cada una de ellas nos parezca importante y valiosa
solo cuando la perdamos, y entretanto, mientras creemos tenerla
asegurada, no le concedamos ningún valor.

Plutarco, *Sobre la paz del alma* 9 (469e-f)

Capítulo seis

LA RIQUEZA Y EL PLACER

En el capítulo cinco hemos examinado algunas propiedades generales de los deseos: su carácter interminable y cómo los alimentamos al compararnos con los demás, cómo nos engañan y cómo domarlos. En este capítulo estudiaremos enseñanzas estoicas más concretas sobre dos tentaciones en particular: la riqueza y el placer. En ambos casos, investigaremos sus orígenes, así como las trampas y los engaños que acompañan a cada una de ellas, y trataremos de ver si se pueden disfrutar de un modo que sea coherente con la serenidad y otras aspiraciones estoicas. Para ello, retomaremos algunas ideas que se han presentado en el capítulo anterior y las aplicaremos a problemas específicos.

Desde el punto de vista estoico, nuestra fascinación por el dinero y las posesiones –la codicia– nos convierte generalmente en seres ridículos y es motivo de gran desdicha para nosotros y para los demás. Los estoicos aseguran que el apego a la riqueza tiene consecuencias predecibles: una vez que tenemos dinero, nos preocupamos por conservarlo, nos impacientamos por tener más, y sufrimos cuando lo perdemos. Esto es extensivo a cualquier clase de bienes materiales; deseamos más de lo que tenemos y poco a poco empezamos a conceder a cosas de todo tipo un valor del que en realidad carecen. Lo mismo puede aplicarse a los placeres en general: los sobrevaloramos, e infravaloramos el coste de intentar obtenerlos. El placer y el dolor constituyen un ciclo; son inseparables, y hay que abordarlos juntos.

Una vez presentadas estas nociones, veamos qué advertencias hacen los estoicos sobre la riqueza y los placeres, y a continuación pasaremos a algunas ideas de cómo actuar al respecto. El estoicismo sugiere, en primer lugar, que nos replanteemos qué queremos, cuánto lo queremos y por qué. Los estoicos valoran la moderación y no piensan que eso esté reñido con el placer. Consideran que, por el contrario, la mesura realza los placeres y que, de hecho, hace posible el goce verdadero y saludable. La segunda conducta que proponen los estoicos es el desapego. Se puede aprender a disfrutar la riqueza y los placeres sin perseguirlos con ansiedad, sin aferrarse demasiado a ellos cuando se tienen y sin hundirse cuando desaparecen. En tercer lugar, continuando con el tema del capítulo anterior, el camino más fácil para tener verdadera riqueza es aprender a contentarse con menos, con lo suficiente. En lo que respecta a la satisfacción, no hay diferencia entre tener algo y no preocuparse por tenerlo. Y esto último es a menudo más fácil.

Las últimas secciones del capítulo tratan sobre los placeres que los estoicos aceptan plenamente: aquellos que consideran naturales y que experimentamos al satisfacer nuestros apetitos innatos. Séneca opina que la recreación y los juegos son algunos de ellos (y también reconoce un lugar para la bebida). Pero, sobre todo, el estoico se siente atraído por los placeres de la mente. Considera que la sabiduría y la comprensión producen un tipo de alegría que no pueden interrumpir las circunstancias.

1. *Los peligros del dinero.* En general, los estoicos consideran que el dinero es un gran corruptor del individuo y de la vida social. Es difícil tener una percepción y una comprensión claras del dinero; nos hace juzgar equivocadamente el valor de las cosas y produce mezquindad en quienes lo veneran.

> Aquello mismo que ha hecho a tantos hombres jueces y magistrados es lo que pervierte a magistrados y a jueces: el dinero; porque desde que empezó a ser considerado con honor, ha hecho que el verdadero honor caiga en la ruina. Nos hemos convertido en mercaderes; alternativamente nos compramos y nos vendemos, y no preguntamos ya de qué se trata, sino cuánto cuesta.
>
> Séneca, *Epístolas morales* 115.10

> El tumulto más grande se encuentra alrededor del dinero: este es el que fatiga los foros, pone en lucha a los padres con los hijos, confecciona los venenos, entrega la espada tanto a los asesinos

como a las legiones [...] Por el dinero, se convierten en ruidosos litigios las noches de los maridos y las esposas, acude la multitud a los tribunales de los magistrados, los reyes se hacen crueles y rapaces, y destruyen ciudades, levantadas por el largo trabajo de los siglos, para registrar sus cenizas en busca de oro y de plata.

Séneca, *De la ira* 3.33.1

Séneca rechazó el alegato de que las riquezas no son más dañinas en sí mismas que una espada.

Creo que Posidonio razona bien, cuando dice que las riquezas causan el mal no porque ellas mismas lo produzcan, sino porque dan a los hombres la ocasión de hacerlo [...] Porque hinchan el espíritu y engendran orgullo; atraen la envidia, y nos hacen tan insensatos que a veces fingimos poseerlas aunque sea peligroso tener tal reputación.

Séneca, *Epístolas morales* 87.31

Posidonio fue un filósofo estoico que vivió en el siglo ii a. C., el período «medio» de la época temprana de esta escuela.

El doctor Johnson, por su parte, puso el acento en la inutilidad del dinero en sí.

De por sí, la riqueza no es nada; solo adquiere importancia cuando nos abandona. Su valor reside en lo que puede comprar, lo cual, suponiendo que quienes la poseen hagan el mejor uso posible de ella, no parece tan importante como para merecer que el hombre sabio la envidie o la desee.

Johnson, *The Rambler* n. 58 (1750)

2. *El efecto que tiene la riqueza en quien la posee.* En el capítulo anterior analizábamos por qué las cosas, una vez adquiridas, no satisfacen el apetito que teníamos por ellas. Lo mismo puede decirse del dinero; los estoicos no ven que tenga particular capacidad de hacer más feliz a nadie.

Considera cuánto más numerosos son los pobres que los ricos; y observarás, sin embargo, que en nada parecen los pobres más tristes ni más inquietos que los ricos.

Séneca, *Consolación a Helvia* 12.1

Lo tomaré de Epicuro: «Mucha gente hay que no encuentra en las riquezas el fin de sus preocupaciones, sino solamente preocupaciones distintas». Es natural, puesto que el vicio no está en las cosas, sino en el ánimo; por esta razón, tanto agobian las riquezas como la pobreza. De la misma manera que importa poco que acuestes a un enfermo en un lecho de oro o de madera, porque en uno y en otro lo acompaña la enfermedad, importa poco que un ánimo enfermo se encuentre en medio de riquezas o en la miseria, porque su mal lo seguirá a todas partes.

Séneca, *Epístolas morales* 17.11-12

Cuando algunos elogiaron a un hombre alto y de larga brazada diciendo que tenía un prometedor futuro como luchador, el entrenador Hipómaco dijo: «Sí, así sería si la corona estuviera colgada en lo alto y hubiera que alcanzarla». Lo mismo se les podría decir a quienes se dejan deslumbrar por los extensos predios, las casas lujosas y las grandes sumas de dinero y creen que eso les dará la felicidad: «Sí, así sería si la felicidad estuviera en venta y pudiera comprarse».

Plutarco, *Sobre el excesivo amor a las riquezas* 1 (523d)

Hipómaco era entrenador de boxeadores y luchadores; evidentemente, también tenía talento para la filosofía. Volverá a aparecer en la sección 3 del capítulo siete.

La desconfianza de los estoicos en lo referente al dinero va más allá de lo que se acaba de mostrar. Sostienen que la riqueza, además de no satisfacer a nadie, tiende a gobernar a quienes la poseen, y a provocar sus particulares formas de infelicidad.

> El que necesita riquezas teme perderlas, y el goce de una cosa que causa ansiedad no satisface a ningún propietario; constantemente la quiere aumentar, y mientras piensa en el aumento, se olvida de gozarla.
>
> Séneca, *Epístolas* 14.18

> ¡Cuánto trabajo y lágrimas exige la avaricia! ¡Cuántas amarguras trae desear riquezas y cuántas desdichas haberlas conseguido! Añade los continuos cuidados que nos atormentan en proporción a lo que poseemos, y verás que es cierto que cuesta más gozar de las riquezas que adquirirlas. ¡Cuánta aflicción cuando sobrevienen pérdidas, tal vez grandes, y que concebimos siempre mayores de lo que en realidad son! Y hasta si nada se pierde, consideramos una pérdida todo lo que no hemos adquirido.
>
> Séneca, *Epístolas morales* 115.16

Séneca sostenía que la codicia acababa provocando cierta enfermedad del juicio.

> Para decirlo de una vez: esta enfermedad es una opinión desajustada que hace desear ardientemente cosas que no lo merecen; o si lo prefieres, una avidez desmedida por lo que no debe buscarse con apresuramiento, o que no debe buscarse de ningún modo; o,

en fin, es valorar sobremanera cosas de las que debe hacerse poco caso o que hasta se deben despreciar.

Séneca, *Epístolas morales* 75.11

3. *Los peligros del placer.* La actitud de los estoicos en lo referente al placer viene a ser la misma que tenían respecto a la riqueza. En su opinión, los placeres son más costosos de lo que parecen: no duran demasiado, hay que pagar un precio constante por ellos e invariablemente se alternan con uno u otro tipo de pérdida o de dolor.

Todos buscan el deleite, pero nadie sabe de dónde ha de obtener el que es permanente y sólido. Uno cree encontrarlo en el lujo y los festines; otro, en la ambición y en la multitud de seguidores; este, en la amante; aquel, en la ostentación de sus conocimientos literarios que de nada curan. Todos estos placeres fugaces y engañosos producen el efecto de la embriaguez, que trueca la alegría de una hora en un pesar que dura mucho tiempo; o bien, como el aplauso y favor populares, que se conquistan con mucho trabajo y después se pagan con mucha intranquilidad.

Séneca, *Epístolas morales* 59.15

El día que a un hombre lo domine el placer, lo dominará también el dolor. Ves, pues, qué mala e infortunada servidumbre tendrá que sufrir aquel a quien poseerán alternativamente los placeres y los dolores: unos y otros, amos caprichosos y tiránicos como ninguno.

Séneca, *De la vida bienaventurada* 4.4

Los filósofos nos enseñan sobradamente a estar en guardia a la traición de nuestros apetitos; a distinguir los placeres verdaderos de los que van mezclados y entreverados con mayor dolor. Pues la mayor parte de nuestros goces, dicen los sabios, nos acarician y nos abrazan para luego estrangularnos, como hacían los ladrones que los egipcios llamaban *filistas*. Si el dolor de cabeza nos llegara antes de la borrachera, cuidaríamos de no beber demasiado; pero el placer, para engañarnos, va delante y nos oculta las consecuencias.

Montaigne, *Ensayos* I, *De la soledad* (1580)

La facilidad nos destruye, como dice un antiguo verso griego, cuyo sentido es que los dioses nos venden cuantos beneficios nos otorgan; es decir, que ninguno nos conceden que sea perfecto y puro, y que siempre los adquirimos a cambio de algún mal.

Montaigne, *Ensayos* II, *No degustamos nada puro* (1580)

El verso que menciona Montaigne es del poeta griego Epicarmo, que vivió aproximadamente del año 540 al 450 a. C., y al que en la época clásica se consideraba gran maestro del drama y la comedia, pero del que se conservan muy pocos escritos. El verso que aquí nos ocupa ha sobrevivido porque se cita en la obra de Jenofonte *Recuerdos de Sócrates* 2.1.20.

Marco Aurelio expresó el valor de la moderación, y su escepticismo frente a los placeres, de manera distinta. Observó que no solemos admirar a quienes conceden a los placeres un lugar preferente en su vida; tan probable es que sean buenas personas como malas. Y afirmaba que nunca nos arrepentimos de haber estimado poco los placeres.

¡Cuántos placeres han disfrutado ladrones, prostituidos, parricidas y tiranos!

Marco Aurelio, *Meditaciones* 6.34

Ningún hombre íntegro se ha arrepentido jamás de haber dejado pasar algún deleite.

Marco Aurelio, *Meditaciones* 8.10

Comparémoslo con:

> Del mismo modo que Simónides solía decir que nunca se había arrepentido de haber callado, pero sí muchas veces de haber hablado, tampoco nosotros nos debemos arrepentir de haber dejado de lado alguna exquisitez, ni de haber bebido agua en lugar de vino, sino todo lo contrario.
>
> Plutarco, *Consejos para conservar la salud* 7 (125d)

Simónides de Ceos fue un poeta griego que vivió aproximadamente del 556 al 468 a.C.

4. *Las cosas innecesarias*. Tras el análisis estoico de la riqueza y los placeres, pasemos ahora, como en ocasiones anteriores, a las ideas estoicas sobre cuál es la actitud correcta frente a ellos. En el capítulo cinco se presentaba la idea general de que podemos resolver los deseos de dos maneras: intentando satisfacerlos o disminuyéndolos, y que esta última posibilidad, que no solemos tener muy en cuenta, es la vía más satisfactoria. Aquí vamos a aplicar esto mismo concretamente a la riqueza. Los estoicos no consideran que sea un estado absoluto; entienden que la riqueza es la relación favorable entre lo que se tiene y lo que se desea. Con frecuencia nos afanamos en aumentar lo primero, cuando mejor haríamos en reducir lo segundo. De nuevo, la clásica inversión estoica de términos.

> Se puede despreciar todo, pero no se puede tener todo. El camino más corto para poseer riquezas es despreciarlas.
>
> Séneca, *Epístolas morales* 62.3

> Voy a demostrarte cómo puedes ser rico en poquísimo tiempo; creo que desearás oírlo enseguida, y con razón, porque voy a llevarte a la mayor fortuna por camino muy corto [...] Es igual de bueno, mi querido Lucilio, tener una cosa que no desearla. Tanto

en un caso como en otro, lo importante es que estamos libres de preocupación.

Séneca, *Epístolas morales* 119:1-2

Así pues, las cosas que *no* queremos o *no* necesitamos pueden considerarse una forma de riqueza. Séneca continúa diciendo:

¿Acaso no crees que estas cosas sean verdadera riqueza solo porque a nadie se le ha condenado nunca a muerte por su causa? ¿Porque no provocan al hijo a envenenar a su padre ni a la esposa al marido? ¿Porque su poseedor está seguro durante la guerra y tranquilo en la paz? ¿Porque no hay peligro en poseerlas ni dificultad en administrarlas?

Séneca, *Epístolas morales* 119:6

La misma idea en palabras de Johnson:

Podemos ser más ricos al instante con solo reducir nuestros deseos, y sustituyendo la sensación de carencia por la tranquila conformidad con lo que nos ha sido dado.

Johnson, *The Adventurer* n. 119 (1753)

Y lo contrario también es cierto: los deseos son una forma de pobreza.

No es pobre el que tiene poco, sino el que desea más de lo que tiene. ¿Qué importa poseer mucho dinero, propiedades, rebaños y rentas si se ambiciona el bien de otro y si se estima en mucho más lo que se desea tener que lo que se posee?

Séneca, *Epístolas* 2.6

Todo hombre es rico o pobre según la proporción entre sus goces y sus deseos; toda ampliación de los deseos es, pues, igualmente destructiva para la felicidad que la disminución de las posesiones; y el que enseña a otro a anhelar lo que nunca obtendrá no es menos enemigo de su tranquilidad que si le hubiera robado parte de su patrimonio.

Johnson, *The Rambler* n. 163 (1751)

5. *Aceptación.* Otra idea relacionada con lo anterior, pero aplicada de un modo más general, es el valor que entraña aceptar lo que se tiene. Una vez más, los estoicos recurren a las comparaciones.

Cuando nos invitan a un banquete, tomamos lo que nos ponen delante. Si alguien pidiera al anfitrión que le sirviera pescado o pasteles, parecería un excéntrico. En el mundo, sin embargo, pedimos a los dioses cosas que no nos dan, aunque sean muchas las que nos han dado.

Epicteto, Fragmento (en *Antología de extractos, sentencias y preceptos,* compilada por Estobeo 3.4.91)

Acuérdate de que tú eres el actor del drama o la comedia que el autor ha decidido. Si es corto tu papel, represéntalo corto; y si largo, represéntalo largo. Si quiere que representes a un mendigo, hazlo con la mayor naturalidad que puedas; y lo mismo si te da el de cojo, el de príncipe o el de plebeyo. Lo que te incumbe a ti es representar bien el papel que se te encargue. Elegir tu papel le corresponde a otro.

Epicteto, *Enquiridión* 17

La misma idea aplicada al curso de una vida:

No estás disgustado por pesar solo tantas libras, y no trescientas, pero ¿lamentas que solo te queden tantos años de vida y no más? Del mismo modo que estás satisfecho con la cantidad de sustancia que se te ha asignado, confórmate también con el tiempo.

Marco Aurelio, *Meditaciones* 6.49

Otros tratamientos más literales:

Sabiendo lo efímeras que son estas comodidades accesorias, nunca descuido, aun en pleno disfrute de ellas, elevar a Dios mi más alta plegaria: de que siembre el contento en mi espíritu por los bienes que nacen de mí.

Montaigne, *Ensayos* I, *De la soledad* (1580)

Examinad los registros de la historia; haced memoria de lo que ha sucedido en vuestro propio círculo de amistades; considerad con atención cuál ha sido la conducta –pública o privada– de casi todos los grandes desafortunados de los que habéis oído hablar, o sobre los que habéis leído, o que habéis conocido, y descubriréis que las desgracias de la mayor parte de ellos provenían de no saber cuándo sentirse satisfechos, cuándo era apropiado aquietarse y valorar lo que tenían. La inscripción que leemos en la lápida del que gozaba de una aceptable salud pero quiso mejorarla tomando una pócima dice: «Estaba bien, quise estar mejor, y aquí estoy»; y puede aplicarse con bastante exactitud a la angustia que traen consigo la avaricia y la ambición frustradas.

Smith, *Teoría de los sentimientos morales* (1759)

Una vía para la aceptación consiste en imaginar la posición en la que esperamos encontrarnos una vez cumplido un deseo y hacernos la pregunta de si el estado deseado podría alcanzarse de manera más directa. Smith cuenta una excelente anécdota sobre esto, que es una adaptación de Plutarco:

Lo que el favorito del rey de Epiro le dijo a su señor puede aplicarse a los seres humanos en todas las situaciones ordinarias de la vida. Cuando el rey acabó de relatarle, en su debido orden, todas las conquistas que se proponía realizar, el favorito preguntó: «¿Y qué se propone Vuestra Majestad hacer luego?». «Luego –dijo el rey–, me divertiré con mis amigos y gozaré de beber en buena compañía». A lo cual replicó el favorito: «¿Y qué le impide a Vuestra Majestad hacerlo ahora?».

Smith, *Teoría de los sentimientos morales* (1759)

El rey de Epiro (un estado griego) era Pirro, que gobernó en torno al 300 a. C. Su «favorito» era un advenedizo llamado Cineas, que había sido alumno del famoso orador Demóstenes. A Pirro le debemos la expresión *victoria pírrica*, una victoria que, dado su coste, no vale la pena obtener. Pirro sufrió incontables bajas en las guerras que libró contra los romanos en época posterior a la de esta anécdota.

A modo de epílogo:

> ¿Cuándo llegará el día en que me vea en estado de despreciar la buena y la mala fortuna? ¿Cuándo llegará el día en que, habiendo sometido todas mis pasiones, pueda decir: «He vencido»? ¿Quieres saber a quién habré vencido? No será a los persas, ni a los medos, ni a otros pueblos belicosos que haya más allá de los dahes (si los hubiera), sino a la avaricia, la ambición, el miedo a la muerte: un enemigo que ha vencido a los vencedores de todas las batallas.

Séneca, *Epístolas morales* 71.37

Los tres grupos que menciona Séneca –persas, medos y dahes, o dahae– eran habitantes de las zonas que hoy conocemos como Irán o Turkmenistán. En la época clásica, se acostumbraba a hacer referencia a los dahes (o en sentido más general a los escitas, pueblo del que los dahes eran solo una tribu) para aludir a aquellos pueblos que estaban más allá de los límites de la civilización.

6. *El desapego*. En lo referente a la riqueza y los placeres, los estoicos no se limitan a aconsejar «aprende a no desearlos», pues reconocen que todo el mundo preferiría tener esas cosas a no tenerlas. Por tanto, la siguiente mitad

de este capítulo tratará sobre cuándo y cómo es saludable obtener riquezas y placeres y disfrutarlos.

Recordemos que, de forma casi generalizada, los estoicos consideran que la riqueza y otras cosas externas de este tipo son «indiferentes» en sí mismas, ni buenas ni malas. No obstante, entienden que podamos desear legítimamente algunas de esas cosas; en otras palabras, algunas de ellas las califican de «indiferentes preferidas». Esta noción se ha criticado en ocasiones por resultar un tanto problemática: primero, porque la expresión *indiferente preferido* suena contradictoria y, segundo, porque puede crear confusión en el practicante: el estoico pusilánime que no es capaz de abandonar la codicia de bienes materiales se hará repetidas concesiones alegando que se trata de cosas «indiferentes preferidas». Aun con todo, la idea tiene un papel importante en el estoicismo. Es razonable, aunque no fácil, hacer lo posible por desapegarnos de las cosas del mundo que valoramos o queremos. Pero no es realista erradicar todas las preferencias sobre ellas. Esto los estoicos lo entienden.

> Considérate feliz cuando tus placeres broten de ti; cuando, entre todas las cosas que el hombre desea o arrebata o atesora, no encuentres... no diré ninguna que prefieras, pero ninguna que desees con ardor.
>
> Séneca, *Epístolas morales* 124.24

Así que hay cosas externas que los estoicos están de acuerdo en que es mejor tener que no tener, y sería razonable que tratáramos de conseguirlas con nuestro trabajo. Y, por otro lado, hay adversidades que sería igualmente razonable que un estoico quisiera evitar, como la mala salud o la pobreza, que entrarían en la categoría de «indiferentes no preferidas», a diferencia de todo lo que contribuye al bienestar físico, que entraría en la de «preferidas».

> El sabio no se despreciará a sí mismo aunque sea de pequeñísima estatura, pero preferirá ser alto. [...] Soportará la mala salud, pero la deseará buena. Pues algunas cosas, aunque tengan poca

importancia para el conjunto y puedan ser sustraídas sin destruir el bien principal, añaden algo, sin embargo, a la alegría constante que nace de la virtud.

Séneca, *De la vida bienaventurada* 22.2-3

Las riquezas son otro ejemplo de esto.

Si le hubieran tocado en suerte más riquezas, el sabio no las habría despreciado, pues no se considera indigno de ningún don de la fortuna. No ama las riquezas, pero las prefiere; no las recibe en su alma, pero sí en su casa; no las rechaza, pero tampoco se deja dominar por ellas: las conserva con el fin de que le proporcionen mayor ocasión de ejercitar la virtud.

Séneca, *De la vida bienaventurada* 21.4

Así, las riquezas animan y deleitan al sabio como al navegante un viento favorable o un día bueno y un lugar soleado en el frío del invierno. Y, por otra parte, ¿cuál de los sabios –hablo de los nuestros, para quienes el único bien es la virtud– niega que también las cosas que llamamos «indiferentes» tengan algún valor en sí y sean unas preferibles a otras? A algunas de ellas se hace algún honor; a otras, mucho. Por tanto no hay que engañarse, entre las preferibles están las riquezas.

Séneca, *De la vida bienaventurada* 22.3-4

¿Dónde está la distinción entre algo indiferente preferido y los deseos que los estoicos consideran peligrosos? En el desapego, del que se hablaba al principio del primer capítulo. El apego a las cosas externas hace que nuestra felicidad y equilibrio dependan de ellas. El estoico trata de evitar por encima de todo encontrarse en esa situación. Ahora bien, si se tiene dinero y no se está apegado a él, no hay nada que objetar. Porque el dinero es irrelevante; lo relevante es tener una mente sana.

La palabra *desapego* puede crear una impresión equivocada, pues se podría entender que implica una falta de verdadero interés por el objeto en cuestión. No es así. El desapego se refiere más a la relación que se establece con el objeto, y a si la mente se vuelca excesivamente en él. El desapego del estoico puede concebirse, por tanto, como un derivado natural de la moderación; es decir, moderación en la relación con las cosas externas. Una buena manera de comprobar cómo es esa relación, y saber si tienes apego a una determinada cosa o solo preferencia por ella, es imaginar cómo te sentirías si la perdieras.

> Solamente es digno de los dioses aquel que ha despreciado las riquezas. No te prohíbo que las poseas, pero quiero que aprendas a poseerlas sin inquietud. Y solo hay una manera de conseguir esto: persuadiéndote de que no dejarás de vivir dichoso sin ellas y considerándolas siempre como si estuvieran próximas a partir.
>
> Séneca, *Epístolas morales* 18.13

> «¿Por qué dice el filósofo que hay que despreciar las riquezas, y él las tiene? [...] Por qué declara que no hay ninguna diferencia entre un tiempo de vida más largo o más breve, y luego, si nada se lo impide, prolonga su existencia y se muestra floreciente en la extremada vejez?». El sabio dice que estas cosas deben despreciarse, no que no se tengan, sino que no se tengan con afán; no las rechaza pero, si se van, las ve irse con mirada tranquila.
>
> Séneca, *De la vida bienaventurada* 21.1-2

Ensayar mentalmente la pérdida de un objeto es uno de los métodos que emplean los estoicos para mantener la distancia adecuada respecto a él. Este distanciamiento permite disfrutar más del objeto con menos riesgo de inquietarnos por su causa.

> La riqueza, la reputación, el poder y los cargos públicos deleitan más a quienes menos temen a sus opuestos. Porque el intenso deseo de cada una de estas cosas implanta un temor aún más

intenso de que puedan no permanecer, y así el placer que obtenemos de ellas es débil e inseguro como una llama trémula.

Plutarco, *Sobre la paz del alma* 16 (474 c-d)

Epicteto propuso igualmente algunos ejercicios imaginativos para desapegarse de los placeres.

> Si te tienta la idea de algún placer, conviene que conserves la misma moderación que en todas las demás cosas. Cuida de no dejarte arrebatar y tómate tiempo para examinarla bien y reflexionar sobre ella. Acuérdate de los dos tiempos que vendrán: aquel en el que gozarás ese placer y aquel en el que, ya gozado, te arrepentirás y te aborrecerás a ti mismo. Compara, pues, ambas cosas: si te abstienes, te alegrarás luego y te congratularás. Pero si, aun con todo, te parece que es ocasión legítima de abrazar el placer, no te dejes llevar enteramente ni te dejes vencer por las caricias, dulzuras, halagos y hechizos que ordinariamente lo acompañan. Piensa que lo más excelente de todo es el gozo interior que recibirás por haber alcanzado la victoria sobre el placer.

Epicteto, *Enquiridión* 34

7. *Moderación*. Acabamos de ver que el desapego del estoico puede considerarse una forma de moderación. Lo más natural, por tanto, es que nuestro próximo tema de análisis sea la moderación en sí, dado que los estoicos la valoran en sentido general. No solo la admiran como virtud, sino que la aplican como técnica práctica. Ser moderados no significa renunciar en parte al placer; significa poder disfrutar un placer verdadero y perenne: gozar con algo sin estropearlo y sin los costes y remordimientos que conllevan los excesos. A Epicteto le gustaba mostrar el valor de la moderación mediante comparaciones.

> Te pasa lo que a los niños que meten la mano en una vasija de cuello estrecho para sacar higos y nueces: se llenan tanto la mano

que no pueden sacarla, y entonces lloran. ¡Suelta unos cuantos y la sacarás!

Epicteto, *Discursos* 3.9.21

Para el estoico, la moderación no consiste simplemente en no tomar demasiado de algo o en no hacer algo en exceso. Es una actitud de sobriedad.

Acuérdate de que debes comportarte en la vida como en un banquete. Si se pone algún plato delante de ti, extiende la mano y toma tu parte con dignidad. Si pasa de largo, no lo detengas ni extiendas la mano temerariamente hacia él; espera apacible a que vuelva a ti. Lo mismo debes hacer en relación con tu esposa, tus hijos, los cargos públicos, las riquezas y todas las demás cosas de este género, y un día serás merecedor de sentarte a la mesa de los dioses. Pero si eres tan generoso que incluso rehúsas lo que otros ponen ante ti, no solo serás digno de sentarte a la mesa de los dioses, sino de gobernar con ellos.

Epicteto, *Enquiridión* 15

La templanza manda sobre los deseos; destierra unos, admite otros, reduciéndolos con la razón a términos saludables. Jamás se acerca a ellos por ellos mismos, sino por un fin más elevado. Sabe que la mejor regla para el uso de las cosas que nos son agradables es tomar de ellas lo que permite la razón, y no según nuestro deseo.

Séneca, *Epístolas morales* 88.29

La falta de moderación es la peste del placer, mientras que la mesura no es su castigo, sino su condimento.

Montaigne, *De la experiencia* (1580)

Séneca recomendaba la moderación como estilo de vida estoico.

> De la misma manera que es señal de extravagancia buscar las cosas delicadas, es locura abstenerse de aquellas que son comunes y baratas. La filosofía nos inspira a la frugalidad, no al sufrimiento; y puesto que es posible que haya frugalidad con alguna delicadeza, me parece bien este término medio entre la manera de hacer del sabio y la del mundo en general. La del sabio todos deben admirarla, pero también comprenderla.
>
> Séneca, *Epístolas morales* 5.4-5

8. *Los apetitos naturales (continuación)*. Retomando un tema del capítulo anterior, veamos qué placeres consideran los estoicos que es adecuado disfrutar. En un principio, estos filósofos abogan por un modo de vida que esté en conformidad con la naturaleza. Se ha debatido con frecuencia qué significa exactamente esta instrucción. Los estoicos de la Antigüedad atribuían a la naturaleza un propósito y una inteligencia que pocos considerarían aceptable hoy en día, de modo que la mayoría de la gente ni siquiera tendrá en cuenta la idea de vivir conforme a los dictados de la naturaleza entendida de ese modo. Pero esta instrucción tenía además otros significados, y algunos de ellos siguen siendo relevantes. «En conformidad con la naturaleza» significa llevar una vida gobernada por la razón, pues para los estoicos la razón es el don por excelencia que la naturaleza ha concedido a la humanidad; y esta perspectiva sí interesará a muchos, con independencia de en qué ideas se fundamente.

Otro significado de vivir de acuerdo con la naturaleza, más relevante para nuestros propósitos inmediatos, es deleitarse en el bienestar que nace de satisfacer los deseos que la naturaleza ha creado en el ser humano; y satisfacerlos, dicen los estoicos, no presenta mayor dificultad. En la sección 2 del capítulo cinco se presentó la idea de que los apetitos de origen natural son finitos, mientras que los apetitos no naturales son infinitos. Esta diferenciación se aplica aquí de manera específica. Como correctivo para el deseo exagerado de dinero y de todo aquello que el dinero puede comprar, el estoicismo distingue entre las exigencias de la naturaleza y los lujos que van más allá de ellas.

La naturaleza, al imponer necesidades al ser humano, cuidó de que no fuera costoso satisfacerlas. Ahora bien, si lo que él desea son trajes teñidos de púrpura, bordados en oro, con franjas de colores vivos y otros adornos, no es a la fortuna sino a sí mismo a quien debe acusar de su pobreza.

Séneca, *Consolación a Helvia* 11.1-2

Solamente se trabaja por lo superfluo; esto es lo que nos hace desgastar nuestras togas, lo que nos envejece en los campamentos y nos lleva a países extranjeros. Lo necesario lo tenemos en las manos.

Séneca, *Epístolas morales* 4.11

El estoico opina que es lo correcto disfrutar los placeres de origen natural; solo hay que hacerlo con moderación. Nosotros, sin embargo, gastamos la mayor parte de nuestras energías en perseguir placeres efímeros que inventamos o exageramos en la imaginación. Los estoicos se proponen que la experiencia del placer se derive de satisfacer las necesidades reales.

La naturaleza ha puesto placer en todas las cosas que nos son necesarias, no para que nos recreemos en los placeres, sino para que nos resulten atractivos aquellos actos sin los cuales no podríamos vivir. Saborear el placer por el placer mismo, eso es lujo.

Séneca, *Epístolas morales* 116.3

No pretendo aconsejarte que niegues nada a la naturaleza, que es obstinada, absoluta y exige lo que se le debe; pero has de entender que todo lo que le des de más es voluntario y no absolutamente indispensable [...] ¿Tienes sed? Poco le importa a la naturaleza que el agua que bebas la saques de un estanque o la refresques con nieve; te pide solamente que calmes la sed, sin atender a que sea en copa de oro, de cristal, de mirra, en vaso tiburtino o en el hueco de la mano.

Séneca, *Epístolas morales* 119.2-3

¿Te demoras en hacer los trabajos que tu naturaleza requiere? «Pero también es necesario descansar», responderás. Lo es; en eso estoy de acuerdo, pero la naturaleza prescribió para ello una medida, como para el comer y el beber. Y aun así, tú vas más allá de lo que es regular y suficiente; sin embargo, en lo que toca a tu deber, no lo haces así, sino que te quedas muy por debajo de lo que pueden tus fuerzas.

Marco Aurelio, *Meditaciones* 5.1

Los deseos son, o naturales y necesarios, como el beber y el comer, o naturales e innecesarios, como la relación carnal con las hembras. También los hay que no son ni naturales ni necesarios, y entre estos figuran casi todos los deseos humanos, superfluos y artificiales [...] Estos extraños apetitos, que la ignorancia del bien y las ideas falsas han incrustado en nosotros, son tan numerosos que han desterrado de nuestra vida la mayoría de los naturales.

Montaigne, *Ensayos* II, *Apología de Raimundo de Sabunde* (1580)

La filosofía no se opone a los placeres naturales, siempre que vayan acompañados de mesura; predica la moderación, no la huida. El poder de resistirlos debe emplearse solo contra aquellos placeres que son degenerados y antinaturales. La filosofía sostiene que no debe la mente aumentar los apetitos del cuerpo y con ingenio nos enseña a no tratar de despertar el hambre mediante la saciedad; a no atiborrar el vientre, en vez de llenarlo, y a evitar todos los placeres que nos llevan a la carencia, y toda comida y bebida que nos provoquen hambre y sed.

Montaigne, *Ensayos* III, *Sobre unos versos de Virgilio* (1580)

Tan equivocado me parece rechazar los placeres naturales como anhelarlos con apasionamiento. Jerjes era un insensato, al ofrecer una recompensa a quien le encontrara nuevos placeres, cuando estaba ya rodeado de todos los placeres imaginables; pero poco menos insensato es quien rehúye los placeres que la naturaleza le ha encontrado. No debemos ni perseguirlos ni escapar de ellos; debemos aceptarlos.

Montaigne, *Ensayos*, III, *De la experiencia* (1580)

9. *El justo lugar de los placeres.* Los estoicos hablan a menudo de despreciar los placeres. Con esto se refieren a que los placeres deben considerarse cosas menores o triviales, y no lo que da sentido a la vida. Piensan también que los placeres deben contemplarse con cautela, pues con frecuencia acaban creándonos complicaciones. Pero esto no quiere decir que haya que *detestarlos*. A veces necesitamos de ellos, como comprendió Séneca.

Como ya he dicho, los grandes hombres se tomaban todos los meses vacaciones por algunos días, o repartían cada día entre el ocio y el trabajo. [...] Algunos partieron el día por la mitad y dejaron las horas de la tarde para los negocios de menor cuidado. [...] Hay que ser condescendiente con el ánimo y darle algún ocio, que sea como su alimento y vigorización.

Séneca, *De la tranquilidad del ánimo* 17.7-8

Séneca aprobaba una gama de placeres mayor de lo que a veces se piensa.

La mente no ha de estar siempre perseverando con igualdad en una misma intención, sino que ha de pasar a los entretenimientos. Sócrates no se avergonzaba de jugar con los niños, Catón recreaba en convites el ánimo fatigado de cuidados públicos, y Escipión danzaba con aquel cuerpo suyo militar y triunfador al compás de la música.

Séneca, *De la tranquilidad del ánimo* 17.4

Consideraba que el deporte y el juego estaban también entre los placeres naturales, que debían disfrutarse con moderación, como cualquier otro. Opinaba que eran especialmente recomendables para ciertos tipos de temperamento, pues entonces cumplían un valioso propósito. Un estoico debería tener buen humor y en algunos casos necesita relajar un poco su espíritu circunspecto.

> También son beneficiosos los juegos, ya que, con moderación, los placeres aflojan y dulcifican los ánimos. Pues aunque los temperamentos húmedos, secos y fríos no están expuestos a la ira, han de temer defectos más grandes, como la cobardía, la falta de resolución, el abatimiento y la desconfianza. Estos caracteres necesitan blandura y dulzura, que los lleven a la alegría. Y como contra la ira han de emplearse diferentes remedios que contra la tristeza, y estos defectos exigen tratamientos no solamente diversos sino contrarios, combatiremos siempre al más destacado.
>
> Séneca, *De la ira* 2.20.4

Séneca reconocía también el valor del vino, e incluso de la ebriedad ocasional –quizá para ser moderado hasta en la moderación–, por la libertad que da a la mente y porque puede facilitar una percepción y una comprensión extraordinarias. Este es su razonamiento:

> Si damos crédito a las palabras del poeta griego de que «alguna vez da alegría enloquecerse», o a las de Platón, de que «en vano llama a las puertas de la poesía quien tiene entero el juicio», o a las de Aristóteles, de que «pocas veces hubo ingenio grande sin alguna mezcla de locura», entendemos que no puede hablar de nada elevado sino la mente encendida, que despreciando lo vulgar y trillado se alza con un sagrado instinto; entonces, por boca humana, canta alguna cosa superior.
>
> Séneca, *De la tranquilidad del ánimo* 17.10

Es posible que no todos los colegas estoicos de Séneca compartieran estos puntos de vista o incluso que las palabras que acabamos de leer sean del todo coherentes con otras ideas suyas que expresa en otros textos (como en los que hemos visto en la sección 3 de este capítulo). Pero sirven como muestra del abanico de opiniones que tal vez tenían los estoicos de buena posición social.

10. *Los placeres de la mente.* Los estoicos conceden el lugar más elevado entre los placeres a aquellos que están asociados con la comprensión y la sabiduría, y que se pueden disfrutar incluso inmoderadamente sin temor a las consecuencias. Para ellos, la mente es sede y fuente de la verdadera felicidad.

> Quienes juzgan el placer como ideal supremo consideran que el Bien es cosa de los sentidos; por el contrario, nosotros los estoicos decimos que se encuentra en el entendimiento; sostenemos que el Bien es cosa de la mente.
>
> Séneca, *Epístolas morales* 124.2

> Es la mente la fuente de riqueza: ella es la que nos acompaña al destierro y la que, en los desiertos más áridos, mientras encuentra con qué sustentar el cuerpo, se deleita en el goce de sus abundantes bienes.
>
> Séneca, *Consolación a Helvia* 11.5

> Es señal de falta de talento ocuparse demasiado de las cosas del cuerpo, como son, por ejemplo, el ejercicio desmedido, el exceso en el comer y el beber, en la evacuación del intestino y en el copular. Estas cosas se han de hacer como de paso, incidentalmente, y poner la atención en las cosas del ánimo.
>
> Epicteto, *Enquiridión* 41

La penúltima actividad que Epicteto menciona puede parecer extraño asociarla con el peligro de los excesos. Pero los romanos solían hacer sus necesidades en las letrinas públicas, que eran comunales y no estaban compartimentadas, y socializaban mientras lo hacían. Tal vez había quien se dejaba llevar y perdía la noción del tiempo.

En cualquier caso, la verdadera felicidad para el estoico proviene de ver el mundo con claridad y benevolencia. Esto último ya se ha mencionado en alguna sección anterior y se desarrollará más extensamente el capítulo once, pero en este contexto lo hace Marco Aurelio:

> En cuanto a mí, soy feliz si está sana la fuerza que gobierna mi mente, si no rechazo a ningún ser humano, ni nada de lo que a los humanos les sucede, sino que lo miro todo con buenos ojos, y recibo y estimo cada cosa según su valor verdadero.

> Marco Aurelio, *Meditaciones* 8.41

Si te parece que a estas afirmaciones les falta concreción en cuanto a las particularidades del placer que la comprensión nos da, veamos una explicación más reciente, de Schopenhauer:

> El mundo en que vive un hombre toma forma principalmente por la manera en que lo mira, y por tanto resulta diferente para cada cual; para uno es superficial y monótono; para otro es rico, interesante y lleno de significado. Al oír hablar a alguien de los acontecimientos interesantes que le han sucedido en el curso de su experiencia, muchos desearán que a ellos, en sus vidas, les hubieran sucedido cosas semejantes; no tienen para nada en cuenta que, más que las cosas, deberían envidiar la aptitud mental que prestó a esos acontecimientos la significación que poseen cuando esa persona los describe. [...] Dado que todo lo que existe o sucede para una persona existe solo en su conciencia, y solo para ella, no hay duda de que lo más esencial es cómo está constituida esa conciencia, puesto que, en la mayoría de los casos, su condición será mucho más importante que las circunstancias que vayan a formar su contenido. Toda la suntuosidad y todos los

placeres del mundo, reflejados en la conciencia embotada de un necio, son en verdad pobres comparados con la imaginación de Cervantes escribiendo su *Quijote* en una miserable celda.

Schopenhauer, *Sobre la sabiduría del vivir* (1851)

No está muy claro qué parte de *El Quijote* se escribió en la cárcel, pero no hay nada que objetar cuando la idea es tan buena.

Capítulo siete

LO QUE PIENSAN LOS DEMÁS

Este capítulo examina la forma estoica de considerar la aprobación y la crítica, es decir, lo que piensan los demás. La aprobación puede ser de tipo inmediato, lo que llamamos alabanza, o de tipo colectivo, lo que se entiende por fama; la crítica puede ser un insulto o una infamia. Y este capítulo puede considerarse también un examen estoico de la vanidad y el orgullo, pues nacen del mismo tronco: todas se dan en la relación con lo externo, concretamente en el contexto de la vida social, y responden al deseo de adquirir estatus dentro de ella y de que los demás tengan una buena opinión de nosotros. La mayoría de la gente busca esas cosas con igual afán que persigue el dinero o el placer, y se esfuerza lo mismo por no perderlas.

La primera regla de esta rama de la enseñanza estoica es el desprecio por la conformidad, por la opinión de la mayoría, por el hábito de pensar en la opinión de los demás a la hora de decidir o de hacer algo. El problema yace a un nivel muy profundo. Gran parte de lo que en general se dice, se piensa y se hace es producto de la convención. Y la convención tiene mucha fuerza; no es fácil resistirse a ella, sabiendo que comportarnos de acuerdo con lo que los demás esperan les hará pensar bien de nosotros, mientras que desviarnos de ella significa exponernos a que nos castiguen de inmediato aquellos que se sienten más cómodos diciendo, haciendo y asegurándose de hacer cumplir lo establecido. Pero en la base del estoicismo está la voluntad de percibir la verdad de las cosas y actuar de acuerdo con ella, y de aprender a sentir un noble desprecio por las consecuencias que eso pueda tener.

Concretamente, los estoicos sostienen que el apetito por la alabanza es una de las principales causas del conformismo individual y del comportamiento humano en general. Así que se proponen «domarlo». Empiezan preguntándose por qué nos importa lo que la gente piense y diga de nosotros, sobre todo cuando se trata de gente a la que probablemente no tenemos en gran estima. El estoico desconfía de los juicios populares y sospecha de las personas y las cosas que atraen poderosamente a las masas. El estoicismo quiere sustituir esto por un mayor respeto hacia las propias opiniones y por el propósito de valorar las cosas por lo que son, y no por lo que nadie piense de ellas.

La otra cara de este tema son la crítica y el insulto. Por supuesto, el estoicismo insta a que se tomen con indiferencia, puesto que son cosas externas que no podemos controlar. Pero, además, los estoicos ofrecen formas concretas de pensar en las ofensas y responder a ellas. Una es despreciar el desprecio dirigido contra nosotros (o mostrar desprecio hacia quienes nos lo dirigen) o recibir el desprecio sin inmutarnos, cuando nos llega como resultado de haber actuado como consideramos que es lo correcto. Cualquiera de estas respuestas es preferible a vivir con temor a las opiniones de los demás; pues si en un determinado caso cedemos a la tentación de tener más en cuenta los juicios de otros que el nuestro propio, nos será muy difícil no hacerlo en el resto de los casos.

Otra forma posible de responder es apelando a la humildad y la generosidad. Los estoicos suelen recibir los insultos con buen humor, conscientes de sus verdaderos defectos y de que probablemente cualquier crítica que se les haga se quede corta; son capaces de ridiculizarse a sí mismos lo suficiente como para que no les preocupe que otros añadan su granito de arena. Una segunda posibilidad es evaluar la crítica: si tiene fundamento, debemos aceptarla y cambiar (o aceptarla y eso es todo); si no lo tiene, significa que quien nos la dirige se equivoca en su percepción de las cosas y merece nuestra compasión porque posiblemente sus intenciones al hacer la crítica eran buenas, o al menos quería expresar con ella lo que le parecía mejor y más correcto atendiendo a sus limitadas capacidades. Y, en cualquier caso, esa persona y nosotros pronto nos habremos ido.

1. *Conformidad con la opinión común.* El estoico piensa que la conformidad con las expectativas sociales es la fuente de gran parte de nuestro comportamiento y de gran parte de nuestra imbecilidad. Vivimos imitando a los

demás, y así llevamos una vida en la que nada de lo que hacemos está guiado por la razón. Para que nos entendamos, desde el punto de vista estoico la convención no es simplemente irrelevante, sino que es un repositorio de errores y un motor de juicios erróneos, y nos somete a una presión que debemos aprender a resistir. De Séneca:

> Una de las causas de nuestros desasosiegos es que vivimos imitando a otros; no dirigiéndonos por la razón, sino dejándonos arrastrar por la costumbre.

Séneca, Epístolas morales 123.6

> Aquí la situación no es la misma que en los demás viajes. En otros, hay algún sendero, y los habitantes a quienes preguntamos nos impiden extraviarnos; pero aquí, el camino más frecuentado y más conocido es el que más engaña. Así pues, lo único importante es no seguir, como ovejas, el rebaño de los que nos preceden y acabar yendo no a donde hay que ir, sino a donde todos van.

Séneca, De la vida bienaventurada 1.2-3

> ¿Acaso alguien ignora que de las cosas que se consideran buenas o malas tiene el sabio un concepto diferente que los demás? No pone los ojos en lo que otros tienen por malo y desdichado, porque él no camina por donde la multitud. Y al igual que las estrellas hacen su viaje en sentido contrario al mundo, el sabio camina en contra de la opinión de todos.

Séneca, De la constancia del sabio 14.3-4

Marco Aurelio:

> Cuánto tiempo libre y cuánta paz se regala quien no tiene en cuenta qué dijo, hizo o pensó su vecino, sino solamente lo que hace él mismo, para que sus actos sean justos y puros. No te

distraigas fijándote en el carácter de los demás: sigue recto tu camino, sin mirar a un lado y a otro, sin desviarte.

Marco Aurelio, *Meditaciones* 4.18

He aquí algunas observaciones afines sobre los peligros de vivir de acuerdo con la opinión de los demás:

«Nunca quise agradar al pueblo, que no aprueba las cosas que yo sé ni yo sé las que él aprueba».

Epicuro, citado en Séneca, *Epístolas morales* 29.10

Ya sea el arte o la naturaleza lo que imprime en nosotros esta condición de vivir por referencia a los demás, nos hace mucho más mal que bien. Nos defraudamos sobre lo que realmente nos es útil, con tal de que las apariencias concuerden con la opinión común. Nos importa menos cómo somos de verdad y para nosotros mismos que cómo se nos conoce en público.

Montaigne, *De la vanidad* (1580)

Nos volvemos frívolos porque vemos a otros frivolizar. De igual modo, por el ejemplo de otros nos contagiamos de sus deseos; vemos a todo el mundo a nuestro alrededor ocupado en perseguir un bienestar imaginario, y comenzamos a afanarnos también por conseguirlo, no sea que una actividad más seria triunfe sobre nosotros.

Johnson, *The Adventurer* n. 119 (1753)

2. *El apetito de elogios.* Tan pernicioso como el problema del conformismo, y uno de sus motores, es el deseo de recibir alabanzas, inmediatas o póstumas. Nos ejercitamos en cosas buscando una apreciación favorable, cuando deberíamos ejercitarnos en el arte de no necesitarla.

Si el orador sabe que ha escrito un buen discurso, que lo ha memorizado y que lo pronunciará bien, ¿por qué está nervioso? Porque con eso no le basta. ¿Qué más quiere? Quiere que el público lo alabe. Aunque instruido en la oratoria, nadie lo ha adiestrado en la alabanza y la culpa. ¿Cuándo le han explicado el significado de esas cosas, lo que realmente entraña cada una, qué alabanzas merecen buscarse y qué culpa es digno evitar? ¿Cuándo se ha ejercitado en la aplicación de estos principios?

Epicteto, Discursos 2.16.5

Lo mismo, a mayor escala:

Entonces, ¿qué debemos valorar? ¿Que nos aplaudan? No. Ni tampoco, por tanto, el aplauso de lenguas, pues no son sino eso las alabanzas del pueblo.

Marco Aurelio, Meditaciones 6.16.2

Montaigne:

¿Quién no cambia gustosamente la salud, la tranquilidad y la vida misma por la reputación y la gloria, que es la moneda más inútil, vana y falsa que circula entre nosotros?

Montaigne, Ensayos I, De la soledad (1580)

Johnson observó que el apetito de elogios no se limita a quienes buscan la fama. Todos queremos que tengan buena opinión de nosotros aquellos a quienes consideramos nuestro círculo, o nuestro público.

Los elogios son tan gratos al oído que constituyen el principal motivo de casi todos nuestros actos. El deseo de alabanza, como el de cualquier otra cosa, varía sin duda en función de las innumerables diferencias de temperamento, capacidad y conocimientos; algunos no tienen mayor deseo que el de recibir el aplauso de un club; otros aspiran a ganarse las aclamaciones de una comarca, y hay quienes han soñado con que alabaran su nombre personas de todas las edades y naciones. Todo hombre aspira a la más alta eminencia que esté a su alcance; ninguno, por mezquino que sea, pierde la esperanza de ser distinguido por sus semejantes, y ha habido muy pocos que –ya fuera por magnanimidad o por piedad– despreciaran hasta tal punto los elogios como para haber obrado sin tener en cuenta las críticas ni la opinión de nadie.

Johnson, The Rambler n. 193 (1752)

Cada vez que hacemos algo, casi lo primero que pensamos es en lo que dirá la gente; y casi la mitad de las angustias y tormentos que sufrimos nacen de esa preocupación. La importancia que damos a lo que pensarán los demás nos hace vanidosos, y la vanidad es tan enfermizamente sensible que por su causa nos mortificamos.

Schopenhauer, Sobre la sabiduría del vivir (1851)

3. *Desprecio por los juicios ajenos.* Epicteto sugería, como acabamos de ver, que al orador nervioso se le ha enseñado a pronunciar un discurso, pero no a gobernar el apetito de alabanzas. Para educarse al respecto, debe empezar por tener una percepción sobria de aquellos cuya buena opinión desea. Este es un aspecto que enfatizan todos los maestros estoicos.

¡Qué insensato el filósofo que se regocija de los aplausos que le tributan los ignorantes después de oír su discurso! ¿Qué satisfacción puede recibir de las alabanzas de aquellos a quienes él jamás alabaría?

Séneca, Epístolas morales 52.11

¿Quiénes son esos cuya admiración buscas? ¿No son los mismos a los que sueles calificar de locos? ¿Que te admiren los locos, es eso lo que quieres?

Epicteto, *Discursos* 1.21.4

Ten presente siempre quiénes son aquellos cuya admiración buscas y por qué principios se rigen. De este modo no los censurarás cuando te ofendan involuntariamente, ni echarás en falta su aprobación una vez que investigues el origen y la causa de sus motivos y opiniones.

Marco Aurelio, *Meditaciones* 7.62

Lo que ocurre en la conciencia ajena nos es, como tal, indiferente; y además, con el tiempo, nos volvemos en verdad indiferentes a ello, una vez que reparamos en lo superficiales y fútiles que son los pensamientos de la mayoría de la gente, en la cortedad de sus ideas, la mezquindad de sus sentimientos, la perversidad de sus opiniones y la cantidad de errores que hay en la mayoría de las conciencias.

Schopenhauer, *Sobre la sabiduría del vivir* (1851)

El mismo razonamiento puede adaptarse al deseo de fama o de ser recordado después de la muerte.

Diógenes, que fue enviado a explorar antes que tú, nos dio un informe muy diferente. Dice que la muerte no es un mal, porque no es vergonzosa; dice que la fama es una algarabía de locos.

Epicteto, *Discursos* 1.24.6

Diógenes de Sínope (también conocido como Diógenes el Cínico) fue un filósofo griego que vivió en el siglo IV a. C. Epicteto habla con reverencia del cinismo y de Diógenes, a quien se refiere a veces como a una especie de estoico idealizado. En otros momentos, como aquí, lo describe como explorador y mensajero divino que examinaba la vida humana y era capaz de elaborar informes como el que se acaba de mostrar. Volveremos a encontrarnos con Diógenes en la sección 4 del capítulo ocho.

Cicerón expresó con mordacidad su perspectiva del tema que estamos tratando. La fama, a su entender, no era más que el cúmulo de opiniones de gente cuya opinión no vale nada.

> No tengo interés en la gloria y la popularidad, fruto del consenso entre los inmorales y los necios.
>
> Cicerón, *Disputaciones tusculanas* 5.16

> ¿No es absurdo suponer que los mismos individuos ignorantes y vulgares que desprecias tomados de uno en uno serán más dignos de consideración tomados en conjunto?
>
> Cicerón, *Disputaciones tusculanas* 5.36

> Para quienes poseen sabia y verdadera grandeza de ánimo, la honestidad (que tan conforme es a nuestra naturaleza) consiste en las acciones virtuosas, no en la gloria de la reputación, y aspiran más a sobresalir entre los demás hombres que a parecer sobresalientes. Porque quien depende de la opinión caprichosa del vulgo no puede ser contado entre los grandes.
>
> Cicerón, *De los deberes* 1.65

Por tanto, desde el punto de vista del estoico, la aprobación generalizada de cualquier cosa es mala señal.

> No están los asuntos humanos en tan buen estado que agrade a los más lo que es mejor; el que lo apruebe la muchedumbre antes es indicio de ser lo peor.
>
> Séneca, *De la vida bienaventurada* 2.1

Las valoraciones más generalizadas y vulgares rara vez aciertan. Y, o mucho me engaño, o en estos tiempos los escritos más detestables son los que se han ganado el favor popular.

Montaigne, *Ensayos* III, *De la vanidad* (1580)

Lo mismo puede aplicarse a las personas. Una popularidad masiva sugiere la falta de calidad o integridad de quien la obtiene.

El favor popular solamente por malos medios se adquiere. [...] Así pues, si te veo elevado por los votos del pueblo; si al entrar en el espectáculo te saludan aplausos y aclamaciones; si las mujeres y los niños cantan tus alabanzas por la ciudad, ¿cómo no he de compadecerte, cuando sé por qué camino se consiguen esos favores?

Séneca, *Epístolas morales* 29.11-12

Debemos confiar en que lo siguiente ocurrió realmente así.

Se cuenta que el entrenador Hipómaco, cuando un atleta al que entrenaba ganó un combate de lucha y todos los presentes prorrumpieron en aplausos, le dio un golpe con su vara. «Lo has hecho mal —le dijo—, y no como debías. Deberías haberlo hecho mejor. Si de verdad hubieras luchado bien, estos no te estarían aplaudiendo».

Eliano, *Historias curiosas* 2.6

4. *Futilidad.* El estoicismo somete a la misma prueba de fuego —la razón— la fama en sí, argumentando que es inútil y que, de todos modos, no puede durar demasiado. Marco Aurelio retornó a menudo a esta idea. Hay cierta ironía en que se estén repitiendo aquí estas afirmaciones, escritas hace dos mil años, pero es de suponer que el estoico diría que aún es pronto. Y lo cierto es que,

a pesar del buen gusto que has demostrado al escoger este libro, poca gente conoce en la actualidad a los autores que aparecen en él.

Pronto lo habrás olvidado todo; pronto todo te habrá olvidado a ti.

Marco Aurelio, *Meditaciones* 7.21

Quien se ilusiona pensando que, tras su muerte, se alabará su memoria no tiene en cuenta que, en breve, quien lo recuerde morirá también, y luego morirá quien a este lo suceda, hasta que todo recuerdo de su persona se borre cuando hayan fallecido uno tras otro aquellos que neciamente lo admiraban.

Marco Aurelio, *Meditaciones* 4.19

¿Es la ambición de gloria lo que te arrastra? Dirige la mirada, entonces, a la rapidez con que se olvida todo, al vasto abismo de tiempo infinito a ambos lados, a la vacuidad de los aplausos, a la inconstancia y falta de juicio de aquellos que en apariencia nos glorifican, a la estrechez del lugar en que la fama se encierra.

Marco Aurelio, *Meditaciones* 4.3

También el doctor Johnson habló de la escala tan pequeña en la que se mide eso a lo que llamamos fama.

Nadie puede ser venerable ni formidable salvo para una pequeña parte de sus semejantes.

Johnson, *The Rambler* n. 118 (1751)

Tardamos mucho en darnos cuenta del lugar tan reducido que ocupa cada individuo en el total de la humanidad; o de lo escasos que son aquellos que admiran la fortuna de un determinado individuo; del poco espacio que queda libre en el mundo para nuevos objetos que nos deslumbren; de la escasa intensidad con que puede propagarse, entre las nieblas del ajetreo y el enloquecimiento, incluso el brillo del mérito más refulgente, y de lo pronto que queda eclipsado por la aparición de otras novedades.

Johnson, *The Rambler* n. 146 (1751)

Además de considerar inútil el deseo de alcanzar fama duradera, Marco Aurelio lo consideraba absurdo. ¿Por qué iba a importarle a nadie lo que se diga de él cuando ya no exista?

¡Qué cosas tan extrañas hacen los hombres! No quieren hablar bien de sus contemporáneos y compañeros, y, sin embargo, tienen la ambición de ser alabados por las generaciones venideras, gente a la que no han visto ni verán jamás. Viene a ser como si se afligiesen porque sus antepasados no hicieron mención honorífica de ellos.

Marco Aurelio, *Meditaciones* 6.18

Quienes ambicionan la gloria póstuma no se dan cuenta de que los hombres que vendrán serán iguales que estos, a los que a duras penas soportan, y de que, como ellos, serán mortales. En suma, ¿qué más te da que alaben o no alaben tu nombre o qué opinión tengan de ti?

Marco Aurelio, *Meditaciones* 8.44

5. *Valorar los propios juicios.* La respuesta estoica a la alabanza y la fama tiene el lado negativo, o mordaz, que hemos visto: las disecciona para mostrar lo poco que valen. Pero los estoicos no se contentarían con aprender a despreciar la opinión pública; la sustituirían por un mayor respeto hacia sus propias opiniones. Marco Aurelio lo expresa en forma de pregunta: ¿por qué

nos preocupamos más por lo que piensan los demás que por lo que pensamos nosotros?

> Muchas veces me he maravillado de que, amándose cada cual a sí mismo más que a nadie, valore menos sin embargo la opinión que tiene de sí mismo que la que tengan de él los demás. Si se presentase un dios o un sabio maestro y le ordenase a uno de nosotros que imaginara o discurriese nada sin anunciarlo al instante en voz alta, ni siquiera un día podría aguantarlo. Esto demuestra que respetamos más al prójimo, cuando opina algo acerca de nosotros, que a nosotros mismos.

Marco Aurelio, Meditaciones 12.4

Lo que piensan otros es más que una pésima fuente de orientación: es una distracción que nos hace perder de vista lo que pensamos nosotros y todo lo que deberíamos estar haciendo.

> A menos que sirva para algún propósito bueno y útil, no malgastes el tiempo que te queda haciendo conjeturas sobre unos y otros, pues te aleja de tareas más importantes. Imaginar lo que hace este y por qué, lo que dice aquel, lo que piensa o trama aquel otro..., esa curiosidad por los hechos ajenos te hace apartar la atención de tus propios principios y te distrae del cultivo y cuidado de tu propio espíritu.

Marco Aurelio, Meditaciones 3.4

Y tomarse con seriedad las propias percepciones no es solo mejor hábito que escuchar a los demás o preocuparse por lo que puedan pensar. Es una parte esencial de la práctica estoica, que consiste en primer y último lugar en decirnos la verdad a nosotros mismos en lugar de repetir lo que todo el mundo dice.

Hazte sordo a la voz de los que más te estiman. Con buena intención, desean para ti cosas muy malas. Si quieres ser feliz, ruega a los dioses que no ocurra nada de lo que te desean. Los dones de que quieren colmarte no son bienes, puesto que no existe más que un bien que sea causa y sustento de una vida feliz, y es confiar en ti.

Séneca, Epístolas morales 31.2-3

No te preocupes más por cómo hable el mundo de ti, sino por cómo te hablas a ti mismo.

Montaigne, Ensayos I, De la soledad (1580)

Séneca sintetizó estas ideas en varios consejos sobre cómo mantener con nosotros mismos un diálogo más inteligente y que no dependa en absoluto de lo que ningún oyente pudiera opinar. Así lo aplicó a un caso de enfermedad, por ejemplo:

Hasta en ropa de dormir, se conoce al varón animoso y valiente. Tienes en qué ocuparte: lucha con la enfermedad. Y si no consigue llevarse nada de ti, si no es capaz de obligarte a que hagas nada y nada le concedes, darás relevante prueba de tu fortaleza. ¡Qué gran ocasión de gloria sería, si nos contemplasen de cerca en nuestras enfermedades! Sé tu propio espectador; ¡concédete tú mismo la alabanza que mereces!

Séneca, Epístolas morales 78.21

Puso también un ejemplo de ese diálogo interior y añadió una valiosa advertencia sobre las ventajas de que todo se quede en uno mismo.

Cuando desees francos elogios, ¿por qué has de deberlos a otro? Elógiate tú mismo. Di: «Me he dedicado a los estudios liberales, aunque la pobreza me impulsaba a otros caminos y llamaba mi ingenio a trabajos cuyo precio no se hace esperar. Me he dedicado a la poesía, sin esperanza de recompensa, y a las saludables meditaciones de la filosofía. [...] Y después pregúntate si todos estos méritos son verdaderos o falsos: si son verdaderos, te habrás alabado ante importantísimo testigo; si falsos, nadie habrá escuchado la ironía.

Séneca, *Cuestiones naturales* IV A, Pref. 14, 18

Montaigne:

Solo tú sabes si eres cobarde y cruel o leal y devoto. Los demás no te ven; te adivinan mediante inciertas conjeturas. No ven tu naturaleza tanto como tu artificio. Así que no te atengas a sus opiniones, sino a las tuyas.

Montaigne, *Ensayos* III, *Del arrepentimiento* (1580)

Schopenhauer:

Lo que la mayoría de las personas más valoran es la opinión que los demás tienen de ellas; se preocupan más de eso que de lo que pasa en su propia conciencia, que es lo que tienen inmediata y directamente presente. Por una alteración del orden natural, toman las opiniones ajenas como la parte real de la existencia, y su propia conciencia como algo difuso e inconsistente; convierten lo derivado y secundario en principal, y consideran la imagen que presentan al mundo más importante que su propio ser. Al intentar, así, obtener un resultado directo e inmediato de lo que no tiene existencia real directa o inmediata, caen en esa clase de locura a la que se ha dado el nombre de *vanidad*, un término muy apropiado para lo que es vano o carece de valor intrínseco.

Schopenhauer, *Sobre la sabiduría del vivir* (1851)

6. *Valorar las cosas por lo que son en sí mismas.* La otra rama afirmativa de la perspectiva estoica se propone valorar las cosas por lo que son, por su bondad más que por su popularidad.

> Todo lo que es bello en cualquier sentido es bello por sí mismo y contiene en sí mismo su bondad. El elogio no forma parte de ello; nada mejora ni empeora porque sea elogiado.
>
> Marco Aurelio, *Meditaciones* 4.20

> Bien hizo aquel, sea quien fuere (ya que se desconoce su identidad), que cuando le preguntaron para qué servía el exquisito refinamiento de su arte, considerando que muy pocos lo podrían comprender, respondió: «Me bastan unos pocos; me basta uno; me basta ninguno».
>
> Séneca, *Epístolas morales* 7.11

De los descendientes de los estoicos:

> Sería tal vez excusable que un pintor o un artesano, o incluso un retórico o un gramático, intentaran hacerse un nombre valiéndose de sus obras; pero las acciones de la virtud son en sí mismas demasiado nobles como para buscar otra recompensa que su propio valor, y menos aún buscarla en la vanidad de los juicios humanos.
>
> Montaigne *Ensayos* II, *De la gloria* (1580)

> Lo estimable no es la fama, sino merecerla [...] Como la luz, que no se hace visible a menos que un cuerpo la refleje, el talento solo adquiere conciencia de sí mismo cuando su fama se difunde. Pero la fama no es síntoma de mérito indiscutible, puesto que existe fama sin mérito y mérito sin fama; o, como dice Lessing: «Hay personas célebres, y las hay que merecen serlo».
>
> Schopenhauer, *Sobre la sabiduría del vivir* (1851)

7. *El insulto y la opinión.* Acabamos de examinar un problema asociado a la vida social: el deseo irracional de que todo el mundo tenga buena opinión de nosotros. Otro problema –en realidad, la otra cara de la misma cuestión– es el temor irracional a la crítica y el insulto. Aunque, en general, los estoicos responden a ellos siguiendo la misma línea que hemos visto hasta ahora, tienen también respuestas exclusivas para la ocasión. El primer tipo de respuestas, que nos resultarán familiares, se basa en los principios expuestos anteriormente: para que un insulto sea efectivo, es necesario que la víctima coopere en alguna medida; por ejemplo, juzgando que el insulto tiene importancia. Y, como sabemos, ese juicio lo podemos abandonar o retener.

> El éxito de un insulto depende de la sensibilidad y la indignación del ofendido.
>
> Séneca, *De la constancia del sabio* 17.4

> Acuérdate de que no te ofende el que te injuria o te golpea, sino la opinión que te has formado de esas acciones. Así pues, cuando las palabras de alguien te hacen encolerizarte, has de saber que no es él, sino tu opinión, lo que te ha provocado.
>
> Epicteto, *Enquiridión* 20

> ¿Qué significa que alguien te ha insultado? Párate delante de una piedra e insúltala; ¿qué ganas con ello? Si escuchas como una piedra, ¿qué ganará quien te insulte? Pero si tu debilidad de víctima le sirve al otro para alzarse, entonces logra algo.
>
> Epicteto, *Discursos* 1.25.28

8. *Despreciar el desprecio.* Como hemos visto en capítulos anteriores, esta es la solución habitual que proponen los estoicos frente a cualquier cosa que nos perturbe: desechar en nosotros la opinión que es responsable de la perturbación. Pero quizá porque eran conscientes de que la solución más simple puede ser difícil de poner en práctica, ofrecían también otras estrategias o

tácticas más adecuadas a cada caso; en este, algunas formas alternativas de considerar los insultos. El estoico recibe el desprecio de los demás con indiferencia, o con desdén, o con aceptación; de cualquier manera menos con miedo. Empecemos por la indiferencia, que es afín a las respuestas que acabamos de ver:

> Cualquier palabra o acción que sea fiel a la naturaleza considérala digna de ti, y no te dejes distraer por los comentarios o las críticas. Si es honesto lo que has dicho o hecho, no te sientas denigrado.
>
> Marco Aurelio, *Meditaciones* 5.3

> ¿Que alguien me desprecia? Eso le concierne a él. A mí me concierne cuidar de que no me sorprendan haciendo o diciendo algo que sea digno de desprecio.
>
> Marco Aurelio, *Meditaciones* 11.13

> No te preocupes por lo que digan de ti; no es cosa tuya.
>
> Epicteto, *Enquiridión* 50

He aquí algunos ejemplos de la postura más agresiva, en la que el desprecio es bienvenido porque lo elegimos o porque nos lo hemos ganado:

> En cuanto al desprecio, cada cual le impondrá los límites que le plazca; de este modo, serás despreciado porque lo quieras, no porque merezcas serlo.
>
> Séneca, *Epístolas morales* 105.5

> Para asistir a esta escuela, establecida en casa de Metronacto, hay que pasar, como sabes, por delante del teatro de los Napolitanos, lleno siempre de gente que asiste para oír a los flautistas y juzgar su habilidad. En estos momentos, un flautista griego y

un trompeta atraen a una multitud. Sin embargo, este otro sitio donde se busca al hombre virtuoso, en el que se aprende a serlo, está casi desierto, y la gente hasta llama necios y holgazanes a quienes lo frecuentan, como si fuésemos incapaces de hacer nada bueno. Por mi parte, no me incomodaré si me censuran por tal motivo, pues deben escucharse con ecuanimidad las necedades de los ignorantes. Debe despreciar el desprecio quien lo que quiere es adquirir la virtud.

Séneca, *Epístolas morales* 76.4

Por desgracia, no sabemos nada de Metronacto, aparte de lo que Séneca menciona de él en breves referencias de este tipo.

9. *Despreciar al autor del desprecio.* Una respuesta relacionada con la anterior pero distinta: no menospreciar el desprecio, sino menospreciar o ignorar a la persona de quien procede.

De grandes almas es despreciar las injurias: la venganza más humillante para el agresor es tratarlo como si no fuera digno de provocar venganza. Muchos, al pedir reparación por pequeñas injurias, no han hecho más que agravarlas: grande y generoso es aquel que, imitando a las fieras nobles, oye sin conmoverse los impotentes ladridos de unos perrillos.

Séneca, *De la ira* 2.32.3

El que responde a la injuria se convierte en competidor; y aunque venza, ya se ha puesto al nivel del otro. ¿Qué hará, pues, el sabio cuando le asestan un golpe? Lo que hizo Catón cuando lo hirieron en la cara, que ni se enojó ni vengó la injuria; y tampoco la perdonó, porque negó estar injuriado: mayor dignidad fue no reconocerla de lo que hubiera sido perdonarla.

Séneca, *De la constancia del sabio* 14.3

Desde el punto de vista de Epicteto, enfadarse por un insulto es rendirse al antagonista.

> Si alguien quisiese exponer tu cuerpo a que fuese maltratado por cuantos pasasen, te indignarías. Y, sin embargo, no tienes vergüenza de exponer tu alma al capricho del primero que te encuentras; pues, si te insulta, te turbas y te dejas llevar por la confusión y la cólera.

Epicteto, Enquiridión 28

10. *La preocupación no tiene fin.* Un argumento que repiten los estoicos es que, si en una determinada ocasión te preocupa lo que puedan pensar o decir de ti, te será muy difícil encontrar la ocasión en que no te preocupe. Tú solo te has hecho vulnerable a todo el mundo.

> El sabio, con ninguna injuria de los hombres se altera; porque aunque ellos son entre sí diferentes, él los juzga iguales en ignorancia. Si una sola vez se hundiese tanto que se alterase por el insulto o la injuria, sus preocupaciones ya no tendrían fin.

Séneca, De la constancia del sabio 13.5

> Libertad es tener una mente que esté por encima de las injurias, una mente que haga de sí la única fuente de cosas dignas de gozo, que se aparte de las exteriores, para no vivir con la inquietud de quien teme las risas y las lenguas de todos. Porque si alguien tiene el poder de ofendernos, ¿quién hay que no lo tenga?

Séneca, De la constancia del sabio 19.2

Y esa preocupación tiene un coste añadido: el tiempo que has invertido en ella podrías haberlo empleado en cosas que importan. (Otra versión del argumento expuesto por Marco Aurelio en la sección 5 de este capítulo).

Hemos de ignorar las provocaciones que nos llegan de personas irreflexivas –y solo de personas irreflexivas nos pueden venir–, igual que hemos de recibir con indiferencia los elogios y las injurias del vulgo, sin alegrarnos con aquellos ni entristecernos con estas. De lo contrario, por temor o rechazo de los insultos, descuidaremos muchas cosas necesarias.

Séneca, *De la constancia del sabio* 19.1-2

Como hemos visto, los estoicos piensan que es inútil perseguir la fama puesto que nunca es duradera. Podemos utilizar la misma noción para inmunizarnos contra los efectos del insulto.

Deja que otros se preocupen de lo que dicen de ti: hablarán sin duda; pero el eco de sus diálogos no resuena más allá de las regiones que ves; no se renueva eternamente en el caso de nadie, sino que se extingue con las generaciones que mueren y se pierde en el olvido de la posteridad.

Cicerón, *De la República* 6.25

11. *Humildad.* La respuesta estoica a los insultos y otros agravios puede provenir también de la humildad y la aceptación. Veremos en el capítulo ocho que el estoicismo nos exige tener una percepción franca de nuestros propios defectos. Ese hábito hace que las críticas de los demás sean más fáciles de aceptar.

Si te vienen a decir que alguien ha hablado mal de ti, no te compliques en negar lo que ha dicho; responde solo: «Evidentemente no conoce todos mis otros defectos, pues, de conocerlos, hubiera hablado mucho más».

Epicteto, *Enquiridión* 33.9

Y esto a lo que llamamos insulto, ¿qué es? ¿Que te has burlado de mi calva, de mis ojos miopes, de la delgadez de mis piernas o de mi estatura? ¿Qué tiene de insultante que me digas lo que es manifiesto?

Séneca, *De la constancia del sabio* 16.3

Si alguien es capaz de tomarse a sí mismo con humor, tampoco será un objetivo atrayente para quienes planearan ridiculizarlo.

El que comienza a reírse de sí mismo no da lugar a que otros lo hagan. Hay memoria de que Vatinio, hombre nacido para ser objeto de burlas y aborrecimiento, era un bufón ingenioso y con donaire. Hacía chistes a costa de sus pies y de las arrugas que surcaban su papada; de este modo escapaba a las burlas de sus enemigos —el principal de ellos Cicerón—, que eran más numerosos aún que sus deformidades.

Séneca, *De la constancia del sabio* 17.2-3

Séneca encontró en su misma época y lugar un buen ejemplo de esto en Publio Vatinio, tribuno de la plebe y seguidor de César. Montaigne eligió el suyo propio.

El último peldaño es el más seguro: es el asiento de la firmeza; en él, solo te necesitas a ti mismo, pues la firmeza se fundamenta allí y se apoya toda en sí misma. Decidme si no tiene un aire filosófico la actuación de cierto caballero conocido de muchos. Se casó, ya entrado en años, después de haber pasado su juventud siendo un gran charlatán y un seductor. Recordando cuántas veces le había servido el asunto de los maridos cornudos para hacer chistes y burlarse de otros, con la intención de ponerse a cubierto de iguales burlas se casó con una mujer que encontró allí donde cada cual las encuentra a cambio de dinero, y pactó con ella dirigirse el uno a la otra en estos términos: «¡Buenos días, puta!»,

«¡Buenos días, cornudo!». Tras el enlace, de nada hablaba más a gusto y más abiertamente a quienes lo visitaban que de este convenio suyo, con el que ponía freno a las habladurías y mataba la punta de los dardos sarcásticos que le iban dirigidos.

Montaigne, *Ensayos* II, *De la presunción* (1580)

En la sección 8 del capítulo nueve, seguiremos examinando cómo empleaban los estoicos el sentido del humor para neutralizar los efectos de los ataques verbales.

12. *Equivocaciones.* Pero supongamos que un insulto es inmerecido. En ese caso, el estoico piensa de quien lo profiere no que sea una mala persona, sino que está equivocada, y siente por ella lo que sentimos al ver a cualquiera cometer un error lamentable muy a pesar suyo: sobre todo, nos da pena.

No hace falta ser sabio para tomarse los insultos a la ligera; basta con ser alguien sensato, alguien capaz de pensar: «¿Merezco que se digan estas cosas de mí? Si las merezco, no hay insulto; es justicia. Si no las merezco, que sea el que comete la injusticia quien se sonroje».

Séneca, *De la constancia del sabio* 16.3

Los estoicos comparan a quienes cometen faltas o errores, o carecen de buen juicio, con quienes tienen discapacidades físicas. Si en este último caso tendemos a ser indulgentes con sus deficiencias, ¿por qué no habríamos de tener la misma consideración con quienes nos insultan o perjudican a causa de un entendimiento defectuoso?

Mejor es creer que no deben irritarnos los errores. ¿Qué te parecería que nos encolerizásemos contra aquellos que marchan con paso vacilante en la oscuridad, contra los sordos que no oyen una orden, contra los niños que en vez de cumplir con sus deberes se distraen contemplando los juegos y los necios divertimentos de sus compañeros? ¿Qué dirías si alguien se irritara contra los que se hacen viejos porque están enfermos y extenuados?

Séneca, *De la ira* 2.10.1

«A ese ladrón, a ese adúltero, ¿no habría que matarlos?». De ningún modo; pregunta más bien: «A este hombre, al que se ha engañado y confundido acerca de las cosas importantes, al que se le ha nublado no la vista –no la capacidad de distinguir el blanco del negro–, sino el juicio –la capacidad de distinguir el bien del mal–, ¿no habría que matarlo?». Exprésalo así, y entenderás lo inhumana que es tu pregunta. Es como decir: «¿No habría que matar a este ciego, a este sordomudo?».

Epicteto, *Discursos* 1.18.5-7

¿Por qué ni nos inmutamos al encontrarnos con alguien que tiene el cuerpo desfigurado y contrahecho y, sin embargo, no podemos soportar el encuentro con un espíritu desordenado sin montar en cólera? Esta dureza cruel se deriva más bien del crítico que del defecto.

Montaigne, *Ensayos* III, *Sobre el arte de conversar* (1580)

O también es posible que quien nos insulta o comete otro tipo de agravio contra nosotros esté afectado por algún mal de los que nos son comunes a todos.

Debe colocarse entre las demás enfermedades de los mortales la oscuridad de la mente: no tanto la compulsión de errar como la atracción por hacerlo. Para no irritarte contra algunos, has de perdonar a la humanidad entera; es necesario conceder indulgencia al género humano.

Séneca, *De la ira* 2.10.1-2

Es posible que el general desate su severidad contra soldados individuales, pero deberá ser indulgente si deserta el ejército entero. ¿Qué disipa la ira del sabio? La multitud de infractores. Él comprende lo injusto y peligroso que es irritarse contra un vicio generalizado.

Séneca, De la ira 2.10.4

Un último punto de vista: si recibes un insulto injustificado, puedes considerar que iba dirigido a otra persona: a la persona que quien lo profirió creía que eras. Se trata entonces de un error de identidad. Así fue como interpretó Joseph Addison la postura estoica parafraseando a Epicteto.

¿Alguien te reprocha que seas orgulloso u hosco, envidioso o petulante, ignorante u ofensivo? Reflexiona para tus adentros si sus reproches son verdad; si no lo son, considera que no van dirigidos a ti sino a un ser imaginario, y que tal vez ese hombre estima lo que realmente eres, aunque detesta lo que aparentas ser. Y si hay verdad en sus reproches, si eres el hombre envidioso y adusto por quien te toma, da un giro, suaviza el carácter, sé afable y cortés, y sus reproches cesarán naturalmente; o es posible que, a pesar de todo, sus reproches continúen, pero tú ya no eres la persona a la que él puede reprochar nada.

Addison, The Spectator n. 355 (1712)

Montaigne toma prestadas de Plutarco y Diógenes Laercio, respectivamente, las siguientes anécdotas, que presenta condensadas:

Arquelao, rey de Macedonia, iba caminando por la calle cuando alguien le echó agua encima. Los que lo vieron repetían que debía castigar al hombre: «Ya –dijo él–, pero no me ha echado el agua a mí, sino a quien creía que yo era». Cuando a Sócrates le dijeron que la gente hablaba mal de él, respondió: «En absoluto. No hay nada en mí de lo que dicen».

Montaigne, Ensayos III, Sobre unos versos de Virgilio (1580)

13. *Empatía y perdón*. Decía que el estoico ve en cualquier antagonista a alguien incapacitado por su mal juicio; pero no se queda aquí, sino que lo trata con empatía, porque entiende que en realidad esa persona intenta hacer lo correcto según su perspectiva de las cosas. Nadie se equivoca deliberadamente.

«Toda alma –dice Platón– está privada de la verdad sin su consentimiento». E igualmente contra su voluntad, está privada de la justicia, de la prudencia, de la benevolencia y de toda virtud semejante. Es de suma importancia que te acuerdes de esto siempre, porque así serás más amable y benigno con todos.

Marco Aurelio, *Meditaciones* 7.63

La cita es de *El sofista*, de Platón (228 c), o tal vez de Epicteto, que en su día citó ese pasaje de Platón. El propio Epicteto dice:

Cuando alguien te trate injustamente o te hable mal, acuérdate de que él cree estar haciendo lo apropiado. ¿Piensas que puede guiarse por lo que te parece bien a ti? Se guía por lo que le parece bien a él; y si ve las cosas como no son porque no las juzga con cordura, quien sufre el daño es él, es él quien se engaña [...] Partiendo de este razonamiento, serás tolerante con quien te insulte, pues para ti dirás: «A él, así se lo parece».

Epicteto, *Enquiridión* 42

El estoico intenta comprender qué pensamientos concretos han llevado a alguien a atacarlo verbalmente o a proferir un insulto y procura ser generoso al interpretarlos y al responder a ellos. Puede que tu adversario y tú no seáis, en definitiva, tan diferentes.

Cuando alguien te perjudique de alguna manera, considera al instante qué comprensión tenía del bien o del mal cuando actuó así. Porque una vez que hayas examinado esto, tendrás compasión de él, y no te sorprenderás ni te enfadarás, al ver que probablemente tú sueles formarte una opinión del bien muy similar a la suya, o hasta igual, y por tanto es razonable que lo perdones. Y en caso de que no concuerdes con su juicio de lo que está bien y lo que está mal, más razón tienes aún para ser tolerante con quien actuó así por ignorancia.

Marco Aurelio, *Meditaciones* 7.26

Finalmente, el consuelo que nos queda con respecto a un antagonista es que tanto él como nosotros estaremos muertos sin tardanza.

Es propio del ser humano amar incluso a los que lo ofenden. Esto se consigue si reflexionas que son de tu misma naturaleza; que hacen el mal por ignorancia y sin intención; que dentro de poco ambos habréis muerto y, por encima de todo, que en realidad no te han dañado, puesto que no han hecho que tu alma sea peor de lo que era antes.

Marco Aurelio, *Meditaciones* 7.22

Con frecuencia nos divertimos en los espectáculos matinales de la arena al ver la lucha de leones y toros encadenados juntos: se desgarran mutuamente, y allí está esperando el que ha de rematarlos. Otro tanto hacemos nosotros; atormentamos al que comparte nuestra cadena, aunque igual de inminente es el fin que amenaza a vencedores y vencidos. Mejor es que pasemos en reposo y en paz los pocos días que nos quedan, y que nadie mire con odio nuestro cadáver. Más de una pelea ha terminado al oírse gritos que anunciaban un incendio en las cercanías, y la presencia de una fiera ha separado al ladrón y al viajero. No hay tiempo para luchar con un mal pequeño cuando aparece un peligro mayor. ¿Por qué nos mezclamos en conflictos y conspiraciones? ¿Puede tu ira desear al enemigo algo peor que la muerte? Estate tranquilo, que morirá. Es un trabajo vano querer hacer que suceda lo que de todos modos ha de suceder.

Séneca, *De la ira* 3.43.2-3

Capítulo ocho

VALORACIÓN

Este capítulo trata sobre otra serie de errores de juicio que cometemos a nuestra costa: infravalorar el presente, infravalorar el tiempo en general y otros bienes intangibles, a la vez que nos sobrevaloramos a nosotros mismos y juzgamos mal a los demás, por ver en ellos nuestros defectos. No es ineludible que tratemos estos problemas en conjunto, uno a continuación de otro; de hecho, la segunda mitad del capítulo tiene poco que ver con la primera. Pero todos ellos provienen de errores de juicio que, a diferencia de la mayoría de los errores que analizan los estoicos en este libro, no llevan implícito ni deseo, ni miedo, ni placer, ni dolor. Cada uno es un tipo de juicio equivocado sobre el valor de las cosas.

Algunas enseñanzas de los estoicos forman parte también de otras tradiciones. Este capítulo muestra algunos ejemplos destacados. Uno de ellos es la apreciación del presente. Los estoicos pretenden corregir nuestra preocupación por el pasado y el futuro; consideran que el tiempo que dedicamos a los recuerdos, las esperanzas y los miedos está mal empleado (aunque no siempre, como veremos). También nos consideran inconscientes, en general, del valor del tiempo: lo regalamos a la ligera, y nos importa mucho menos perder el tiempo que perder dinero, aunque al final descubramos que el tiempo era más valioso.

El análisis del tiempo que hacen los estoicos se asemeja a su visión más general de los costes y beneficios intangibles, que también se tratarán en este capítulo. Al igual que sobrevaloramos el dinero e infravaloramos el tiempo, sobrevaloramos los bienes materiales y la aprobación de los demás e infravaloramos las ganancias que nos reporta no necesitarlos. Son muchas las cosas que los estoicos ven de esta manera: cuando sucede algo aparentemente malo, suele tener silenciosas compensaciones, y, por el contrario, las oportunidades con las que en un primer momento nos entusiasmamos tienden a ser más costosas de lo que parecían, como vamos descubriendo a medida que advertimos y sopesamos sus consecuencias, visibles y no visibles. Comprender todo esto ayuda al estoico a mantener el equilibrio en ambas circunstancias.

Estos errores de valoración se extienden a cómo nos percibimos a nosotros mismos y percibimos a los demás. Nuestros defectos son para nosotros imperceptibles, y en cambio tenemos una percepción muy aguda de los que tiene cada persona con la que nos relacionamos. Reconocer que es así nos inclina a perdonar. Eso que alguien ha hecho y que tanto nos molesta no es peor, en realidad, de lo que nosotros hicimos en otro momento. Pero hay además un aspecto más sutil: condenamos en otros precisamente lo que detestamos de nosotros mismos; como somos incapaces de ver nuestras faltas, las proyectamos en los demás. Por eso el estoico se toma tan en serio conocerse a sí mismo y confiesa sin vacilación sus debilidades.

1. *El presente.* Los estoicos son sensibles a los juicios erróneos sobre el tiempo. Más adelante veremos otras formas de malgastar o malinterpretar el tiempo, pero aquí examinaremos la primera y más obvia: lo poco que valoramos el presente.

Hay un paralelismo entre el análisis estoico de los errores que cometemos al juzgar el tiempo y el de los juicios erróneos que hacemos de las cosas materiales. En el capítulo cinco veíamos lo difícil que nos resulta estar satisfechos con algo una vez que nos pertenece. El momento presente no nos satisface por razones similares. Nos preocupa lo que ocurrirá, y hacemos planes para el futuro, siguiendo el mismo impulso que nos hacía ansiar la próxima adquisición; y ya sea el futuro o un nuevo objeto lo que esperamos con impaciencia, una vez que llega, nunca es tan gratificante como imaginábamos. Los estoicos sostienen que es mayor fuente de satisfacción hacer las paces con lo que tenemos que perseguir lo que no tenemos y prestar atención al presente que volver sobre el pasado y anhelar el futuro.

He aquí algunos comentarios de carácter general sobre este tema, que destacan el hecho de que el momento presente es a la vez escurridizo y lo único que realmente existe.

> El tiempo presente es muy breve, tan breve que algunos dicen que no lo hay. Siempre está en veloz carrera; corre y avanza precipitadamente; y antes de llegar, ha dejado de ser.

Séneca, De la brevedad de la vida 10.6

> Acuérdate de que cada uno vive nada más que este momento presente e indivisible. Todo el resto de su vida, o ya lo ha vivido o es incierto.

Marco Aurelio, Meditaciones 3.10

Sin embargo, las reflexiones de los estoicos sobre el presente suelen ser de carácter más práctico. Quieren que nos demos cuenta del mal hábito que es sobrecargar la mente con preocupaciones por el futuro, cuando la realidad es que las imaginaciones relacionadas con el futuro y el pasado son más difíciles de soportar que el momento presente. El presente siempre es tolerable.

> No te perturbes imaginando toda tu vida a la vez ni consideres a un tiempo qué desventuras, y cuántas, es verosímil que te sobrevengan. Por el contrario, en cada circunstancia presente, pregúntate: «¿Qué mal hay en esto que no sea soportable y llevadero?». Te dará vergüenza responder.

Marco Aurelio, Meditaciones 8.36

> La memoria nos reproduce el tormento del miedo, y la previsión lo anticipa. Nadie se aflige solamente por el mal presente.

Séneca, Epístolas morales 5.9

Nada hay tan patético como la perpetua inquietud por lo que ha de venir: ¿cuánto tiempo queda?, ¿qué pasará? Es inexplicable el temor que conmueve al ánimo intranquilo. ¿Cómo preservarse de esta fluctuación? De una sola manera: no viviendo a la espera de lo que será, sino conteniendo el tiempo de nuestra vida; porque quien no aprovecha el presente queda en suspenso para lo venidero.

Séneca, *Epístolas morales* 101.8-9

Aparte del refugio que ofrece el momento presente frente a los problemas imaginarios, es el único lugar donde realmente se vive. Si pensamos en el futuro, dejamos de prestar atención a lo que ocurre ahora y, por tanto, dejamos de vivir.

Considera a los seres humanos en conjunto o individualmente: ni uno solo verás cuya vida no mire al mañana. ¿Preguntas qué mal hay en esto? Que no viven, sino que están siempre a punto de vivir.

Séneca, *Epístolas morales* 45.12-13

Al igual que la misma cadena reúne al cautivo y al soldado que lo guarda, así dos cosas que parecen tan diferentes caminan a la par: el temor sigue a la esperanza. No me sorprende, porque uno y otra proceden de una mente que está en suspenso y aguardando un acontecimiento inseguro. La causa principal de esto consiste en que no fijamos nuestros pensamientos en las cosas que están presentes, sino que los extendemos a las que aún están alejadas. De esta manera la previsión, que es una ventaja de la condición humana, se torna en perjuicio.

Séneca, *Epístolas morales* 5.7-8

Nunca estamos aquí, siempre estamos en otra parte. El miedo, el deseo y la esperanza nos empujan hacia el futuro; nos roban el sentimiento y la consideración de lo que es ahora para hacer que nos preocupemos por lo que será, incluso cuando nosotros ya no estemos.

Montaigne, Ensayos I, Cómo lo porvenir
nos preocupa más que lo presente (1580)

La interpretación que hace de ello Schopenhauer:

Quienes impulsados por sus deseos y esperanzas viven solo en el porvenir, con los ojos siempre fijos hacia delante, y corriendo con impaciencia hacia las cosas futuras porque creen que estas van a traerles muy pronto la verdadera felicidad, pero que entretanto desdeñan el presente y lo dejan huir sin disfrutar de él, son, a pesar de sus aires de inteligencia, como esos burros que vemos en Italia, a los que se les hace apresurar el paso fijándoles a la cabeza un palo con una gavilla de heno colgando del extremo; ven la gavilla siempre delante y avanzan con la esperanza de llegar a ella. Igual se fatigan quienes pasan su existencia entera en un constante estado de ilusión, sin vivir más que *ad interim* hasta el día que se mueren. Así pues, en lugar de ocuparnos, sin cesar y exclusivamente, de planes de futuro y de inquietud por lo que ocurrirá, o de entregarnos, por el contrario, a la nostalgia del pasado, nunca deberíamos olvidar que solo el presente es real, que es lo único cierto, y que el porvenir se presenta casi siempre distinto de lo que pensábamos y el pasado fue diferente también, lo cual hace que, en definitiva, el futuro y el pasado tengan ambos mucha menor importancia de lo que parece. Porque la lejanía, que empequeñece los objetos a los ojos, los abulta al ojo del pensamiento. Solo el presente es verdadero y efectivo; es el único tiempo que realmente ocupamos, y nuestra existencia se funda exclusivamente en él.

Schopenhauer, El arte de conocerse a sí mismo (1851)

2. *Utilizar el pasado.* Parece que todo esto quiera decir que el estoico se propone vivir sola y enteramente en el presente; pero eso es un poco excesivo. Los estoicos no piensan que el futuro deba ignorarse o afrontarse sin planificación. Piensan que debemos prestar atención al presente; y piensan que debemos tomar decisiones meditadas para el futuro sobre aquello que depende de nosotros, pero luego no malgastar la energía preguntándonos y preocupándonos por lo que está por venir, como se explicaba en la sección 6 del capítulo dos. En cuanto al pasado, Séneca se atiene a la corriente pragmática del estoicismo; es decir, a la hora de decidir cómo hacer algo, o si hacerlo o no (en este caso, volver la vista al pasado), tener en cuenta si contribuirá favorablemente a nuestro estado de ánimo actual. Comparemos estos pasajes:

> Es necesario, pues, prescindir de dos cosas: el temor del porvenir y el recuerdo de los males pasados; estos ya no nos afectan, aquel no nos alcanza todavía.
>
> Séneca, *Epístolas morales* 78.14

> Restringe mucho el goce de los bienes quien solamente considera los presentes. De la misma manera pueden satisfacernos los futuros y los pasados: aquellos por la esperanza, estos por el recuerdo. Sin embargo, los primeros son inciertos, y pueden no llegar; pero en cuanto a los segundos, no pueden dejar de haber existido. ¡Gran locura es abandonar lo más cierto que tenemos!
>
> Séneca, *Epístolas morales* 99.5

En este último pasaje, extraído de una carta sobre el tema del duelo, Séneca aconseja que valoren sus recuerdos a quienes lloran la muerte de un ser querido. No dice, pues, que haya que evitar tajantemente rememorar el pasado; desaconseja recordar lo malo, pero anima a traer a la memoria los recuerdos felices, puesto que hacerlo nos ayuda en el presente. El objetivo de los estoicos no es solo tener una percepción acertada del tiempo, sino también hacer buen uso de él, tanto del presente como del pasado. Plutarco tenía una recomendación similar sobre los beneficios de recordar.

Que cada uno contiene dentro de sí las bodegas de la tranquilidad y del abatimiento –y que las tinajas del bien y del mal no están guardadas «en la morada de Zeus», sino en nuestro propio espíritu– lo pone de manifiesto la diferencia entre el sentir de unos y otros. Pues los necios ignoran o descuidan hasta los mayores bienes presentes porque sus pensamientos están siempre pendientes del futuro; mientras que los sabios dan nueva vida con su recuerdo hasta a aquellos bienes que ya no existen.

Plutarco, *Sobre la paz del alma* 14 (473b-473c)

Seguiremos hablando del uso que hacían de la memoria los estoicos en la sección 13 del capítulo nueve.

3. *El tiempo.* Al entender de los estoicos, no es solo que no demos valor al momento presente, sino que no se lo damos al tiempo en general. Séneca pensaba que la mayoría apenas somos conscientes de su paso.

Hace muy poco me encontraba yo, niño aún, en la escuela de Soción el filósofo; muy poco hace que hablaba en el Foro, muy poco que dejé de hacerlo, y muy poco que no me encuentro en estado de poder hacerlo. Infinita es la velocidad del tiempo, y se nota mejor cuando se mira hacia atrás, porque el presente escapa a los que quieren apresarlo: tan rápida es su fuga. ¿Quieres saber la razón de esto? Consiste en que todos los tiempos pasados se reúnen en el mismo punto; parecen iguales, se los considera en conjunto, pues enseguida todo cae en el mismo abismo.

Séneca, *Epístolas morales* 49.2-3

Soción era un filósofo originario de Alejandría y, junto con Atalo, uno de los primeros maestros de Séneca. Fue instructor en la escuela de Sextio, que combinaba el pensamiento estoico y el pitagórico.

Tal como una charla o una lectura o alguna reflexión más atenta engaña a los que van de viaje, y ven que han llegado antes de ver que les quedaba poco, así este viaje de la vida –continuo y aceleradísimo– que recorremos con el mismo paso despiertos y dormidos no se les descubre a los atareados sino cuando ya se acaba.

Séneca, *De la brevedad de la vida* 9.5

No prestar atención al tiempo nos lleva a malgastarlo. Para hacérnoslo ver, Séneca utiliza uno de sus recursos predilectos: la comparación del tiempo con la riqueza material.

La vida que se nos dio no es breve, nosotros hacemos que lo sea; y no nos falta tiempo de vida, sino que lo derrochamos. Al igual que las grandes y regias riquezas, si llegan a manos de dueños poco cuerdos se disipan en un instante, y al contrario, las cortas y limitadas, si están bajo la custodia de administradores diligentes crecen con el uso, así nuestro tiempo de vida se extiende mucho si hacemos buen uso de él.

Séneca, *De la brevedad de la vida* 1.4

Una variación de Johnson:

Un filósofo italiano decía que el tiempo era su predio; un predio que, en efecto, no producirá nada sin cultivo, pero que siempre recompensará abundantemente los esfuerzos que se le dediquen y satisfará los deseos más ambiciosos, si no se permite que, por negligencia, se desperdicie ninguna parte de él o proliferen las malas hierbas o se destina al espectáculo más que al uso.

Johnson, *The Rambler* n. 108 (1751)

El filósofo italiano que menciona Johnson era Girolamo Cardano (1501-1576), que tenía inscrita la frase *Tempus ager meus* ('el tiempo es mi predio') sobre la puerta de su biblioteca.

Para Séneca, el tiempo es lo más valioso que poseemos, en realidad lo único; y sin embargo no lo salvaguardamos, ni mucho menos, con el mismo celo que nuestros bienes materiales. Perder dinero le inquieta a cualquiera; en cambio, a muy pocos les inquieta perder el tiempo.

> No hay nadie que quiera repartir su dinero, y sin embargo, ¡cuántos hay que reparten alegremente su vida!: son miserables a la hora de guardar su patrimonio, pero en cuanto a perder el tiempo, son pródigos precisamente de aquello en que estaría justificado ser avaros.
>
> Séneca, *De la brevedad de la vida* 3.1

> Si algo revela nuestro escaso discernimiento es que solamente creemos comprar aquello que pagamos con dinero y consideramos gratuito lo que pagamos con nuestros cuidados y nuestra entrega. Lo que no querríamos comprar si tuviésemos que dar por ello nuestra casa o una hermosa hacienda estamos dispuestos a adquirirlo con trabajo y peligro y a costa de nuestro honor, nuestro tiempo y nuestra libertad. ¡Nada tratamos con menos aprecio que a nosotros mismos!
>
> Séneca, *Epístolas morales* 42.7

> Todas las cosas nos son ajenas, querido Lucilio; solamente nuestro tiempo nos pertenece. La naturaleza nos ha puesto en posesión de esta única cosa, pero es tan ligera y resbaladiza que cualquiera nos la puede quitar. Y es tal la necedad de los mortales que están dispuestos a pagar por las nimiedades que se les conceden cosas que fácilmente pueden reemplazarse, pero no tienen en cuenta el tiempo que se les ha dado, que es sin embargo un bien tan grande que ni el deudor más agradecido podría pagar jamás.
>
> Séneca, *Epístolas morales* 1.3

Séneca propuso algunos ejercicios mentales que ayudaran a hacer más vívido el valor del tiempo. Si nos cuesta darnos cuenta de que el tiempo es más importante que el dinero, por ejemplo, podríamos comparar la angustia que normalmente sienten quienes están a punto de quedarse sin lo uno y sin lo otro.

> Nadie aprecia el tiempo: se derrocha con extravagancia, como si fuera una cosa gratuita. Pero a los mismos que así se comportan, míralos agarrarse a las rodillas de los médicos cuando están enfermos y se les acerca el peligro de la muerte; verás que, si los amenaza la pena capital, ¡están dispuestos a dar toda su hacienda con tal de conservar la vida!

> Séneca, *De la brevedad de la vida* 8.2

> Si, al igual que podemos traer cada uno a la memoria el número de años que se nos han pasado, pudiésemos tener certeza de los que nos quedan, ¡cómo temblarían aquellos a quienes les quedasen pocos y cómo evitarían disiparlos! Administrar lo que es cierto, aunque sea poco, es fácil; pero conviene guardar con mayor diligencia aquello que no sabes cuándo se te ha de acabar.

> Séneca, *De la brevedad de la vida* 8.3

La situación es particularmente trágica cuando nos tomamos a la ligera que alguien se aproveche de nuestro tiempo.

> Suelo quedarme asombrado cuando veo a algunos solicitarles a otros su tiempo y a estos entregarlo con facilidad. Los unos y los otros ponen la mirada en el asunto para el que se solicita el tiempo, pero no en el tiempo en sí, como si lo que se pide y lo que se da no fuera nada.

> Séneca, *De la brevedad de la vida* 8.1

4. *El precio invisible y los beneficios intangibles.* El estoicismo quiere que nos fijemos en la mitad invisible e ignorada de la ecuación: en la riqueza que se obtiene no por tener dinero, sino por ser indiferentes a él; en la pobreza que nos crea regalar nuestro tiempo más alegremente que nuestras propiedades, y en otras formas de ganancias y pérdidas intangibles. Este es un tema recurrente en Epicteto.

> Ten presente este pensamiento cada vez que pierdas alguna cosa externa: «¿Qué recibo a cambio?». Y si lo que has recibido es más valioso, nunca digas: «He sufrido una pérdida»; no, si obtienes un caballo a cambio de un asno, o a cambio de una oveja una vaca, o una buena acción a cambio de un poco de dinero, o una agradable tranquilidad en lugar de palabras insustanciales, o respeto a ti mismo en lugar de obscenidad.

> Epicteto, *Discursos* 4.3.1-3

> ¿Se ha derramado un poco de aceite? ¿Te han robado un poco de vino? Dite a ti mismo: «Este es el precio de la calma, este es el precio de la serenidad», pues nada se consigue gratis en esta vida.

> Epicteto, *Enquiridión* 12.2

> ¿No te han convidado al banquete? Tampoco has pagado su coste. El que lo da lo vende por alabanzas, servicios y sumisión [...] ¿Crees que por perderte esta cena no tienes nada en compensación? ¡Tienes algo mucho más excelente!: no has alabado al que no querías alabar; no has sufrido la insolencia y el trato soberbio que da a los que vienen a su mesa. Esto es lo que has ganado.

> Epicteto, *Enquiridión* 25.4-5

La idea puede aplicarse, en vez de a uno mismo, a los demás. Antes de envidiarlos o mirarlos con resentimiento, hay que tener en cuenta el precio que han pagado por lo que tienen.

Por eso perdí mi candil: porque el ladrón fue más capaz que yo de quedarse despierto. Pero lo compró a un precio muy alto. Por él se hizo ladrón, dejó de ser un hombre de fiar, se convirtió en un bruto. ¡Esto le pareció un buen negocio!

Epicteto, *Discursos* 1.29.21

Este estilo de investigación no se limita a la simple fechoría de un ladrón, sino a las decisiones que toman todo tipo de personas. Los cargos públicos son objeto frecuente de esta modalidad de análisis estoico.

Cuando veas, pues, a alguien que va pasando de una a otra judicatura, o cuyo nombre es famoso en el Foro, no tengas envidia de él: esas cosas se adquieren a costa de la vida.

Séneca, *De la brevedad de la vida* 20.1

Cuando veas que otro ocupa un cargo, opón a esto el desembarazo de no tener necesidad de un cargo. Si ves que otro es rico, mira qué tienes tú en su lugar. Porque si en su lugar no tienes nada, eres un pobre infeliz; pero si en lugar de riquezas tienes el no necesitar riquezas, posees algo que es más de lo que él tiene, y mucho más valioso.

Epicteto, *Discursos* 4.9.1-2

Yo tengo compostura; él tiene poder. Él, rango de general; yo, respeto a mí mismo.

Epicteto, *Discursos* 4.3.9

Así pues, cada vez que oigamos a alguien decir que nuestros asuntos son intrascendentes y penosamente triviales porque no somos cónsules ni gobernadores, podemos replicar: «Nuestros asuntos son espléndidos y nuestra vida envidiable: no mendigamos, no llevamos cargas, no adulamos».

Plutarco, *Sobre la paz del alma* 10 (470f-471a)

Séneca utiliza aquí su don para las comparaciones visuales con el propósito de dar una imagen vívida del verdadero coste de algunas cosas que parecen gratuitas.

> Hagamos, pues, en todos nuestros asuntos lo que acostumbramos a hacer cuando entramos en la tienda de algún mercader; veamos cuánto vale lo que queremos adquirir. Frecuentemente sucede que pagamos muy caro lo que, al parecer, nada cuesta. Podría señalarte muchas cosas que nos han quitado la libertad después de haberlas adquirido o aceptado; aún seríamos dueños de nosotros mismos si no lo fuésemos de tales cosas.
>
> Séneca, *Epístolas morales* 42.8

> Supón que la Fortuna organiza unos juegos públicos y que arroja entre los espectadores riquezas, honores e influencias: una parte se despedaza entre las manos de los que se los disputan; otra se reparte de mala fe entre varios traidores asociados; otra les causa gran perjuicio a los que la reciben; otra cae sobre los que no pensaban en ella; alguna se escapa por el excesivo ardor en atraparla, y otra, en fin, se le escurre de las manos al que la había apresado con demasiada avidez. De todos los que han aprovechado el pillaje, ni uno solo se regocija por largo tiempo. De aquí procede que los más astutos, cuando ven llevar esta clase de presentes, abandonan el teatro, convencidos de que lo que vale poco suele costar algunas veces muy caro.
>
> Séneca, *Epístolas morales* 74.7

Una típica conclusión estoica:

> Si aprecias mucho la libertad, todo lo demás lo apreciarás poco.
>
> Séneca, *Epístolas morales* 104.34

He aquí, en palabras de Diógenes Laercio, una anécdota de Diógenes el Cínico relevante al tema (no hay relación entre ellos):

> Pasaba [Aristipo] en cierta ocasión por donde estaba Diógenes lavando unas verduras, y le dijo este: «Si hubieses aprendido a prepararte esta comida, no tendrías que ser esclavo de los tiranos». A lo que respondió Aristipo: «Y si tú supieras tratar con los hombres, no estarías lavando verduras».

> Diógenes Laercio, *Vidas, opiniones y sentencias de los filósofos más ilustres* 2.8.68

Quienes han citado posteriormente este fragmento con frecuencia han invertido el orden de la secuencia para darle un sabor más estoico: Aristipo se burla de Diógenes diciéndole que no tendría necesidad de alimentarse de lentejas si aprendiera a adular al rey, a lo que Diógenes responde que Aristipo no tendría necesidad de adular al rey si hubiera aprendido a alimentarse de lentejas.

Guillaume du Vair propuso una forma de expresar la cuestión que estamos tratando: antes de envidiar a otros, pregúntate si aceptarías la oferta de pagar lo que ellos pagaron para conseguir lo que tienen.

> Envidiamos a otros por su riqueza, su honor y sus privilegios; pero creo yo que, la mayoría de las veces, si alguien nos dijera: «Puedes tener lo mismo que ellos por el mismo precio», no lo querríamos. Porque para tener lo que ellos tienen, deberíamos adular, soportar insultos e injurias, deberíamos renunciar a nuestras libertades.

> Du Vair, *De la philosophie morale des Stoïques* (De la filosofía moral de los estoicos) (1585)

5. *Conocimiento de sí mismo; humildad.* Pasemos a otra familia de autoengaños: los que tienen que ver con nuestras propias cualidades. El estoicismo, como hemos visto hasta ahora, es una filosofía humilde. Empieza por el

reconocimiento sincero de nuestros defectos e insensatez. Para los estoicos, confesar nuestra debilidad no es debilidad; es el camino a la sabiduría.

> El principio de la filosofía –al menos para quienes llegan a ella como se debe y por la puerta principal– es darse cuenta de la propia debilidad e incapacidad en lo que respecta a las cosas más importantes.
>
> Epicteto, *Discursos* 2.11.1

Epicuro expresa la idea como máxima:

> El conocimiento del error es el principio de la enmienda.
>
> Epicuro, en Séneca, *Epístolas morales* 28.9

Séneca la convirtió en método: el yo enjuiciado por el yo.

> El que no sabe que ha obrado mal no puede corregirse; siendo necesario conocerse antes de poderse enmendar. Algunos se vanaglorian de sus vicios. ¿Crees que tienen posibilidad de enmendarse aquellos que los consideran virtudes? Por esta razón, te aconsejo que te reprendas y veles por ti mismo. Sé primero acusador tuyo, después juez, solo entonces abogado. Pide perdón alguna vez, y alguna vez también castígate.
>
> Séneca, *Epístolas morales* 28.9-10

Esta es la versión que presenta Johnson del procesamiento:

> El erudito, el juicioso y piadoso Boerhaave cuenta que, cada vez que veía pasar a un delincuente al que iban a ajusticiar, no podía por menos que preguntarse: «¿Quién sabe si ese hombre no será menos culpable que yo?». Esos días señalados en que las cárceles de esta ciudad se vacían y se manda a la tumba a sus moradores,

no estaría mal que cada espectador de la estremecedora procesión se hiciera de corazón la misma pregunta. [...] Porque, ¿quién puede congratularse de no haber cometido jamás en su vida algún acto más dañino para la paz o la prosperidad de su prójimo que el robo de unas monedas?

Johnson, *The Rambler* n. 114 (1751)

Herman Boerhaave (1668-1738) fue un científico y filósofo holandés al que a menudo se considera fundador de la medicina moderna.

6. *Amor propio.* Al franco propósito de autoexamen que acabamos de ver, los estoicos son conscientes de que se opone una fuerza compensatoria: el amor propio. Los seres humanos acostumbramos a sobrevalorarnos y a pasar por alto o justificar nuestros defectos.

Tenemos delante de los ojos los vicios ajenos, y a la espalda los nuestros.

Séneca, *De la ira* 2.28.8

Cada cual exagera la gravedad de la falta que comete su compañero, y trata de aligerar la suya.

Montaigne, *De la embriaguez* (1580)

Ninguna debilidad de la mente humana ha suscitado tanta animadversión como la negligencia con que pasamos por alto nuestras faltas, por flagrantes que sean, y la facilidad con que las disculpamos, por repetidas que sean.

Johnson, *The Rambler,* n. 155 (1751)

Estas tendencias suelen traducirse en distorsiones concretas con las que intentamos protegernos, como buscar excusas que nos dejen en buen lugar o culpar a otros o a las circunstancias.

Nadie cree ser avaro ni ambicioso. Los ciegos toman un guía; pero nosotros queremos marchar sin guía, diciendo: «Yo no soy ambicioso, pero es que no se puede vivir de otra manera en Roma. No soy derrochador, pero la ciudad obliga a hacer muchos gastos. No es culpa mía si soy iracundo y tengo una vida desarreglada; la juventud lo exige». ¿Por qué nos engañamos de esta manera? Nuestra dolencia no está fuera de nosotros, sino dentro, en el fondo de nuestro pecho; y la curación es mucho más difícil si ni siquiera sabemos que estamos enfermos.

Séneca, *Epístolas morales* 50.3-4

O no medirnos con el mismo rasero que medimos a otros.

«¿Por qué nos alteran, entonces, los agravios que nos inflige un enemigo?». Porque no los esperábamos o porque exceden a lo que esperamos. Esto es efecto de un excesivo amor propio: consideramos que debemos ser inviolables hasta para nuestros enemigos. Cada cual tiene en su interior pretensiones de rey: quiere ejercer sobre los demás autoridad absoluta, sin conceder a nadie autoridad sobre él.

Séneca, *De la ira* 2.31.3

Pongámonos en el lugar de aquel contra quien nos irritamos; desde ese punto de vista, vemos que nuestra ira proviene de una opinión injustificada de nosotros mismos, y no podemos soportar del otro lo que nosotros mismos quisiéramos hacer.

Séneca, *De la ira* 3.12.3

O rendirnos a los halagos.

El mayor obstáculo que encontramos es que si alguien nos dice lo buenos, prudentes y justos que somos, lo creemos enseguida y nos complacemos de nosotros mismos. No nos satisface una moderada alabanza; todo lo que nos ofrece la adulación más desvergonzada lo recibimos como si lo mereciésemos. Damos la razón a quien asegura que somos bondadosos y sabios, aunque sepamos que es alguien dado a mentir.

Séneca, *Epístolas morales* 59.11

Tan infaliblemente como el gato se pone a maullar cuando se le acaricia el lomo, así se ve reflejarse un dulce éxtasis en el semblante del hombre a quien se elogia, especialmente cuando el elogio cae en el dominio de sus pretensiones y aun cuando sea una mentira palpable.

Schopenhauer, *Sobre la sabiduría del vivir* (1851)

O la obstinación en mantener viva la tendencia:

¿Por qué nadie confiesa sus defectos? Porque aún lo dominan. Es necesario estar despierto para contar los sueños, y es señal de una mente sana confesar sus faltas.

Séneca, *Epístolas morales* 53.8

Montaigne hizo una observación similar sobre por qué tenemos tal dificultad para captar nuestros errores de juicio: nuestras capacidades limitadas nos impiden percibir nuestras limitadas capacidades.

Suele decirse que el entendimiento es el don que la naturaleza ha repartido más equitativamente, pues no hay nadie que esté insatisfecho con la parte que le ha tocado. ¿No constituye esta circunstancia una razón fundamental? Porque quien viera más allá de esto vería más allá de su vista. Yo creo que mis opiniones son buenas y acertadas, pero ¿quién no cree lo mismo de las suyas?

Montaigne, *Ensayos* II, *De la presunción* (1580)

Los descendientes de los estoicos han aportado algunas teorías más para explicar el que nos cueste tanto percibir con transparencia nuestros defectos. Otra teoría de Montaigne es que nos vemos de la misma forma idealizada en que alguien ve a la persona de quien se enamora.

> Hay otra clase de orgullo, que es la opinión excesivamente favorable que nos hacemos de nuestra valía. Es un afecto desmedido hacia nosotros mismos que nos hace idolatrarnos, pues nos representa diferentes a nuestros ojos de lo que realmente somos, así como el amor apasionado presta gracias y bellezas al objeto que abraza y hace que los enamorados, por tener el juicio trastornado y confuso, encuentren lo que aman diferente y más perfecto de lo que es.

> Montaigne, *Ensayos* II, *De la presunción* (1580)

Johnson sugirió que la causa es un mecanismo diferente: que las cosas que sabemos de nosotros imaginamos que los demás no las ven.

> El amor propio es a menudo más arrogante que ciego; no es que a nosotros mismos nos oculte nuestros defectos, sino que nos convence de que los demás no se dan cuenta de ellos, y nos dispone a indignarnos por las censuras, no vaya nadie a pensar que son acertadas. En secreto somos conscientes de nuestras faltas y vicios, pero confiamos en que sabemos ocultarlos a la mirada pública, y así nos complacemos con innumerables imposturas, que en realidad no engañan a nadie.

> Johnson, *The Rambler* n. 155 (1751)

También Smith tenía su propia opinión sobre el tema: conocerse a sí mismo es insoportablemente doloroso, así que miramos a otro lado.

> Es tan desagradable pensar mal de nosotros mismos que solemos apartar la vista de aquellos detalles que podrían inclinar

hacia lo desfavorable la opinión que tenemos de nosotros. Así como se dice que es un cirujano audaz aquel a quien no le tiembla la mano cuando realiza una operación en su propia persona, igual de audaz es aquel que no vacila en descorrer el misterioso velo del autoengaño, que le evita ver las deformidades de su propia conducta. [...] Este autoengaño, esta fatal debilidad que nos aflige, es el origen de la mitad de los desórdenes de la vida humana. Si nos viéramos como nos ven los demás, o como nos verían si lo supieran todo, sería en general ineludible reformarnos, pues de lo contrario no podríamos soportar la visión.

Smith, *Teoría de los sentimientos morales* 3.4.6 (1759)

7. *Proyecciones.* Un exagerado amor propio suele ir acompañado de gran susceptibilidad, es decir, de una marcada tendencia a percibir como una ofensa las palabras de otros y a encontrar defectos en ellos. Los estoicos tienen particular interés en esto último: la propensión a condenar a otros por conductas que, en el mejor de los casos, no son más censurables que algunas de las nuestras. Es tan simple, a veces, como criticar a alguien sin reflexionar sobre qué defectos similares hay en nosotros. Si no hacemos las cosas que ellos hacen, deberíamos admitir al menos que tenemos capacidad para hacerlas o que hacemos otras igual de malas o peores.

Cada vez que te ofendas por el juicio equivocado que alguien ha hecho de ti, reflexiona de inmediato qué error semejante cometes tú; por ejemplo, considerar que son bienes verdaderos las riquezas, el placer, la gloria mundana y otras cosas de este estilo. Porque si ves esto, olvidarás de inmediato tu ira, al darte cuenta de que el otro no ha actuado así deliberadamente. Dada su condición, ¿qué otra cosa podía hacer?

Marco Aurelio, *Meditaciones* 10.30

Quien recuerde cuántas veces ha estado expuesto a falsas sospechas, cuántos favores le ha otorgado la Fortuna bajo apariencias de daño, a cuántas personas ha amado después de haberlas odiado, no se irritará tan precipitadamente, sobre todo si a cada cosa que le ofende se dice en silencio: «Yo también he hecho lo mismo». Pero ¿dónde encontrarás un juez tan equitativo?

Séneca, *De la ira* 2.28.6

«Aquel me ha ofendido; todavía no le he devuelto la ofensa». Pero tal vez habrás ofendido ya a otro o lo ofenderás. No te juzgues por una hora o un día; considera la disposición habitual de tu ánimo: aunque no hayas hecho ningún mal, eres capaz de hacerlo.

Séneca, *De la ira* 3.26.5

A veces el problema es más insidioso. No es solo que critiquemos a los demás sin reflexionar sobre nuestras propias faltas; es que vemos en los demás precisamente lo que más nos incomoda de nosotros. En una palabra, utilizamos la proyección.

Quien más inflexiblemente exige lealtad es el traidor; el castigador más estricto de la falsedad es el perjuro, y el abogado sin escrúpulos se ofende profundamente si alguien presenta una acusación contra él.

Séneca, *De la ira* 2.28.7

Todos somos inconsiderados e imprevisores, irresolutos, susceptibles y ambiciosos –¿por qué ocultar con palabras suaves la llaga universal?–: todos somos malos. Así pues, cada cual encuentra en su propio corazón aquello mismo que reprende en otro. La epidemia está en todos. [...] Seamos, pues, más tolerantes recíprocamente: malos, vivimos entre malos. Una sola cosa puede devolvernos la tranquilidad, y es el acuerdo de tolerancia mutua.

Séneca, De la ira 3.26.4

Plutarco:

La pobreza de pensamiento, la vacuidad de las frases, el porte insultante, el exceso de entusiasmo combinado con un vulgar deleite en el elogio, y cosas por el estilo, se nos hacen más evidentes en otros cuando escuchamos que en nosotros mismos cuando hablamos. Así que deberíamos aplicarnos la misma inspección atenta que hacemos de los demás, y observar si inconscientemente cometemos tales errores. [...] Nadie debería perder la ocasión de repetirse a sí mismo, cada vez que observa las faltas de los demás, aquella frase de Platón: «¿No seré yo igual que ellos?».

Plutarco, Sobre cómo se debe escuchar 6 (40c-40d)

Montaigne describe este tipo de proyección como «el error más universal y común que comete la humanidad». Y continúa:

Cien veces al día nos burlamos de nosotros al burlarnos de nuestro vecino y aborrecemos en los demás aquellos defectos que más manifiestamente residen en nosotros; nos pasmamos de ellos con maravillosa inadvertencia y cinismo.

Montaigne, Ensayos III, Sobre el arte de conversar (1580)

Todos los días y a todas horas decimos cosas de los demás que sería más acertado decir de nosotros mismos; si supiéramos, claro está, observarnos con la misma atención y meticulosidad que los observamos a ellos.

Montaigne, Ensayos II, De la embriaguez (1580)

De nuevo, Johnson expuso su idea sobre el origen de este hábito: a veces sospechamos de los demás precisamente porque merecemos que se sospeche de nosotros y suponemos que los demás son iguales.

> El único modo de formarnos una opinión de lo que no conocemos es comparándolo con lo que conocemos; por consiguiente, quien sospecha de todo y en cada propuesta detecta artificios y estratagemas debe haber aprendido, por experiencia u observación, la malevolencia de la humanidad; o bien evita el fraude por haber sufrido o visto a menudo la traición, o bien deriva su juicio de la conciencia de su propia disposición e imputa a otros las mismas inclinaciones que siente predominar en sí mismo.
>
> Johnson, *The Rambler* n. 79 (1750)

Schopenhauer pensaba que nos cuesta ver nuestros vicios porque vivimos sumidos en ellos. Las críticas que hacemos de los demás tienen un lado bueno, por tanto, y es que nos ofrecen un inesperado vislumbre de lo más feo que llevamos dentro.

> Del mismo modo que se lleva el peso del propio cuerpo sin sentirlo, pero se siente el peso de cualquier cuerpo extraño que uno quiera mover, asimismo solo se notan los defectos y los vicios de los demás y no los propios. Cada cual posee en otro un espejo en el cual puede ver con claridad sus propios vicios, sus defectos, sus modales groseros y repugnantes. Pero hace, comúnmente, como el perro que ladra al espejo porque no sabe que es a sí mismo a quien ve allí, y no a otro perro, como imagina.
>
> Schopenhauer, *El arte de conocerse a sí mismo* (1851)

Capítulo nueve

LA EMOCIÓN

Hoy en día, la palabra *estoicismo* tiene para mucha gente la connotación de «insensibilidad». Sin embargo, a veces los estoicos no solo acogen con gusto los sentimientos, sino que los buscan. He aquí dos pasajes que volveremos a encontrar en el capítulo once:

> Esta es la primera promesa que nos hace la filosofía: compañerismo, humanidad, sociabilidad.
>
> Séneca, *Epístolas morales* 5.4

> No debo ser insensible como una estatua; debo atender todas las relaciones, naturales y adquiridas, como hombre piadoso, como hermano, como hijo, como padre y como ciudadano.
>
> Epicteto, *Discursos* 3.2.4

O recordemos la exhortación de Séneca que hemos leído al final del capítulo cuatro: «Apresúrate a gozar de tus hijos y, recíprocamente, haz que ellos gocen de ti; apura sin dilación toda tu felicidad». No son las palabras de alguien que sea hostil a los sentimientos. Lo que sí se proponen los estoicos es evitar ciertas variedades de sentimientos, en especial aquellos que se desbocan y adoptan la forma de lo que podríamos llamar emoción. ¿Cuáles son, entonces, los sentimientos que estos filósofos aceptan y qué intensidad de sentimiento les parece excesiva?

En consonancia con la orientación de este libro, se pueden formular algunas respuestas básicas sin necesidad de relatar todo el aparato teórico que desarrollaron los romanos y, sobre todo, los griegos. En primer lugar, conviene puntualizar que los estoicos no son contrarios a los sentimientos o las emociones (volveremos a esta distinción dentro de un momento), sino partidarios de ver el mundo como es, de vivir ateniéndose a la razón y de evitar el apego a las cosas externas. Por tanto, los sentimientos y las emociones –cualquier estado interior– son inaceptables en la medida en que interfieran en esos objetivos. Y es algo que a veces ocurre: si alguien está furioso, probablemente no sea capaz de juzgar con claridad, y tal vez el origen de la furia esté en un apego improcedente. El sentimiento al que Séneca nos exhorta en esa cita es distinto, porque no desbanca a la razón y no es ilusorio ni implica el apego a algo externo. Estos son los criterios más seguros para saber si un sentimiento excede lo que el estoico vería con buenos ojos: ¿la felicidad de quien lo siente ha acabado dependiendo del objeto hacia el que va dirigido el sentimiento o del sujeto que lo despierta? ¿El sentimiento le nubla la razón y le hace tener una percepción distorsionada de las cosas? Si podemos dar una respuesta negativa a estas preguntas, no hay motivo para que, desde el punto de vista estoico, menospreciemos un estado afectivo o un sentimiento.

Es una ayuda referirnos con palabras simples a uno y otro tipo de movimientos del ánimo, a fin de poder diferenciar con claridad entre un estado de agitación interior que implica apego a lo externo, o que amenaza la supremacía de la razón, y un estado exento de esas propiedades. No disponemos en nuestro idioma de términos que definan inequívocamente esa diferencia. Por razones prácticas, me referiré en ocasiones al primer estado como «emoción» y al segundo como «(mero) sentimiento». Sé que hay definiciones modernas de estos dos términos a las que no se ajusta el uso que haré de ellos en estas páginas. No pretendo contradecirlas ni crear confusión al respecto. Estos dos términos se utilizan aquí solo como marcadores de posición aproximados para establecer a nivel práctico la diferencia que se acaba de explicar y que es importante para los estoicos.

En lo que se refiere a las manifestaciones del ánimo, veremos también que los estoicos, al menos los tardíos (este capítulo le pertenece casi por entero a Séneca), son más realistas de lo que a veces sugiere su reputación. Séneca no censura los arranques de sentimiento –las lágrimas, los temblores, el deseo– mientras la razón sea capaz de controlarlos; considera que son impulsos físicos. Acepta igualmente que sentir dolor tras perder a un ser querido es inevitable; descarta cualquier duda al respecto con la misma rapidez que lo haría alguien que no fuera estoico. A su entender, lo único que el estoico pretende es no empeorar el dolor natural hablándonos a nosotros mismos sobre él de un modo que en nada nos ayuda y que responde en buena medida a lo que mandan las convenciones. Son consejos simplemente humanos. Si por su causa hay quienes consideran a Séneca insuficientemente puro como estoico, contentémonos con la filosofía en su forma impura.

Una sección del capítulo trece profundiza más en estos temas. Viene a decir que el estoico trata de responder a los acontecimientos como sería de esperar que lo hiciera alguien que repetidamente los haya experimentado; es decir, como reaccionaríamos frente a una situación en la que nos hemos encontrado ya mil veces. No tiene por qué ser con insensibilidad o indiferencia, pero tampoco, probablemente, con excesiva emocionalidad. Es la postura del veterano.

Este capítulo comienza con un análisis de las emociones en general y luego se centra en tres de ellas en particular: el miedo, la ira y la aflicción. El estoicismo propone formas de hacer frente a las tres, y esos métodos pueden aplicarse con facilidad a emociones de otro tipo.

1. *Lo inevitable.* A veces se caricaturiza al estoico como alguien que le niega un lugar a la emoción en la experiencia humana. Por tanto, podríamos empezar mostrando qué lugar le concede Séneca. De entrada, habla de algunas reacciones involuntarias que no pueden evitarse.

> Hay cosas, querido Lucilio, que el coraje no puede impedir, ya que este es el medio por el que la naturaleza recuerda al sabio su mortalidad. Así es que lo verás fruncir el ceño ante las cosas tristes, estremecerse ante los accidentes imprevistos, y turbarse cuando desde una escarpada altura contempla el abismo. No es el miedo la causa de todo esto, sino una disposición natural que no puede corregir la razón.
>
> Séneca, *Epístolas morales* 57.4

No hay sabiduría que pueda librarnos de los defectos naturales del cuerpo y del espíritu: el arte suavizará, pero no destruirá lo que está fijo y es innato. Hay hombres muy resueltos que no podrían hablar en público sin empezar a sudar como si estuviesen ya cansados y acalorados; a otros les tiemblan las rodillas en cuanto abren la boca, y a algunos les castañetean los dientes, se les traba la lengua y les tiemblan los labios. Nadie se corrige de esto por la costumbre ni por la experiencia; la naturaleza quiere dar a conocer su poder, y recuerda a los más robustos aquello que tienen más débil.

Séneca, Epístolas morales 11.1-2

Tampoco entienden los estoicos que el alma de su sabio pueda resistir a las primeras visiones y fantasías que la asaltan. Por el contrario, admiten que, como si se tratara de una condición natural, se sobrecoja hasta la palidez y la contracción ante el retumbar del cielo, por ejemplo, o de un edificio que se derrumba; y lo mismo ante las demás pasiones, siempre y cuando su juicio permanezca entero y sano, y la sede de su razón se mantenga intacta, sin alteración alguna, y no ceda al terror y el sufrimiento.

Montaigne, Ensayos I, De la firmeza (1580)

Séneca reconoce también que a veces nos invaden sentimientos de gran magnitud cuya presencia es independiente de lo que pensemos sobre ellos. El pesar por la muerte de un ser querido es así, y volveremos a hablar de esta clase de aflicción más adelante en este capítulo. Pero el objetivo básico del estoico es que esas reacciones no empeoren por la forma en que pensamos sobre ellas o por la forma en que otros nos incitan a pensar.

Te pido solamente que cuando estés con amigos que quieran convencerte de lo triste que es tu situación, reflexiones no sobre lo que oyes, sino sobre lo que tú sientes.

Séneca, Epístolas morales 13.6

¡Cómo! ¿Te he aconsejado yo que seas insensible, que te mantengas erguido en los funerales sin permitir que tu ánimo se contraiga? De ninguna manera. No sería virtuoso sino inhumano ver llevar a la tumba a los tuyos –con los mismos ojos que los contemplaron con vida– y no conmoverte al ver destruida tu familia. Pero aunque te lo prohibiese, hay cosas que existen por sí mismas: las lágrimas caen aunque se las quiera contener, y alivian al pecho oprimido. ¿Qué hacer, entonces? Permitamos que caigan, pero no las provoquemos: que corran cuanto exija la aflicción, pero no cuanto mande la costumbre. No debe añadirse nada a la tristeza, ni debe aumentarse con el ejemplo ajeno.

Séneca, Epístolas morales 99.15-16

El estoicismo ofrece clasificaciones que describen el desarrollo de una emoción, y puede ser difícil entenderlas con claridad. No obstante, lo que a nivel práctico importa de verdad que entendamos es el objetivo esencial de los estoicos: hacer de la razón el fundamento para nuestras decisiones y acciones, para vivir con un sentido de equilibrio y para mantener el desapego hacia lo externo.

No debe llamarse emoción a ninguna de las impresiones fortuitas que conmueven el ánimo [...] La emoción consiste no en conmoverse por la apariencia de las cosas externas, sino en abandonarse a ella y dar continuidad a eso que era una sensación accidental. Se engaña quien cree que la palidez, las lágrimas, la excitación sexual, un suspiro profundo, el repentino brillo de los ojos o cualquier otra expresión parecida son indicios de pasión o manifestaciones del ánimo, sin comprender que no pasan de ser impulsos corporales. [...] Alguien se siente ofendido, quiere vengarse, pero una causa cualquiera lo disuade, y en el acto se detiene. A esto no lo llamo ira, sino movimiento del ánimo que obedece a la razón. Ira es lo que sobrepasa a la razón y la arrastra con ella.

Séneca, De la ira 2.3.1-2, 4

2. *El miedo.* Vamos a centrarnos en emociones concretas y a tratar el miedo como una de ellas. Se ajusta a la definición de este capítulo, ya que es un estado de ánimo que a veces interfiere en la razón y la capacidad de juzgar acertadamente. La técnica estoica ya la conocemos: identificar el desatino de un determinado estado mental o reacción ante el mundo y, después, encontrar métodos racionales para reformarlo. El inconveniente añadido que presenta el miedo es que, de entrada, multiplica nuestros problemas. Si tememos que algo vaya a ser malo el día que llegue, duplicamos sus efectos al traerlos al presente. ¿Por qué sufrir dos veces?

> Aquellos que, en su insensatez, temen alguna desgracia están igual de atormentados mientras la esperan que si ya hubiese sobrevenido: el temor les hace sufrir de antemano lo que están temiendo sufrir. [...] ¿Qué hay más insensato que atormentarse por el porvenir y, en lugar de guardar la energía para cuando lleguen las desgracias, acercárselas uno en vez de alejarlas, en caso de que librarse por completo de ellas no sea posible?
>
> Séneca, *Epístolas morales* 74.32-34

Pero eso no es todo: el miedo hace más que adelantar las desgracias; tiende a magnificarlas.

> Existen muchas más cosas, querido Lucilio, que nos causan miedo que cosas que nos hacen daño, y muchas veces sufrimos más en la imaginación que en la realidad. [...] Agrandamos nuestro sufrimiento, o lo inventamos, o nos adelantamos a él.
>
> Séneca, *Epístolas morales* 13.4-5

Además de obligarnos a soportar dos veces, o muchas, lo que podríamos haber soportado una sola, el miedo nos impide disfrutar el presente. El dolor que pueda causarnos lo que está por venir aún no existe, así que solo podemos sentirlo si nos lo imponemos dándole vida en nuestra imaginación.

Entretanto, como decía en el capítulo anterior, lo que *sí existe* en este momento probablemente es soportable.

> La mente que se inquieta por el futuro es desgraciada antes de que la desgracia llegue. Temiendo que la vida le arrebate las cosas que le dan placer, nunca gozará de reposo, pues el temor del mal futuro le hará perder el goce del bien presente. Igual de penoso es temer la pérdida de una cosa que sufrir por haberla perdido.
>
> Séneca, *Epístolas morales* 98.6

> Los males pasados nos producen tristeza, pero el pasado está igual de ausente que el futuro; ni el uno ni el otro lo sentimos, ¿y cómo puede haber dolor allí donde no hay sentimiento?
>
> Séneca, *Epístolas morales* 74.34

Asimismo, el miedo empeora el momento actual provocándonos pensamientos y comportamientos absurdos y cobardes.

> Entonces hacemos como los ciervos. Cuando se asustan de los espantajos que agitan ante ellos los cazadores, ¿hacia dónde huyen, cuál eligen como lugar seguro donde resguardarse?: las redes. Mueren por haber confundido lo que debería haberles infundido temor con lo que hubieran podido considerar inofensivo.
>
> Epicteto, *Discursos* 2.1.8

Montaigne relata una larga serie de catástrofes similares en las que se vieron envueltas personas a las que el miedo llevó al error y a la desgracia. Su conclusión:

> Nada me da tanto miedo como el miedo.
>
> Montaigne, *Ensayos* I, *Del miedo* (1580)

Por último, el miedo y otras emociones tienden a acrecentarse una vez que se activan. Por eso Séneca duda que en verdad se puedan consentir con moderación las emociones.

> Si la razón domina, las emociones no arraigarán; mientras que si arraigan a pesar de la razón, a pesar de ella continuarán existiendo. Es más fácil impedirles nacer que impedirles crecer una vez que se hacen fuertes. Por consiguiente, es falsa e inútil la «moderación» en las pasiones: ha de considerarse de la misma manera que si alguien nos recomendara estar moderadamente locos o moderadamente enfermos.

> Séneca, *Epístolas morales* 85.9

Por todas estas razones, el estoicismo considera que el miedo es semejante a una enfermedad o una forma de esclavitud. Vencerlo es una gran prioridad para el filósofo.

> La mayor parte de los seres humanos se mortifican y agitan aunque no los amenace mal alguno y no haya indicios de que algo malo les vaya a suceder.

> Séneca, *Epístolas morales* 13.13

> Nadie que esté asustado, afligido o desasosegado es libre. Quien se aparte de las aflicciones, los temores y los desasosiegos, por la misma vía se libera de la esclavitud.

> Epicteto, *Discursos* 2.1.24

3. *Antídotos contra el miedo; el análisis racional.* Desde el punto de vista estoico, los miedos son opiniones sobre lo que está por venir. Esas opiniones se reducen a una serie de imaginaciones en las que la persona temerosa se obliga a creer, incluso aunque no sean conscientes o no pueda ponerlas en palabras: la creencia de que va a ocurrir algo concreto, que va a ser terrible y que lo

justo es inquietarse por ello ahora. Los estoicos consideran que la mayoría de las proposiciones de esta clase provienen de un error de juicio, y su forma de derrotar al miedo es por tanto desmantelarlas. En primer lugar, debemos examinar con mucha atención aquello que nos da miedo, y después verificar escrupulosamente si nuestro temor es realista o no.

> Considera primeramente si existen conjeturas infalibles de que algo malo está a punto de llegar; porque con frecuencia nos asaltan sospechas y nos engañan falsos rumores, que a veces pierden a los ejércitos y con mayor razón a los particulares. [...] Instantáneamente nos rendimos a la opinión sin examinar siquiera las cosas que nos hacen temer; temblamos y volvemos la espalda como los soldados que abandonan el campamento aterrados por el polvo que levanta una estampida de ganado, o por una noticia falsa que se difunde sin que se sepa su autor. No sé por qué asustan más las cosas falsas que las verdaderas, a no ser porque estas tienen su medida y su ser determinados, y las inciertas dependen de nuestra imaginación, que quita o añade según le parece.
>
> Séneca, *Epístolas morales* 13.8

Y si la indagación racional no disuelve los temores, podemos ajustar nuestra intervención hasta que lo haga; Séneca nos invita a amañar la competición, si no hay más remedio. En realidad no es tan grave, porque el adversario tampoco juega limpio. Desde el punto de vista de la filosofía, puede ser, como en otros casos, una medida cuestionable, pero es una estrategia efectiva desde el punto de vista de la psicología.

> Sopesa, pues, tu temor y tu esperanza; y cuando todo sea incierto, cree lo que mejor te parezca. Si tienes más motivos para temer, inclínate sin embargo al otro lado y deja de atormentarte.
>
> Séneca, *Epístolas morales* 13.13

4. *No sufras por problemas que no tienes*. Otro argumento con el que derrotar al miedo es que eso que tememos podría no ocurrir. No solemos tener lo bastante en cuenta esta posibilidad. Y puesto que es posible que no ocurra, ¿qué sentido tiene que nos angustiemos por ello? En este caso, no es solo que el miedo nos haga sufrir dos veces en lugar de una, sino que nos hace sufrir cuando hubiéramos podido no sufrir en absoluto.

> No padezcas prematuramente, porque lo que temes como muy cercano tal vez no llegará jamás; y por lo menos es cierto que no ha llegado aún. Existen cosas que nos atormentan más de lo que deben, y otras que nos atormentan sin que deban atormentarnos.

> Séneca, *Epístolas morales* 13.4-5

> Es verosímil que suceda algo malo en el futuro, pero eso no significa que en verdad vaya a suceder. ¿Cuántas cosas que no se esperaban han sucedido y cuántas que se esperaban no han llegado a pasar? [...] Muchas cosas pueden sobrevenir que detendrán o apartarán el peligro que se aproxima. Se ha visto a gente salvarse de un incendio y a gente caer con suavidad al derrumbarse el edificio. ¿No se ha visto también a veces una espada separarse del cuello que iba a herir y al condenado sobrevivir a su verdugo? La fortuna adversa es tan caprichosa como la favorable. Quizá ocurrirá, quizá no ocurrirá; y entretanto, no es nada.

> Séneca, *Epístolas morales* 13.10, 11

Cuando Séneca insistió en este razonamiento, dijo que no hablaba como estoico. Aunque la conclusión encaja sin problema en su línea de pensamiento habitual, es una de las proposiciones de este libro que quizá la mente purista considere más bien la enseñanza de un estoico que una enseñanza estoica.

> Los únicos males futuros que deben, con razón, alarmarnos son aquellos cuya llegada y cuyo momento son seguros. Pero hay

muy pocos que cumplan estas condiciones, porque los males son de dos clases: o bien simplemente posibles –o a lo sumo verosímiles–, o bien ciertos, pero es dudosa la época de su llegada. Si nos preocupamos de ambas clases de desgracias, no tendremos ya un momento de reposo. Por consiguiente, a fin de no perder la tranquilidad de nuestra vida por males cuya existencia o cuya época son inciertas, debemos habituarnos a considerar, los unos, como si nunca tuviesen por qué suceder, y los otros, como si no tuviesen por qué suceder con seguridad de inmediato.

Schopenhauer, *El arte de conocerse a sí mismo* (1851)

5. Y si ocurre, ¿qué? Supongamos que, finalmente, tus temores acaban haciéndose realidad. Quién sabe, puede que, miradas con realismo, las cosas no sean tan terribles después de todo, o que determinar cuáles serán sus consecuencias últimas sea más difícil de lo que parece. En cualquier caso, les harás frente valiéndote de los mismos recursos que te permiten afrontar lo que está aquí ahora.

Voy a llevarte a la tranquilidad por otro camino: si quieres desechar toda inquietud, haz como si hubiera ocurrido todo lo que temes que pueda ocurrir. Sea cual sea el mal, mídelo en tu mente y estima la magnitud del dolor que te causa. Entonces verás claramente que, o no es grande, o no durará mucho aquello que temes.

Séneca, *Epístolas morales* 24.2

Si alguien dice: «Quizá no sucederá lo peor», di tú: «Y si sucede, ¿qué? Veremos si se realiza; tal vez sea en beneficio mío, y en ese caso mi muerte honrará mi vida». La cicuta hizo grande a Sócrates; si quitas a Catón el puñal que le conservó la libertad, le cercenarás considerable parte de su gloria.

Séneca, *Epístolas morales* 13.14

Analizaremos con detalle este tema –el de cómo las cosas que tememos resultan ser a veces lo más conveniente– en la sección 8 del capítulo diez.

> Que no te perturbe lo que vendrá después, porque, si fuese necesario, saldrás a su encuentro armado de la misma razón que ahora empleas cuando te ocupas de las cosas presentes.
>
> Marco Aurelio, *Meditaciones* 7.8

6. *La ira.* Esta es la pasión que Séneca trata más extensamente. Aquí nos habla sobre sus peligros y sus costes:

> Si consideras los efectos y estragos que ha causado la ira, verás que ninguna calamidad ha sido más costosa para el género humano. Verás los asesinatos y envenenamientos, las acusaciones mutuas entre cómplices, la desolación de ciudades, la ruina de naciones enteras y las cabezas de sus jefes vendidas al mejor postor; verás las antorchas incendiar las casas, las llamas franquear los recintos amurallados, y vastas extensiones del país brillar con las hogueras enemigas.
>
> Séneca, *De la ira* 1.2.1

> La razón quiere decidir qué es justo; la ira quiere que se tome por justo lo que ella decide. La razón solamente considera el objeto en litigio; a la ira la mueven circunstancias triviales y ajenas a la causa. Un semblante tranquilo, un tono de voz firme, un discurso no convencional, un traje pulcro, un imponente cortejo, el favor popular: todo esto exaspera a la ira cuando lo ve. Frecuentemente, por odio al defensor, condenará al acusado; hasta cuando se le pone la verdad delante de los ojos, ama y protege la mentira; no quiere que se la convenza, y considera más honroso persistir en el error emprendido que soportar la penitencia.
>
> Séneca, *De la ira* 1.18.2

El exceso de cólera engendra enloquecimiento. Es, pues, indispensable evitarla, no solo en nombre de la moderación, sino de la cordura.

Séneca, *Epístolas morales* 18.15

Es posible que la cólera fuera de especial interés para Séneca porque se exhibía con profusión en aquella época su potencial destructivo. Escribe, por ejemplo, sobre la ira de Vedio Polión, que, cuando perdía los nervios con sus esclavos, se los daba de comer a sus lampreas (una especie de pez dentado parecido a la anguila, que les chupa la sangre a sus presas y que en Roma se consideraba un manjar; quizá recuerdes que se mencionó de pasada en el capítulo cinco). El emperador Augusto estaba invitado en casa de Vedio un día en que este ordenó matar así a uno de sus esclavos por haber roto una copa de cristal. Según Séneca, Augusto ordenó que se le perdonara la vida al esclavo y que se rompieran delante de él todas las demás copas que había en la casa. Séneca, si estuviera aquí para hacerlo, podría citar esa reducción de la importancia que se concede a un incidente como una prueba más de que el alcance y la expresión de nuestra ira dependen de nosotros.

7. *La ira como opinión.* La ira es, de hecho, un buen ejemplo del papel determinante que tiene la opinión o el juicio en que se forme una emoción. Aunque la ira puede cobrar vida propia, comienza y se sustenta en la idea o creencia que tenemos del sujeto que nos la provoca. Podemos comprobarlo fácilmente pensando en cualquier caso real de ira y observando cómo la emoción tiende a cambiar, o desaparece, si se descubre que la creencia a la que respondía era errónea. Crees, por ejemplo, que un objeto tuyo ha sufrido daños por negligencia de alguien, y resulta que el objeto no era tuyo sino del otro. O creías que alguien había hecho algo a propósito para perjudicarte, y descubres que fue un error inocente. Las emociones siguen a los hechos, o más bien a lo que pensamos sobre los hechos. El estoico sostiene que todos los casos de ira son susceptibles de este tipo de análisis. Aun en el caso de que los detalles en que se basa el enfado no sean erróneos en el sentido que se acaba de describir, los estoicos aseguran que, necesariamente, el enfado ha de depender entonces de

alguna otra creencia equivocada, como, por ejemplo, de que merece la pena enfadarse por el asunto.

> No hay duda de que la sola impresión de que nos han ofendido subleva la ira. Pero ¿ocurre en el acto?, ¿se lanza de inmediato la ira sin intervención de la mente o lo hace solo si la mente coopera? Esto es lo que investigamos. Por nuestra parte, sostenemos que nada intenta por sí misma y sin aprobación de la mente. Porque apreciar la aparición de la injuria, desear la venganza y reunir estas dos ideas –que no debemos ser ofendidos y que debe castigarse la ofensa– no es propio del impulso que obra en nosotros sin intervención de la voluntad.
>
> Séneca, *De la ira* 2.1.3

Así que un primer remedio estoico para la ira y otros problemas similares –esto nos lleva de vuelta al capítulo uno– es reconocerla como una opinión y soltarla.

> Aun así, te indignas, te disgustas, y no ves que en todo ello no existe otro mal que tu indignación y disgusto.
>
> Séneca, *Epístolas morales* 96.1

> Nada hay molesto si lo recibimos con ligereza, y nada tiene por qué irritarnos si no le añadimos nuestra propia irritación.
>
> Séneca, *Epístolas morales* 123.1

> No es lo que hacen los demás lo que nos molesta (pues esos actos dependen de su propio control y razonamiento), sino nuestras opiniones sobre lo que hacen. Elimina esas opiniones –desecha tu juicio de que se trata de una cosa grave– y tu ira desaparecerá también.
>
> Marco Aurelio, *Meditaciones* 11.18

8. *El sentido del humor.* Pero como hemos visto en varios temas anteriores, los estoicos entienden que no siempre es posible deshacerse así de las perturbaciones internas. De modo que el planteamiento aquí es similar al que veíamos en la sección 8 del capítulo siete (sobre cómo actuar frente a los insultos, un tema estrechamente relacionado con el que nos ocupa): además de recomendarnos que tratemos la ira como una opinión que se ha de abandonar, los estoicos nos ofrecen otros remedios, formas de redirigir la mente y sustituir las ideas inútiles por otras más beneficiosas. Una de esas respuestas es quitarle importancia al motivo de la ira. Un estoico necesita tener sentido del humor.

> Debemos, pues, predisponernos a que todos los vicios de la multitud nos parezcan no odiosos, sino ridículos, y hemos de imitar más a Demócrito que a Heráclito. Porque este, siempre que salía en público, lloraba; aquel reía. Todo cuanto hacemos, al uno le parecían desgracias; al otro, necedades. Hemos de aligerar, pues, todas las cosas y soportarlas con ánimo fácil; es más humano mofarse de la vida que llorarla.
>
> Séneca, *De la tranquilidad del ánimo* 15.2

Demócrito y Heráclito fueron dos filósofos griegos presocráticos. Heráclito murió a principios del siglo v a. C. y Demócrito nació poco después. A Demócrito llegó a conocérselo como «el filósofo que ríe», por su facilidad para encontrar el lado cómico de todas las cosas, y a Heráclito como «el filósofo que llora», por su visión más tétrica de la vida. Todo indica que emparejarlos de este modo fue idea de Socíón, uno de los maestros de Séneca desde la infancia, al que ya hemos conocido brevemente.

Conviene dejar claro que el estoicismo no defiende la risa a costa de los demás.

> Es mejor tomar plácidamente las costumbres públicas sin caer ni en la risa ni en las lágrimas; porque atormentarse por los males ajenos es una eterna desdicha, y regocijarnos con ellos un placer inhumano.
>
> Séneca, *De la tranquilidad del ánimo* 15.5

Es el buen humor a costa de uno mismo, y sobre las afrentas que uno recibe, lo que el estoico aconseja sin reservas. Tomarnos a nosotros mismos con humor desarma al oponente y nos convierte en un objetivo menos atrayente para sus ataques (recuerda lo que se decía en la sección 11 del capítulo siete). Los estoicos reconocen otras ventajas del sentido del humor, como que quien le encuentra el lado jocoso a una injuria se coloca por encima de ella y reduce al atacante. Pero, sobre todo, y lo que más nos interesa, es que el humor puede disolver la ira.

> Pongamos los ojos en el ejemplo de aquellos cuya tolerancia alabamos, como el de Sócrates, que se tomaba con humor las burlas que en las comedias se hacían a costa suya, y se reía de ellas no menos que cuando su esposa, Jantipa, lo roció con agua sucia; y el de Ifícrates, que cuando se le objetó que su madre era bárbara, pues había nacido en la Tracia, respondió que también la madre de los dioses era del monte Ida [en Creta].
>
> Séneca, *De la constancia del sabio* 18.6

> Por todos los medios debe restringirse la ira, y la mayoría de las veces pueden convertirse las cosas en risa y broma. Se cuenta que Sócrates, un día que inesperadamente recibió un golpe en la cabeza, se limitó a decir que era mala cosa no saber cuándo debía uno salir con casco. No importa cómo se hace la injuria, lo importante es cómo se recibe.
>
> Séneca, *De la ira* 3.11.2

> Nuestro Catón habló mejor aún: un día en que estaba defendiendo una causa, Léntulo, aquel violento faccioso al que nuestros padres aún recuerdan, juntó tanta saliva como pudo y le lanzó a Catón un espeso salivazo en mitad de la frente. Este, limpiándose el semblante, le dijo: «Aseguraré a todos, oh Léntulo, que se engañan los que dicen que no vales ni un escupitajo».
>
> Séneca, *De la ira* 3.38.2

En el texto original latino, hay un juego de palabras en esta última frase que se pierde si la traducimos literalmente. En realidad, lo que Catón le dijo a Léntulo es que se engañaban los que decían que no tenía boca, una expresión que en latín venía a significar lo que aquí se ha traducido.

> Hay hombres tan necios que se toman como una ofensa que un barbero los zarandee; que ven un insulto en la hosquedad de un portero, en la soberbia de un criado o el ceño fruncido del camarero. ¡Qué risa deberían despertar estas cosas! ¡Cómo debería deleitarse el ánimo al contrastar la tranquilidad propia con el desasosiego en el que otros tropiezan!
>
> Séneca, *De la constancia del sabio* 14.1

> Créeme, cosas así de leves son las que excitan graves arrebatos, como los que provocan riñas y peleas entre los niños. Entre todo lo que nos tomamos con tanta solemnidad, nada hay serio ni importante. Por esta razón, repito, vuestra ira, vuestra locura, nace de dar demasiada importancia a cosas triviales.
>
> Séneca, *De la ira* 3.34.1-2

9. *Ventajas del aplazamiento.* Un consejo estoico muy simple: cuando estés enfadado, espera antes de actuar. El primer pasaje que se cita en el capítulo trece sugerirá que el estoicismo es un atajo para llegar a un estado de ánimo que el paso del tiempo creará de modo natural. Aquí, vamos a plantearlo a la inversa: quienes con el estudio de la filosofía no consiguen mantener un temperamento equilibrado bastará con que tengan paciencia y el tiempo lo hará por ellos.

> El mejor remedio para la ira es el tiempo. Pídele a la ira al inicio un aplazamiento, no para que perdone, sino para que juzgue; si espera, se disipará. No trates de suprimirla de un solo golpe; su primer arrebato es demasiado enérgico. Pero se la vence por completo si se la ataca por partes.
>
> Séneca, *De la ira* 2.29.1

¿Quién de nosotros es tan severo que azote y castigue a un esclavo porque hace cinco o diez días quemó la comida, o volcó la mesa, o tardó en venir cuando se lo llamó? Y, sin embargo, son precisamente estas cosas las que, cuando acaban de suceder y las tenemos frescas en la memoria, nos alteran y nos tornan rígidos e inclementes. Y es que, al igual que los cuerpos vistos a través de la niebla, las acciones que vemos a través de la neblina de la ira aparentan ser mayores de lo que son.

Plutarco, *Sobre el refrenamiento de la ira* 11 (459f-460a)

10. *Evitar lo que puede dar motivos para la ira.* He aquí más pragmatismo estoico. Una buena manera de eludir la ira es evitando las situaciones que podrían darnos motivos para enfurecernos, o al menos no dejándonos arrastrar a ciertas situaciones por una tentación morbosa. Séneca comenta que muchos quieren saber qué se ha dicho de ellos pese a la posibilidad de que les cause resentimiento. Y es tan difícil oír con buena disposición e imparcialidad cualquier comentario poco grato, y no tomarlo como una provocación, que lo mejor es no saber nada.

¿No quieres ser iracundo? No seas curioso. El que averigua todo lo que se dice de él, el que va a desenterrar las palabras malévolas, hasta las más secretas, se persigue a sí mismo. Frecuentemente, nuestra interpretación nos lleva a ver injurias imaginarias, cuando hay algunas que conviene dejar en suspenso, otras que deben hacernos reír y muchas que hay que perdonar.

Séneca, *De la ira* 3.11.1

Séneca alabó el dominio de sí mismo que demuestra el gobernante que no quiere exponerse deliberadamente a lo que podría encolerizarlo.

También Julio César exhibió suma clemencia cuando obtuvo la victoria en la guerra civil. Tras descubrir carpetas con cartas escritas a Pompeyo por aquellos que al parecer habían pertenecido al partido contrario o permanecido neutrales, las quemó; pues aunque de ordinario era muy moderado en su ira, prefirió no tener ocasión para irritarse. Consideró que la manera más noble de perdonar era no conocer las ofensas que tal vez cada uno de ellos le había dirigido.

Séneca, *De la ira* 2.23.4

A la vista del empeño que ponen habitualmente los estoicos en llegar a la verdad de las cosas, tal vez nos hubiera gustado que nos dijeran con más exactitud cuándo es mejor no saber que saber. Pero quizá lo que nos dicen sea suficiente para que el estoico practicante entienda que se trata de una cuestión a la que se debe responder en su vida cotidiana con más deliberación de la acostumbrada.

La misma contención puede aplicarse también internamente, es decir, a cómo interpretamos las cosas una vez que las oímos. Séneca vio que a veces tenemos apetito de indignación o al menos demasiada prisa por encontrar motivos para indignarnos. Deberíamos inclinarnos hacia el lado contrario: ser lentos en interpretar como ofensivo u hostil lo que alguien dice, y aprender a desconfiar de la suspicacia instintiva.

Es indispensable desterrar de la mente toda sospecha y conjetura –provocaciones de una ira injustificada–: «Aquel me ha saludado con poca cortesía; aquel otro no correspondió cariñosamente a mi abrazo; este me ha interrumpido con brusquedad a mitad de frase; ese no me ha invitado a su banquete, y ese otro ha hecho como que no me veía». Nunca le faltará pretexto a la sospecha. Por eso, contemplemos con mayor sencillez las cosas y juzguémoslas con más benignidad. Creamos solamente lo que hiera nuestros ojos, lo que sea evidente; y cada vez que descubramos que nuestras sospechas carecen de fundamento, reprendamos a nuestra credulidad. Este castigo nos acostumbrará a no creer fácilmente.

Séneca, *De la ira* 2.24.1-2

Los estoicos no suelen detenerse en que una determinada reacción puede sernos más fácil de dominar a unos que a otros por el simple hecho de que nacemos con temperamentos distintos. Pero Séneca habla a veces de ello. Hemos
visto ejemplos en la sección 1 de este capítulo y en la sección 9 del capítulo
seis (sobre los placeres y los juegos), donde distingue entre las dificultades
a que se enfrentan las naturalezas fogosas y las que podrían definirse como
acuosas o secas. También en lo que respecta a la ira, las precauciones que cada
temperamento debe tomar son diferentes.

> Difícil es, sin duda, cambiar el carácter, y no es posible trans-
> formar los elementos una vez combinados en el que nace; pero
> conviene saber que a los espíritus fogosos se les debe prohibir el
> vino. Por eso Platón cree que debe negárseles a los niños: protes-
> ta que no se ha de alimentar el fuego con fuego.

Séneca, *De la ira* 2.20.2

> Quien tenga propensión a la ira debe abstenerse de adquirir ob-
> jetos raros e insustituibles, como copas labradas, anillos de sello
> y piedras preciosas, pues su pérdida lo pondrá fuera de sí más que
> la de objetos comunes y fáciles de obtener. Esta es la razón por la
> que, cuando Nerón se hizo construir una tienda octogonal, cosa
> extraordinaria y digna de verse por su belleza y suntuosidad, Sé-
> neca le dijo: «Acabas de sentenciarte a la pobreza, pues si alguna
> vez la pierdes no tendrás los medios para procurarte otra igual».
> Y en efecto, el barco que la transportaba se hundió y la tienda se
> perdió. Pero Nerón recordó las palabras de Séneca y sobrellevó
> la pérdida con mayor moderación.

Plutarco, *Sobre el refrenamiento de la ira* 13 (461f-462a)

Nerón fue un prolífico ejecutor: de sus rivales, de su primera esposa, de su
madre y de varias personas más (incluido finalmente Séneca); así que cabe
preguntarse si Plutarco escribió este pasaje con cierta ironía. La verdad es

que no tenemos ningún registro de en qué se tradujo en este caso la «mayor moderación» de Nerón.

11. *La ira no tiene fin*. Séneca piensa que con una sola vez que encontremos justificación para la ira en una circunstancia externa, siempre la encontraremos, ya que la vida rebosa de buenos motivos por los que enfadarse.

> ¿No sería inmerecido para el sabio que sus sentimientos dependieran de la malicia ajena? ¡Ni Sócrates podría volver a casa con el mismo semblante que salió! Si el sabio debiera irritarse contra las acciones vergonzosas, si debiera conmoverse y entristecerse por todas las maldades, no habría nada más amargo que la sabiduría: pasaría toda su vida entre la ira y la tristeza. Pues ¿en qué momento no verá el sabio algo censurable?
>
> Séneca, *De la ira* 2.7.1

Este pasaje alude a lo que Jantipa, la esposa de Sócrates, decía de él, según cuenta el historiador Claudio Eliano (170-235): «... que cuando el Estado estaba oprimido por mil miserias, Sócrates siempre salía y volvía a casa con el mismo semblante. Porque tenía un espíritu sereno y alegre en todas las ocasiones, alejado de la aflicción y sobre todo del miedo» (*Historias curiosas* 9.7).

La línea de argumentación que emplea Séneca en el último fragmento –el argumento de «no tiene fin»– es común en el estoicismo: si en determinado momento crees que X es motivo para enfadarte, deberías darte cuenta de que encontrarás por todas partes ocasiones en que X se repita, así que es elección tuya si pasarte la vida enfadado, o ser sensato y dejar de enfadarte por X de una vez por todas, o lo más a menudo posible. Habíamos visto ya esta idea aplicada a la susceptibilidad frente a los insultos y, después, a la preocupación por lo que piensen los demás. Aquí se aplica a la ira como reacción a las acciones que se consideran inadmisibles. Más adelante, Séneca la aplicará a la tristeza:

Ven, pon los ojos en los mortales, y verás que en todos ellos hay una larga y continua razón para llorar... Antes se nos acabaran las lágrimas que las causas para estar afligidos... De esta forma pasamos nuestra vida. Por lo cual, conviene que lo que hemos de hacer tantas veces lo hagamos con moderación.

Séneca, *Consolación a Polibio* 4.2-3

12. *Justicia sin ira*. Para concluir nuestro análisis de la ira, podríamos reflexionar brevemente sobre si es necesaria para defender valores como la justicia; la oposición de los estoicos a que se haga uso de ella puede suscitar preguntas como si son pacifistas o tan indiferentes a las cosas en general como para preocuparse por corregir los errores. No es así en absoluto. La oposición estoica al uso de la ira atañe a la actitud con que se administra la justicia y se ampara el bien, pero de ningún modo implica lasitud en cuanto a cómo se percibe la *sustancia* de estos principios, ni timidez a la hora de defenderlos.

La razón, tranquila y silenciosa, derribará si es necesario casas enteras; destruirá familias que sean perjudiciales para la república, sin perdonar a niños ni a mujeres; destruirá su morada, la arrasará hasta los cimientos para borrar nombres enemigos de la libertad; y esto sin rechinar los dientes, sin agitar la cabeza, sin hacer nada impropio de un juez, cuyo semblante nunca ha de ser más tranquilo e impasible que cuando pronuncia alguna sentencia importante.

Séneca, *De la ira* 1.19.2

El juez de los estoicos, con temple semejante al del médico desapasionado, falla a favor de la disuasión y la rehabilitación –por el bien de la comunidad y del delincuente, en un sentido muy amplio–, y no de la retribución. He aquí algunas nociones más sobre cuál sería la perspectiva de este juez:

En uno y otro caso, no atiende a lo pasado, sino a lo venidero. Porque, como dice Platón: «El sabio castiga a un hombre no porque ha delinquido, sino para que no vuelva a delinquir; el pasado es irrevocable, el porvenir puede prevenirse. A aquellos que quiera presentar como ejemplos de una maldad que es difícil atajar, los hará morir públicamente, no tanto para que perezcan como para impedir que perezcan otros». Ya ves lo libre que debe estar de toda emoción aquel a quien toca apreciar y pesar todas estas circunstancias, y ejercer un poder que exige la mayor cautela: el de decidir sobre la vida y la muerte.

Séneca, *De la ira* 1.19.7 (citando las *Leyes* de Platón, 11.934)

El estoico piensa que es honorable luchar hasta la muerte por una buena causa, y adopta una perspectiva lo bastante magnánima como para apreciar la virtud en ambos bandos de un conflicto.

Glorioso es Escipión, por haber cercado a Numancia y haberla estrechado tanto que obligó a los sitiados –a los que no pudo vencer– a darse muerte ellos mismos. Y gloriosos son también los numantinos, pues sabiendo perfectamente que el asedio no es completo si queda abierto el paso a la muerte, expiraron abrazados a la libertad.

Séneca, *Epístolas morales* 66.13

Numancia, a la que se mencionó en el capítulo cuatro, fue una ciudad española que los romanos sitiaron en el 134 a. C. Tras trece meses de asedio, sus habitantes se suicidaron, antes que rendirse al enemigo. Para quienes quieran tener una idea ordenada de los Escipiones, el que se menciona aquí es Escipión Emiliano, nieto adoptivo de Escipión el Africano, el general romano que derrotó a Aníbal unos sesenta años antes. Tampoco hay que confundirlo con Metelo Escipión, que aparecía en la sección 7 del capítulo cuatro.

Como muestran estos pasajes, el desapego estoico no supone una falta de compromiso con el mundo ni una renuncia a actuar en él. Para los estoicos, el desapego es un medio práctico de preservar el equilibrio interior y percibir el mundo con la mayor veracidad posible. El tema de la justicia es otro asunto y una cuestión muy importante para los estoicos. Cómo emplear bien el tiempo y la energía también lo es, y sus consejos al respecto son todo lo contrario de una exhortación a retirarse del mundo. En el capítulo once seguiremos hablando de estas cuestiones.

Los extractos que se presentan aquí, y las reflexiones más extensas de las que proceden, pueden aún suscitar otras preguntas. Por ejemplo: dado el desapego que profesan los estoicos, ¿cómo encuentran la voluntad o la motivación para luchar por las cosas con tesón –para darlo todo, por así decir– sin, a la vez, preocuparse demasiado por ellas o, más exactamente, sin preocuparse por ellas de una forma equivocada? Una posibilidad es que engañen un poco a su estoicismo y, en ocasiones, se involucren más en lo externo de lo que dicen que deberían; de tanto en tanto, vemos atisbos de esto en Séneca. Pero hay otras respuestas más satisfactorias. Es posible que el buen estoico, pese a considerar con desapego cualquier caso particular, tenga un fuerte compromiso con ideales que lo lleven a tratar el caso con carácter de urgencia. Los buenos médicos tienen un franco interés por sus pacientes y están dispuestos a luchar con todas sus fuerzas por salvar a cualquiera de ellos. Lo dan todo. Y, sin embargo, no caen en la emocionalidad y son capaces de superar cualquier fracaso particular con bastante rapidez. Tienen que hacerlo. Esta actitud, en la que se combinan el compromiso y el desapego, refleja aproximadamente el equilibrio al que en general aspiran los estoicos. Volveremos a esta línea de argumentación en el capítulo trece.

13. *La aflicción.* Probablemente la mayor dificultad que ha de salvar la perspectiva estoica de las emociones sea la inevitable aflicción por la pérdida de un ser querido. Los relatos que tratan sobre los primeros estoicos, escritos por autores posteriores, indican una visión bastante intransigente del tema. El punto de vista de Séneca es más comedido. Reconoce que nadie puede evitar afligirse en algunas ocasiones, y no lo considera un error. Advierte solo que la aflicción natural tiene peligro de excederse si la alimentamos y avivamos con nuestros pensamientos.

a. *Duelo y opinión.*

«Pero es natural llorar a los nuestros». ¿Quién lo niega, mientras se haga con moderación? La ausencia de los que nos son más queridos, y con mayor razón su muerte, es inevitablemente cruel y oprime hasta el ánimo más firme. Pero la preocupación añade a nuestra aflicción más de lo que manda la naturaleza.

Séneca, *Consolación a Marcia* 7.1

Cuando nos llega la noticia de una muerte que nos afecta, o abrazamos el cadáver que van a llevar a la pira, la naturaleza nos obliga a derramar lágrimas; el espíritu, agitado por el dolor, remueve todo el cuerpo, y oprime el humor que rodea los ojos y lo hace brotar al exterior. Estas lágrimas caen por sí mismas, a pesar nuestro. Hay otra clase de lágrimas que dejamos brotar cuando se nos habla de personas que hemos perdido o sentimos una dulce tristeza al recordar su trato, su conversación, sus favores. A estas les damos paso; las otras nos dominan.

Séneca, *Epístolas morales* 99.18-19

Lo que nosotros enseñamos es honorable: que cuando la emoción hace surgir o, por así decirlo, brotar lágrimas de nuestros ojos, no debemos abandonarnos a la aflicción.

Séneca, *Epístolas morales* 99.27

Séneca puso cuidado en distinguir su postura de otras que consideraba menos razonables. Probablemente se refería aquí a otros estoicos:

Yo no te pediré que contengas rígidamente las lágrimas, aunque sé que hay quienes profesan una sabiduría más dura que valiente y afirman que el sabio no ha de llorar. Al parecer, quienes lo dicen no han pasado por esta clase de sucesos, pues, de haber sido así, la fortuna les habría despojado de esa arrogante sabiduría y forzado, contra su gusto, a confesar la verdad. Es ya bastante que la razón cercene al dolor lo superfluo y superabundante; pretender que no consienta aflicción alguna es más de lo que se puede esperar y desear. Mantengamos, pues, tal temperamento que no mostremos ni indiferencia ni locura, y conservaremos el estado de ánimo que es propio de una mente afectuosa, y no desequilibrada. Que corran las lágrimas, pero que su curso tenga fin. Que salgan gemidos de lo más profundo del pecho, pero que también tengan límite. Gobierna tu ánimo de tal manera que te aprueben tanto los sabios como tus hermanos.

Séneca, *Tratados morales, Consolación a Polibio* 18.5-6

Séneca escribió sobre estos temas a partir de su propia experiencia. A los cuarenta años tuvo un hijo, que murió prematuramente. Parece que el pasaje que acabamos de leer lo escribió unos años más tarde.

b. *La aflicción y el dominio de sí mismo.* Séneca ofreció su punto de vista sobre el proceso de superar el duelo. En su opinión, conviene dejar estar el sentimiento durante un tiempo, vérnoslas con él, y después vencerlo con la razón. Considera que esto es preferible a permitir que el pesar perdure e intentar distraernos de él o esperar a que pase.

Dejarse abatir por un dolor infinito cuando se pierde a una persona querida es enloquecida indulgencia; no experimentar ningún dolor es dureza inhumana. El mejor equilibrio entre la devoción y la razón es experimentar el dolor y dominarlo.

Séneca, *Consolación a Helvia* 16.1

Demasiado sé que no se encuentra en nuestro poder moderar y comprimir la tristeza, que ningún sentimiento se deja dominar, y especialmente el que nace de la aflicción, porque es enérgico y rebelde a todo remedio. Algunas veces queremos contener y ahogar los suspiros, pero por nuestro rostro fingido y compuesto se ve correr el llanto. Algunas veces ocupamos la mente en los juegos y combates del circo, pero en medio de estos mismos espectáculos que deberían distraerla, se siente abatida por ocultar la tristeza. Mejor es, pues, vencer la aflicción que engañarla; porque distraída por los placeres, rechazada por las ocupaciones, muy pronto despierta tras acumular en el reposo fuerzas para desencadenarse. Por el contrario, quien consigue que su aflicción obedezca a la razón se asegura perpetua tranquilidad.

Séneca, *Consolación a Helvia* 17.1-2

Bien sé que lo que voy a decir es cosa vulgar; sin embargo, no lo omitiré solamente porque todo el mundo lo diga: el tiempo extingue la aflicción que la razón no pudo curar. Aun así, sería indigno de una persona juiciosa abandonar la aflicción por haberse cansado de ella. Te aconsejo que la abandones antes de que ella te abandone a ti. Mejor es que dejes de hacer cuanto antes lo que, aunque quisieses, no podrías prolongar mucho tiempo.

Séneca, *Epístolas morales* 63.12

c. *Aflicción y futilidad.* Los estoicos hablan de vencer la aflicción por medio de razonamientos. Algunos de los que ofrecen con este propósito los vimos ya en el capítulo cuatro al tratar el tema de la muerte; aquí encontraremos otras ideas más concretas sobre la aflicción y cómo reducirla. Una de estas reflexiones es que sentir un hondo pesar por la muerte de un ser querido no le hace ningún bien a él ni posiblemente a nadie.

¿Continúan Pantea o Pérgamo agarrados al sepulcro de Vero? ¿Siguen sentados Cabrias o Diotimo junto al de Adriano? Sería ridículo. Aunque siguieran allí sentados sin moverse, ¿lo advertirían los muertos? Y hasta si lo advirtieran, ¿acaso les iba a consolar?

Marco Aurelio, *Meditaciones* 8.37

Aunque este tipo de pasajes resultan elocuentes tanto si sabemos a quién se refiere el autor como si no, veamos quiénes son de todos modos. Vero era el hermano adoptivo de Marco Aurelio, y gobernaron juntos hasta el año 169, en que murió Vero. Pantea era la amante de Vero. Adriano fue un emperador anterior, al que se conoce como uno de los «Cinco Buenos Emperadores», entre los que está el propio Marco Aurelio. De los demás nombres que menciona no tenemos noticia.

> Y te será de no poca ayuda considerar que, ni a ti ni a la persona a la que lloras, la aflicción os será de provecho; y no querrás que dure lo que será de todo punto infructuoso.
>
> Séneca, *Consolación a Polibio* 2.1

> A nadie le es menos grata tu aflicción que a aquel a quien crees ofrecérsela. Él no quiere que te atormentes, o no sabe que te atormentas. Según esto, no hay razón alguna para esta demostración. Porque si aquel por quien se hace no la siente, es superflua; y si la siente, le es penosa. Me atrevo a decir que en el mundo entero no hay persona que se deleite con tus lágrimas.
>
> Séneca, *Consolación a Polibio* 5.1-2

> ¿Qué puede haber más eficaz para remediar la tristeza que la comprensión de que no beneficia a nadie y, por tanto, es inútil haberla adoptado?
>
> Cicerón, *Disputaciones tusculanas* 3.27

d. *La aflicción y el recuerdo*. Otra fuente de consuelo para la aflicción son los recuerdos, que al entender de Séneca tienen existencia continua: están asegurados en el mundo de todo lo que ha sido, lo cual no tendría por qué ser tan distinto de existir en el presente. Séneca piensa que pueden sernos muy valiosos.

Créeme, mucha parte de aquellos a los que hemos amado permanece aún con nosotros, a pesar de que nos los haya arrebatado el destino. El tiempo pasado nos pertenece, y de nada estamos tan seguros como de lo que ya ha sido. La esperanza del porvenir nos hace ingratos con lo recibido hasta ahora, como si lo favorable que esperamos no fuera a quedar muy pronto en la condición de las cosas pasadas.

Séneca, *Epístolas morales* 99.4-5

Si hemos de creer a nuestro amigo Atalo: «Pensar en nuestros amigos que están sanos o incólumes es como saborear tortas y miel; el recuerdo de los que han muerto nos deleita, pero tiene un sabor agridulce. Sin embargo, ¿alguien niega que las cosas agrias sean buenas para el estómago?». Por mi parte, no pienso como él. El recuerdo de los amigos que he perdido me es siempre agradable y dulce; porque los he tenido sabiendo bien que había de perderlos y los he perdido como si los tuviese aún.

Séneca, *Epístolas morales* 63.6-7

Hablaremos más sobre el tratamiento estoico de los recuerdos en la sección 2 del capítulo ocho.

14. *Limitaciones.* El propósito de este capítulo ha sido presentar de una manera práctica las enseñanzas estoicas tardías sobre la emoción. Pero, antes de terminar, me gustaría aludir brevemente a ciertas complejidades que se han omitido durante el análisis, y que tal vez tengas interés en estudiar por separado.

Los primeros estoicos –griegos– tenían un punto de vista estricto sobre la emoción, muy en la línea de lo que se ha expuesto en la sección 8. Sostenían que toda emoción se reduce a un juicio. Toda emoción proviene de ratificar una proposición –por ejemplo, «es justo enfurecerse por algo así»–, y esa ratificación es un error, puesto que implica apego a un elemento externo (en este caso, cualquiera que sea el objeto de la emoción). Séneca fue un poco más tolerante con esto, como hemos visto; pero la idea básica sigue presente en todas las formas de estoicismo. Es una teoría –sobre todo su vertiente más estricta– que se ha criticado por muchas razones. Resulta obvio, por ejemplo, que los niños pequeños y los animales son capaces de sentir rabia y miedo y, sin embargo, si tenemos en cuenta el punto de vista estoico griego, ni las criaturas humanas ni los animales deberían tener emociones, dado que carecen de la capacidad mental para formar proposiciones o asentir a ellas. Se ha revisado la teoría estoica para salvarla de este problema. Los estoicos tardíos, al menos, sabían que los juicios que hacemos de las cosas pueden estar arraigados en nosotros y ser de carácter no verbal, como indicaba en el capítulo uno. Es posible, por consiguiente, que también los animales y las criaturas hagan evaluaciones no verbales de lo que sucede a su alrededor y que sus emociones sean producto de ellas.

El análisis que han hecho los filósofos modernos de estas y otras cuestiones relacionadas ha sido extenso y de gran complejidad. Considerando lo complejo que es de por sí el pensamiento estoico griego sobre la emoción, que incluye una elaborada clasificación de las emociones y el supuesto origen de cada una de ellas, está claro que no hay posibilidad de hacerle justicia a nada de esto en el espacio de este libro. Pero quienes deseen adentrarse por los caminos de la teoría estoica pueden empezar por consultar el reciente trabajo académico de Martha Nussbaum y Margaret Graver, en el que se analiza todo esto con detalle.

Capítulo diez

LA ADVERSIDAD

Los estoicos sortean las adversidades como lo haría cualquier persona sensata. Pero a veces, la adversidad sobreviene de todos modos, y entonces el objetivo estoico es verla exactamente por lo que es y no dejar que su llegada les perturbe el ánimo. En realidad, el objetivo del estoico es más que esto: es aceptar el revés sin sobresaltos y convertirlo en materia prima para la creación de cosas más trascendentes. Nadie quiere, en el momento concreto, tener que enfrentarse a situaciones difíciles, y sin embargo son un elemento necesario en la formación de una persona madura y de cualquier logro que merezca llamarse así; y estas son cosas que a la larga sí queremos. El estoico se propone encontrar el valor de todo lo que suceda.

La adversidad recibe, en este sentido, un tratamiento semejante a la muerte: es a la vez algo externo que juzgamos equivocadamente y un recurso del que se puede sacar provecho. Desde el punto de vista estoico, no nos gusta la adversidad –eso es fundamentalmente lo que determina que algo *sea* adverso– debido al mismo error de percepción que cometemos con muchas otras cosas externas: las vemos con una especie de provincianismo psicológico, que nos hace definir su tamaño y su valor, y lo que es bueno y lo que es malo, de acuerdo con nuestros deseos y conveniencias del momento. Distanciarnos de los deseos y las conveniencias nos permite ver la adversidad tal como es: con frecuencia, menos monstruosa de lo que parecía de entrada; fuente, tal vez, de importantes beneficios y en cualquier caso inevitable.

El estoicismo ofrece una serie de estrategias para convertir la adversidad en un bien. No podemos elegir lo que nos ocurre, pero sí cómo reaccionar ante ello. Por eso, cuando sobreviene un contratiempo, los estoicos lo interpretan del modo más constructivo posible: como una oportunidad para ponerse a prueba, o para aprender, o para rehacerse; y el valor de cualquiera de estas posibilidades podría ser mucho mayor que el coste de la adversidad. Además, los estoicos tienen una opinión bastante modesta de su capacidad para predecir acontecimientos futuros, por lo que no se apresuran a dar por hecho que un suceso aparentemente inoportuno los afectará, a la larga, para mal. Por último, estos filósofos utilizan una serie de técnicas de pensamiento para reducir la fuerza de la adversidad: contemplando la adversidad propia desde el punto de vista de otro; anticipándose a ella y comprendiendo que aceptarla y adaptarse a las circunstancias pueden hacerla más llevadera.

1. *Preferencias.* Dado que su filosofía se ha malinterpretado a veces en lo referente a este aspecto, podríamos empezar diciendo que los estoicos, aunque no temen a la adversidad y están dispuestos a hacer un buen uso de ella, prefieren evitarla.

> «Pero según tu opinión –dirán–, el hombre fuerte debe exponerse a los peligros». De ninguna manera; los evitará, pero no los temerá; la precaución le está permitida, el temor no.
>
> Séneca, *Epístolas morales* 85.26

> Por mi parte, me alegraré mucho de escapar a los tormentos; pero si me veo obligado a sufrirlos, desearé portarme como hombre valeroso. Desearía que nunca hubiese guerra; pero si estallase, desearía poder soportar con nobleza los golpes, el hambre y todas las calamidades que la guerra trae consigo. No estoy tan loco que me desee enfermedades; pero si sobrevienen, desearía no hacer nada por exageración o por blandura. Así pues, no son contrariedades lo que debe desearse, sino coraje para soportarlas.
>
> Séneca, *Epístolas morales* 67.4

> Cualquier medio legítimo para librarnos de nuestros males no solamente está permitido, sino que es loable. La firmeza consiste

sobre todo en soportar con entereza las desdichas que no se pueden remediar.

Montaigne, *Ensayos* I, *De la firmeza* (1580)

Aunque alguno, durante los ejercicios de la lucha, nos arañe y, arremetiendo con la cabeza, nos haga una herida, no damos sin embargo señal de enfado ni lo calificamos en lo sucesivo de traidor. Estamos en guardia, pero no como frente a un enemigo, ni por sospecha o desconfianza, sino que con ánimo benévolo esquivamos su cuerpo. Esto mismo deberíamos aplicarlo al resto de las situaciones de la vida y no tenerles en cuenta, a aquellos que son, por así decirlo, nuestros antagonistas o competidores en el gimnasio del mundo, muchas de las cosas que hacen. Porque, como decía, podemos esquivarlas sin alimentar contra nuestro oponente desconfianza ni odio.

Marco Aurelio, *Meditaciones* 6.20

El «esquivar con ánimo benévolo» que recomienda Marco Aurelio no ocupa ni mucho menos un puesto destacado en la lista de innovaciones teóricas de los estoicos, pero sí, en cambio, en la escala que mide la frecuencia con que una enseñanza es de utilidad.

2. *Inevitabilidad.* El estoicismo considera que la adversidad es inseparable de la existencia y que, por tanto, la mejor manera de afrontarla es con aceptación.

La vida tiene igual condición que los baños públicos, la multitud y el viaje, en cuanto a que está sujeta a cambios y malos encuentros. Vivir no es cosa delicada. Has entrado en un largo camino, e inevitablemente experimentarás choques, y caerás y te cansarás, y llegarás a exclamar: «¡Oh, muerte!»; en otras palabras, dirás mentiras. Abandonarás a un compañero en un punto; enterrarás a un amigo en otro; en otro distinto, temerás a alguno. No podrás terminar tan áspero camino sin experimentar accidentes desagradables; necesario es prepararse a todo.

Séneca, *Epístolas morales* 107.2

Marco Aurelio utilizó una analogía diferente: comparó la mente que recibe la adversidad con otras partes del cuerpo que aceptan y procesan lo que les llega.

El ojo sano debe ver todo lo visible, y no decir: «Yo solo quiero ver lo verde», porque eso equivaldría a tener un ojo enfermo. Igualmente, el oído y el olfato sanos han de poder percibir cualquier sonido y olor. Así, también la mente sana ha de estar preparada a recibir todo lo que suceda; pues aquella que diga: «Quiero que mis hijos se salven» y «Quiero que todos alaben cuanto yo haga» se parecerá mucho al ojo que solo busca lo verde, o a los dientes que solo quieren cosas delicadas y tiernas.

Marco Aurelio, *Meditaciones* 10.35

Montaigne ofreció una comparación más: la diversidad de cosas que experimentamos, bienvenidas o no, pueden compararse a los elementos de la música.

Es necesario aprender a resistir lo que no se puede evitar: nuestra vida está compuesta, como la armonía del mundo, de cosas contrarias, y también de diversos tonos, dulces y ásperos, agudos y llanos, blandos y graves. El músico que solo amara una clase de diapasón ¿qué podría hacer de bueno? Es preciso que sepa servirse de todos los elementos y acierte a mezclarlos y a continuarlos. Así debemos hacer también nosotros con los bienes y los males consustanciales a nuestra vida.

Montaigne, *Ensayos* III, *De la experiencia* (1580)

Esta perspectiva de la adversidad, como parte inevitable de la vida e inseparable de lo que consideramos bueno, tiene otras repercusiones en nuestra forma de pensar y de hablar. De entrada, los estoicos no entienden qué sentido tiene quejarse de cosas que son inherentes a la existencia humana. En el siguiente pasaje, vemos lo más cerca que llega a estar el estoicismo filosófico del significado que se atribuye a este término en nuestros días.

> «El pepino sabe amargo»; pues déjalo. «Hay zarzas en el camino»; desvíate y basta. No lo acompañes de: «¿Por qué hay cosas así en el mundo?», o serás el hazmerreír del estudioso de la naturaleza, igual que sin duda te despreciarían el carpintero y el zapatero a los que censurases porque ves en sus talleres las aserraduras y retazos de los materiales con que trabajan.
>
> Marco Aurelio, *Meditaciones* 8.50

> ¡Qué locura, preferir que la vida nos arrastre que dejarnos llevar! Tanto, te lo aseguro, como lo es que, por necedad e ignorancia de la propia condición, te lamentes de que te falta algo o de que te ha ocurrido algo penoso, o te extrañes e indignes ante las cosas que suceden tanto a los buenos como a los malos, quiero decir las enfermedades, las muertes, los impedimentos y las demás desdichas que acontecen inesperadamente a la vida humana. Aceptemos con buen ánimo todo lo que hemos de padecer por cómo está constituido el universo. Puesto que estamos sujetos a la obligación de soportar las condiciones de la vida mortal, mejor no perturbarnos por lo que no está en nuestra mano impedir.
>
> Séneca, *De la vida bienaventurada* 15.6-7

Tampoco les interesa mucho a los estoicos la culpa.

> Es de ignorantes culpar a otros de las propias desdichas. Quien empieza a entrar en el camino de la sabiduría se culpa a sí mismo de ellas; pero el sabio ni se culpa a sí mismo ni culpa a los demás.
>
> Epicteto, *Enquiridión* 5

Los estoicos piensan que los males de la vida deben aceptarse considerando su potencial por adelantado, antes de que le ocurran a nadie en particular. Al fin y al cabo, son peligros potenciales a los que se enfrenta todo el mundo. No todos nos encontramos con las mismas desgracias, pero podría decirse que somos iguales todos en cuanto a los riesgos a que estamos sometidos por el hecho de ser mortales.

> No nos asombremos por cosas para las que habíamos nacido; no tenemos de qué quejarnos, puesto que para todos son iguales. Digo que son iguales, pues el hecho de que alguien las evite demuestra que, de no haberlas evitado, las habría sufrido. La ley es igual no porque todos la usen, sino porque se ha dado para todos. Tengamos este sentido de la equidad como norma y paguemos sin quejas el tributo de nuestra mortalidad.
>
> Séneca, *Epístolas morales* 107.6

> Es injusto que alguien se queje de que le ha sucedido lo que puede sucederle a cualquiera.
>
> Montaigne, *Ensayos* III, *De la experiencia* (1580)

Pero los estoicos no se contentan con responder a la adversidad sin quejas y sin culpas: se proponen acoger con buen talante todo lo que no pueden evitar.

> Pase lo que pase, recíbelo con la disposición de ánimo de que había de pasar, y no protestes contra la naturaleza.
>
> Séneca, *Epístolas morales* 107.9-10

> No pidas que las cosas sean como tú quieres; procura desearlas tal como llegan, y todo ocurrirá según tus deseos.
>
> Epicteto, *Enquiridión* 8-B14

Friedrich Nietzsche no era estoico, pero su noción del *amor fati* ('amor al propio destino') se ha asociado a menudo con la idea que acaba de exponer Epicteto.

> La fórmula de la grandeza en el hombre es el *amor fati*: que un hombre no desee que nada sea diferente, ni en lo que será, ni en lo que fue, ni en toda la eternidad. No solo que soporte lo necesario, y menos aún que lo encubra –pues todo idealismo es falsedad frente a lo necesario–, sino que lo ame.
>
> Nietzsche, *Ecce Homo* (1888)

3. *La varita mágica de Hermes.* Los estoicos opinan que juzgamos erróneamente la adversidad, o los acontecimientos contrarios a nuestros deseos, y que lo hacemos de distintas maneras, que ahora podemos considerar. Decía que la adversidad es una materia prima necesaria para dotar de robustez a todo lo que construimos; veamos un ejemplo práctico. Vamos a imaginar que, en el juego, se nos ha repartido una carta que no nos gusta o que los dados han salido de una manera que no es la deseada. En estas situaciones, siempre que sea posible, el estoico se propone evitar incluso la desilusión superficial –«¡oh, no!»– y sustituirla por una respuesta más próxima a «¿y ahora qué?» o «veamos qué se puede hacer con esto». Nuestro trabajo en la vida, dicen los estoicos, es aprovechar con espíritu constructivo cualquier cosa que nos suceda. Esta es la idea estoica más importante en lo referente a la adversidad y un tema sobre el que escriben todos nuestros autores, a menudo valiéndose de metáforas. Epicteto adaptó para uso estoico el caduceo, o varita mágica, que se decía que utilizaba Hermes para hacer sus prodigios; solo que la alquimia que el estoico tiene en mente convierte la adversidad en ventaja.

> «Esta es la varita mágica de Hermes; toca con ella lo que quieras –dicen– y la varita lo convertirá en oro». No es así; pero: «Cualquier cosa que traigas –dice ella–, yo la convertiré en algo bueno. Trae la enfermedad, trae la muerte, la pobreza, los insultos, trae el

castigo por la mayor atrocidad». Todas estas cosas, la varita mágica de Hermes las convertirá en beneficios.

Epicteto, *Discursos* 3.20.12

El obstáculo en el camino:

La inteligencia da la vuelta a todo lo que entorpece su actividad
y lo convierte en instrumento favorable a su propósito: se torna
así en acción lo que imposibilitaba la acción; el obstáculo que
impedía caminar se torna en camino.

Marco Aurelio, *Meditaciones* 5.20

El fuego que consume los contratiempos y, gracias a ellos, arde con más
fuerza:

Cuando la fuerza interior que nos gobierna está conforme con
la naturaleza, se halla en tal estado respecto a los acontecimientos que es capaz de adaptarse fácilmente a lo que en el momento se le permite y propone como practicable; porque no tiene
preferencia por ninguna materia en particular, sino que se propone conseguir –con la debida prevención si las circunstancias
lo permiten– lo mejor de aquello que se le ofrece. Así, cualquier
estorbo que le sobreviene lo toma como materia y ejercicio de
superación, igual que cuando un vehemente fuego se apodera
de la materia que encuentra o le arrojan –por la que una pequeña llama se habría apagado– y rápidamente se la convierte en sí
mismo: consume todo lo que le cae encima y eleva sus llamas
cada vez a mayor altura.

Marco Aurelio, *Meditaciones* 4.1

El escultor que trabaja con los materiales que tenga a mano:

> ¿Crees que al sabio le incomodan los males? De ninguna manera; hace uso de ellos. Fidias sabía hacer estatuas de bronce lo mismo que de marfil; si le hubieras presentado mármol u otra materia más común, hubiese hecho una obra maestra. De la misma manera dará a conocer el sabio su virtud en cualquier condición que se encuentre: en la riqueza si es posible, pero si no en la pobreza; si es posible en su patria, si no en el destierro; como capitán si puede, si no como soldado; si puede en la salud, y si no en la enfermedad. De cualquier situación que le toque en suerte hará algo notable.

Séneca, Epístolas morales 85.40

El domador:

> Existen domadores de fieras salvajes que, hasta a las más terribles, no se conforman con hacerles perder su ferocidad, sino que las domestican y las hacen vivir en su compañía. Verás al dueño de un león meterle la mano en la boca, al domador de un tigre besarlo repetidas veces, y a algún etíope hacer que un elefante se arrodille o camine por la cuerda floja. De la misma manera doma los males el sabio. Dolores, pobreza, ignominia, prisión, destierro y demás cosas que nos causan horror en cuanto llegan a él las amansa.

Séneca, Epístolas morales 85.41

Las abejas:

> A los que carecen de discernimiento y buen juicio sobre cómo deben vivir, les pasa lo que a los enfermos que no soportan en el cuerpo ni el calor ni el frío: se exaltan por la buena fortuna y se hunden por la adversidad; y ambas cosas les perturban el ánimo,

o más bien se lo perturban a sí mismos en ambos casos, hasta en esas circunstancias a las que llamamos buenas. [...] Los hombres sensatos, por el contrario, al igual que las abejas extraen materia para hacer miel hasta del tomillo, que es la planta más pungente y seca, ellos saben extraer también, hasta de las circunstancias más desfavorables, algo que les conviene y les resulta útil.

Plutarco, Sobre la paz del alma 5 (467b-467c)

Por supuesto, nos ofrecen también expresiones más literales del tema.

Con la ayuda de la filosofía no vivirás insatisfecho, pues aprenderás a encontrar deleite en todas las cosas y lugares. La riqueza te alegrará, porque te permitirá beneficiar a muchos; y también la pobreza, porque entonces tendrás pocas cosas de las que preocuparte; te alegrará la fama, porque te sentirás honrado; y también el pasar desapercibido, porque entonces estarás a salvo de envidias.

Plutarco, Sobre la virtud y el vicio 4 (101d-e)

Séneca destaca asimismo lo valioso que es el sentido del humor, del que antes hablábamos; un tema estoico recurrente y poco apreciado. Hay veces en que es posible neutralizar la fuerza de un acontecimiento indeseado y sacarle partido, si se contempla como si fuera una situación de comedia.

En cualquier género de vida encuentras placeres, compensaciones y deleites si estás dispuesto a pensar que los males son leves, en vez de considerarlos insoportables.

Séneca, De la tranquilidad del ánimo 10.1

4. *Dotación.* En opinión de los estoicos, todos estamos dotados para afrontar cualquier adversidad que la vida nos depare.

A nadie le sucede nada que no pueda por su naturaleza soportar.

Marco Aurelio, *Meditaciones* 5.18

La naturaleza no quiso atosigarnos. Para lo que nos exige, nos proveyó de lo necesario.

Séneca, *Epístolas morales* 90.16

Ante cualquier cosa que te suceda, entra en ti y pregúntate qué medio tienes para defenderte. Si ves un bello muchacho o una mujer hermosa, apelarás a la virtud de la templanza. Si estás obligado a emprender un trabajo penoso, encontrarás tolerancia y vigor. Si te han hecho alguna injuria, te armarás de paciencia. Y si te acostumbras a obrar de esta manera, la apariencia de las cosas nunca tendrá poder sobre ti.

Epicteto, *Enquiridión* 10

5. *La adversidad como terreno de pruebas.* Veamos de una manera más concreta cómo puede la adversidad convertirse en algo bueno: puede ser una oportunidad para ponernos a prueba. Los reveses demuestran lo que realmente somos capaces de hacer.

El fuego prueba al oro, la desdicha a los hombres fuertes.

Séneca, *De la divina providencia* 5.10

La enunciación que hizo Séneca de esta idea –*ignis aurum probat, miseria fortes viros*– se hizo muy conocida, pero sustancialmente venía a decir lo mismo que un proverbio de larga tradición. Aparece igualmente en el Libro del Eclesiástico (Eclo) 2:5, uno de los libros deuterocanónicos (compuestos por textos y pasajes del Antiguo Testamento que el protestantismo y el judaísmo consideran apócrifos).

Esto me hace recordar a nuestro Demetrio, que dice que una vida tranquila, no agitada por la fortuna, es «un mar muerto». No tener nada que te incite a actuar, nada que ponga a prueba la firmeza del alma –y permanecer en perpetuo ocio– no es tranquilidad, sino la desidia del agua estancada.

Séneca, *Epístolas morales* 67.14

Julio César, en su obra *De Bello Gallico* (la Guerra de las Galias), había querido lucirse en cierta ocasión describiendo el estado del mar como *«malacia ac tranquillitas»*, queriendo decir que estaba en «perfecta calma y tranquilidad». Al final de este último pasaje, Séneca juega con el orden de las palabras y con el doble sentido del término *malacia*, que en griego (*malakía*) significaba 'lasitud moral', y dice «esto no es *tranquillitas*, sino *malacia*». En cuanto a Demetrio, era un filósofo cínico y amigo de Séneca que no tuvo lo que se dice una «perfecta calma», ya que fue desterrado de Roma, junto con otros filósofos, en el año 71.

Otra analogía: debemos acoger la adversidad de igual modo que acogemos a un adversario en un juego.

Sin adversario, la virtud se marchita. Solo conocemos lo grande que es y las fuerzas que tiene cuando demuestra qué es lo que puede aguantar. Ten por seguro que esto mismo es lo que los hombres buenos deben hacer: sin temer lo áspero y lo difícil, sin quejarse del destino, tomar cuanto sucede como un bien y dirigirlo hacia el bien.

Séneca, *De la divina providencia* 2.4

¿Eres un hombre valiente? ¿Cómo lo sé yo, si no te ha dado la fortuna oportunidad de demostrar tu virtud? Viniste a los Juegos Olímpicos y en ellos no tuviste competidor: llevarás la corona olímpica, pero no la victoria. No te felicito como a un hombre valiente, sino como a quien ha conseguido el consulado o la pretura: «Estás en boca de todos. ¡Dicen que eres grande!». O como podría decirle al hombre bueno, si ninguna circunstancia difícil le ha concedido ocasión de mostrar la fuerza de su espíritu: «Te considero desafortunado porque nunca lo has sido. Pasaste la vida sin tener contrario; nadie (ni siquiera tú mismo) conocerá hasta dónde alcanzan tus fuerzas».

Séneca, De la divina providencia 4.2-3

Luchar contra las dificultades y vencerlas es la mayor felicidad humana; la siguiente es luchar y merecer vencer. Pero la persona cuya vida ha transcurrido sin contiendas, y que no tiene conquista ni mérito de los que enorgullecerse, solo puede considerarse relleno inútil de la existencia; y si está contenta con el papel que le ha tocado en suerte, su satisfacción es exclusivamente fruto de la insensibilidad.

Johnson, The Adventurer n. 111 (1753)

6. *La adversidad como entrenamiento.* Podemos considerar la adversidad como un entrenamiento o una oportunidad para aprender. Es poco probable que logre algo en verdad excelente quien no sepa enfocar los contratiempos de un modo productivo. Por eso, el estoico cree que debemos adquirir cierta soltura para manejarnos con ellos cuando se presentan, cierta capacidad de adaptación. Cualquier suceso desafortunado puede considerarse parte de este proceso de aprendizaje.

Son las crisis las que revelan al hombre. Así que, cuando lleguen las dificultades, recuerda que Dios, como un maestro de lucha, te ha puesto frente a un joven y rudo contrincante. ¿Para qué, preguntas? Para que seas un campeón olímpico, y esto no se puede conseguir sin sudores.

Epicteto, Discursos 1.24.1-2

Debemos brindarnos a la Fortuna, para que por medio de sus embates nos hagamos más fuertes contra ella y para que poco a poco vengamos a ser sus iguales. Familiarizarnos con los peligros engendra desprecio de ellos: por esta razón los cuerpos de los marineros son duros para soportar los trabajos del mar, los labradores tienen las manos ásperas, los brazos de los soldados son más aptos para tirar los dardos y los emisarios tienen los miembros ágiles: en cada uno es fortísima aquella parte en que se ejercita. Sufriendo los males con paciencia es como el ánimo llega a despreciar el poder del sufrimiento.

Séneca, *De la divina providencia* 4.12-13

Los accidentes nimios que vienen a molestarnos a cada momento podemos considerarlos como destinados a tenernos alerta, a fin de que la fuerza necesaria para resistir las grandes desgracias no se relaje en los días felices.

Schopenhauer, *Sobre la sabiduría del vivir* (1851)

7. *La adversidad como privilegio.* O la adversidad puede verse como una especie de honor, o buena fortuna, porque solo a algunas personas se les pediría que estuvieran a la altura de las circunstancias o tendrían capacidad para ello.

El trabajo llama a los mejores. El Senado suele estar en consejo el día entero, y entretanto hay hombres, a cada cual más vil, que deleitan su ocio en el campo, o están encerrados en la bodega, o gastan el tiempo en algún paseo liviano. Lo mismo sucede en esta gran República del mundo, en la que los hombres buenos trabajan y se ocupan, y sin ser forzados siguen voluntariamente a la fortuna, igualando los pasos con ella.

Séneca, *De la divina providencia* 5.4

«¡Infeliz de mí –dice uno–, mira lo que me ha sucedido!». En verdad, no tiene razón para quejarse; mejor debería decir: «Dichoso yo, que a pesar de lo que me ha sucedido he salido ileso; ni me quebranta lo presente ni me espanta lo venidero. Porque a cualquiera hubiese podido sucederle una desgracia semejante, pero no todos la habrían sobrellevado sin deterioro». Así pues, en adelante, ante cualquier acontecimiento capaz de causarte aflicción, recuerda esto: que la adversidad no es una desgracia; más bien al contrario, soportarla con grandeza de ánimo es una dicha.

Marco Aurelio, *Meditaciones* 4.49

8. *Humildad a la hora de juzgar.* El estoico no da rápidamente por hecho que cualquier cambio aparente sea para peor. Incluso más allá de los métodos que se acaban de describir para convertir la adversidad en bien, es difícil saber adónde conducirá algo aparentemente malo. A veces, sucesos que parecen terribles cuando ocurren, con el tiempo dan lugar a una situación más ventajosa que la anterior. Esto podría ser, bien porque el proceso de recuperación produzca un resultado que supere lo que se destruyó, o bien porque los acontecimientos posteriores conduzcan, incluso fortuitamente, a un resultado nuevo y mejor de un modo que hubiera sido difícil prever. La cuestión, en definitiva, es que solemos tener una visión muy a corto plazo de los acontecimientos que no nos gustan, y por tanto son poco fiables las opiniones que nos formamos sobre cuáles serán sus consecuencias al cabo de un tiempo. Siendo conscientes de esto, cualquier suceso que de entrada nos parezca malo deberíamos juzgarlo con calma y humildad.

Pero aunque seas prudente y todo lo hagas con juicio y nada emprendas que sea superior a tus fuerzas [...] ninguna de esas cosas te será de utilidad si no te preparas contra la volubilidad de los incidentes y la ligereza de la fortuna; si cuando te ocurra alguna pérdida, no dices sin disgusto: «Los Dioses han decretado algo inesperado»... ¡No!, digamos más que eso; probemos palabras más enérgicas y apropiadas para tranquilizar el ánimo. Cada vez que algo no suceda como esperabas, di: «¡Los dioses han decretado algo mejor!».

Séneca, *Epístolas morales* 98:3-5

Con frecuencia una desgracia es causa de gran fortuna, y muchas cosas han caído que han sido restablecidas después con ventaja. Timágenes, el enemigo de la felicidad de Roma, decía que lamentaba los incendios que ocurrían en ella, porque estaba convencido de que se construirían más adelante mejores edificios que los destruidos.

Séneca, *Epístolas morales* 91.13

Timágenes era un profesor de retórica griego al que los romanos capturaron y vendieron como esclavo, aunque fue liberado posteriormente. Parece ser que tuvo más de un desencuentro con Augusto, por lo cual se vio obligado a huir de Roma.

Si decides proceder sobre todo como más conviene, no te enfades por las circunstancias; piensa en cuántas cosas te han ocurrido ya en la vida no como te hubiera gustado, sino como más convenía.

Musonio Rufo, *Fragmentos menores 27*

Plutarco tuvo una manera burlona de expresar la idea:

Esto es por tanto lo primero que debemos ejercitar y poner en práctica: como el que quiso darle una pedrada a su perro, pero falló y se la dio a su suegra, y dijo: «¡No ha estado tan mal!», también nosotros podemos cambiar nuestra opinión de lo que obtenemos cuando las cosas no salen como deseábamos. Diógenes fue desterrado: «¡No estuvo tan mal!», pues fue tras el destierro cuando se interesó en la filosofía.

Plutarco, *Sobre la paz del alma 6* (467c)

9. *El punto de vista.* Como hemos visto en un capítulo anterior, gran parte del estoicismo equivale a practicar el arte de la perspectiva, es decir, de encontrar el punto de vista más útil desde el que contemplar cualquier cosa que sucede. El estoico aprende a mirar las cosas desde ángulos más beneficiosos que el habitual, de carácter egocéntrico y que somos propensos a utilizar irreflexivamente. Por ejemplo, uno de los ejercicios que practican los estoicos con este fin es, ante cualquier adversidad, preguntarse qué suelen pensar ellos cuando eso mismo les sucede a otros.

> Cuando el criado de nuestro vecino rompe una copa, decimos al momento: «¡Son cosas que ocurren!». Conviene que te comportes de la misma manera cuando sea tu sirviente el que rompe la tuya. Y aplícalo también a cosas de más importancia. Cuando muere el hijo o la esposa de otro, no hay quien no diga que es algo natural; pero cuando es nuestro hijo el que muere nos desesperamos y gritamos: «¡Ay, qué desgraciado soy!». Deberíamos acordarnos de lo que sentimos al oír a otros lamentarse de igual manera.
>
> Epicteto, *Enquiridión* 26

> Recuerda lo que pensaste de percances similares cuando les ocurrieron a otros, y verás que apenas te conmoviste, incluso te pareció que lo ocurrido era culpa suya y no prestaste atención a sus quejas... La opinión que tenemos de los casos ajenos es siempre más acertada que la que tenemos de los propios.
>
> Du Vair, *De la philosophie morale des Stoïques* (De la filosofía moral de los estoicos) (1585)

La interpretación que hace Smith de la perspectiva estoica:

> Debemos vernos a nosotros mismos no desde la perspectiva en que nos colocan nuestras propias pasiones egoístas, sino desde la que nos vería cualquier otro ciudadano del mundo. Lo que nos

sucede a nosotros debemos considerarlo como consideramos lo que le sucede a nuestro prójimo; o lo que es lo mismo, como nuestro prójimo considera lo que a nosotros nos sucede.

Smith, *Teoría de los sentimientos morales* (1759)

10. *Anticipación.* Los estoicos recomiendan que nos anticipemos a la adversidad. De este modo, podemos despojarla de su apariencia aterradora, lo cual reducirá su intensidad cuando llegue.

El sabio se familiariza con que habrán de llegarle adversidades y suaviza por medio de larga meditación lo que otros no podrían aminorar sino por largo sufrimiento. Algunas veces oímos a los inexpertos decir: «No sabía que podía ocurrirme esto». El sabio nada ignora de lo que le puede ocurrir y, sea lo que quiera lo que le ocurra, dice: «Sabía».

Séneca, *Epístolas morales* 76.34

En algunas traducciones aparece esta última frase como «Lo sabía». En el original, es una sola palabra, *sciebam*, y me ha parecido mejor dejarla así. Pero cada cual puede quedarse con la que más le guste.

«Lo que a uno le puede suceder puede sucederle a cualquiera», decía Publilio Siro. El que penetre en esto hasta la médula, y comprenda que todos los males que ocurren a los demás, cuya abundancia a diario es tan copiosa, tienen igual de libre el camino para llegar a ellos que a él mismo, estará armado mucho antes de que lo ataquen. Si el ánimo espera hasta que los peligros hayan llegado para prepararse a soportarlos, ya es demasiado tarde.

Séneca, *De la tranquilidad del ánimo* 11:8-9

Analogías militares:

> El soldado, en tiempo de paz, se ejercita en la carrera, lanza el dardo y se afana en trabajos innecesarios para poder atender a lo necesario en el momento que lo sea. Para no estremecerte cuando llegue la ocasión, es indispensable que te ejercites de antemano. Así hicieron muchas personas importantes, que se sometieron a la escasez y pobreza voluntarias durante días, y hasta meses, a fin de que nunca les sorprendiera lo que con tanta frecuencia habían ensayado.

> Séneca, *Epístolas morales* 18.6

> Las naturalezas más fuertes y mejor templadas, hasta con su alejamiento del mundo realizan un acto ejemplar y glorioso. En cuanto a mí, [...] sin ir tan lejos como esas almas fuertes, bastante tengo, cuando me favorece la fortuna, con prepararme para su desfavor; con representarme, estando en situación grata, la desdicha venidera tanto como la imaginación lo hace posible, al igual que usamos las luchas y torneos como simulación de la guerra para acostumbrarnos a ella en plena paz.

> Montaigne, *Ensayos* I, *De la soledad* (1580)

Tanto Plutarco como Cicerón citan en sus textos unas conocidas palabras de Anaxágoras.

> Admiramos la disposición de Anaxágoras, que a la muerte de su hijo se limitó a decir: «Sabía que era mortal cuando lo tuve»; pero es posible además imitarla, aplicándola a todo lo que nos depare la fortuna: «Sé que mi riqueza es efímera e insegura», «Sé que quienes me dieron el mando me lo pueden quitar», «Sé que mi esposa es buena, pero que es una mujer, y que mi amigo es solo un hombre, seres por naturaleza volubles, como dijo Platón». Los que están así preparados y tienen esta clase de

disposición, cuando sucede algo que no deseaban, pero no insospechado, no se quedan en el «nunca hubiera imaginado algo así», «confiaba en que las cosas fueran de otra manera» o «hubiera esperado todo menos esto». Mandan callar a las palpitaciones desbocadas del corazón, por así decirlo, y calman el enloquecimiento y turbación de la mente.

Plutarco, *Sobre la paz del alma* 16 (474d-474f)

Anaxágoras fue un filósofo griego presocrático, y se dice que fue él quien introdujo la filosofía en Atenas. Cicerón, después de contar lo mismo, comenta:

No hay duda de que las cosas que no se han previsto parecen más graves [...] La excelencia y divinidad de la sabiduría consisten en estudiar y conocer íntimamente todos los asuntos humanos, en no sorprenderse cuando algo sucede y en pensar, antes de que suceda, que no hay nada que no pueda suceder.

Cicerón, *Disputaciones tusculanas* 3.14

Schopenhauer propuso una teoría para explicar por qué la previsión ayuda a mitigar la desgracia.

La razón por la cual un acontecimiento desgraciado es menos duro de soportar cuando de antemano lo hemos considerado posible –y como se suele decir, hemos tomado una determinación– debe de ser la siguiente: cuando pensamos con calma en una desgracia antes de que se produzca –es decir, como simple posibilidad–, distinguimos claramente y en todos los sentidos su magnitud, y tenemos entonces una noción de ese acontecimiento como de algo acabado y fácil de abarcar de una sola mirada; por consiguiente, cuando efectivamente llega, no puede obrar con más peso del que tiene en realidad. Si, por el contrario, no hemos tomado esas precauciones, si nos sorprende sin preparación, el espíritu atemorizado no puede medir a primera vista su extensión con exactitud y, al no poder verlo de una sola mirada, se inclina a considerarlo inconmensurable o, al menos, mucho mayor de lo que es verdaderamente. Así, la oscuridad y la incertidumbre agrandan cualquier peligro.

Schopenhauer, *Eudemonología* (1851)

El consejo estoico de anticiparse a la desgracia puede parecer contradictorio con el otro consejo estoico de evitar preocuparse por el futuro (que veíamos en la sección 4 del capítulo nueve). Será más fácil conciliarlos si nos damos cuenta de que, en la anticipación que nos acaban de aconsejar, no interviene en ningún momento la preocupación. Del mismo modo que Séneca recomienda saborear los buenos recuerdos y no rememorar los malos, el estoicismo anima a ensayar los males futuros, pero no a angustiarse por ellos.

Schopenhauer ofrecía además una recomendación suplementaria: no solo imaginar lo que podría suceder, sino imaginar que ya ha sucedido.

> Es hasta saludable representarnos de vez en cuando en la imaginación ciertas grandes desgracias que eventualmente nos pueden suceder; eso nos ayuda a resistir con más facilidad males menos graves cuando vienen efectivamente a abrumarnos, porque nos consolamos entonces con un pensamiento sobre esas desgracias terribles que nunca sucedieron.

Schopenhauer, *Eudemonología* (1851)

11. *Dolor y pensamiento.* Los estoicos saben que hay clases de malestar que no pueden disolverse por completo por mucho que pensemos en ellas de forma distinta; pero dicen que las reacciones concretas que un malestar nos provoca sí dependen fuertemente de cómo lo juzgamos, es decir, de cómo nos hablamos a nosotros mismos de él o cómo estamos condicionados a responder. El dolor es el ejemplo más obvio; no dejamos de sentirlo por muchos razonamientos que nos hagamos. Pero los estoicos insisten en que, aun así, nuestra mente tiene mucho que ver con cómo experimentamos la sensación y en qué grado nos afecta.

Cuida de no hacer más graves tus enfermedades con quejas inútiles. El dolor será moderado con tal de que no lo aumentes en la imaginación. Si, por el contrario, tienes valor y te dices: «Esto no es nada o, en todo caso, es poca cosa. Tengamos paciencia, cesará muy pronto», hasta lo dulcificarás pensando que es fácil de soportar.

Séneca, Epístolas morales 78.12-13

En los mayores padecimientos, deja que este dicho de Epicuro venga a tu rescate: que el dolor no es insoportable ni eterno si recuerdas que tiene sus límites naturales y no le añades nada en tu imaginación.

Marco Aurelio, Meditaciones 7.64

Limitémonos, pues, a hablar del dolor. Concedo de buen grado que sea la desgracia mayor de nuestra vida, pues soy de los que más lo detestan y más lo rehúyen, por no haber tenido hasta el presente, gracias a Dios, mucho trato con él. Sin embargo, yo creo que está en nosotros el poder, si no de reducirlo a la nada, al menos de debilitarlo por medio de la paciencia y de conseguir, a pesar de los sufrimientos corporales, que el alma y la razón se mantengan firmes y bien templadas.

Montaigne, Ensayos I, Cómo el sentimiento de los bienes y los males
depende en gran parte de la idea que de ellos nos formamos (1580)

Montaigne añade un poco más adelante: «Ocurre con el dolor lo que con las piedras preciosas, que se ven más brillantes o más apagadas según el soporte en que se engasten; así, el dolor no ocupa mayor espacio que el que se le consiente». Quienes tengan interés en estudiar más a fondo este tema pueden volver a la sección 3 del capítulo uno.

12. *Adaptación*. Por último, el estoico es consciente de que el tiempo ayuda a aceptar las adversidades. Este es un caso más de lo que podríamos llamar adaptación –o los efectos buenos y malos de la familiaridad–, que los estoicos analizan en detalle. La adaptación no siempre es beneficiosa; puede hacer que nos acostumbremos a cosas perjudiciales que deberíamos arreglar, o que dejemos de apreciar cosas valiosas por estar acostumbrados a verlas (en la sección 1 del capítulo trece se habla más de este tema). Pero la adaptación es indudablemente una gran ayuda para hacer las paces con las adversidades que no se pueden remediar. La mayoría de las cosas que de entrada nos molestan se vuelven más soportables una vez que nos acostumbramos a ellas. El estoico es consciente de esto.

> Quienes carecen de experiencia y se abandonan a la fortuna siempre se sorprenden y asombran cuando se presenta el mal; para ellos, la mayor parte del mal consiste en la novedad, lo cual se reconoce en que lo soportan con paciencia cuando se acostumbran a él.

> Séneca, *Epístolas morales* 76.34

> Por nada merece la naturaleza tan gran alabanza como por esto: sabiendo las desgracias para las que nacíamos, inventó la costumbre como alivio a las calamidades e hizo que pronto se nos hicieran familiares hasta las más pesadas. Nadie resistiría si las cosas adversas tuvieran la misma fuerza al hacerse asiduas que en el primer choque.

> Séneca, *De la tranquilidad del ánimo* 10.2

Capítulo once

LA VIRTUD

Gran parte del estoicismo consiste en despojar las cosas externas de su envoltura ilusoria y en aprender a tratarlas con desapego. Pero, por supuesto, el estoicismo tiene también un lado afirmativo, que muchos considerarían que es su parte más fundamental: la búsqueda de la virtud. Siendo así, el libro podría haber empezado por este tema; si, por el contrario, se ha dejado casi para el final, es porque el significado estoico de la virtud se desprende en parte de las lecciones que hemos estudiado hasta ahora. La virtud es el resultado natural de hacer un uso adecuado de la razón; la razón es el don que claramente diferencia a los seres humanos de los animales, y por tanto el propósito de la vida humana debe encontrarse en ella. Los capítulos anteriores nos han mostrado muchos aspectos de lo que significa la razón para los estoicos. Por un lado –y esto es particularmente relevante– debería hacer que nos diéramos cuenta con precisión de nuestra insignificancia individual (un tema del que hablábamos en el capítulo tres); a partir de esto, quizá podríamos inferir el papel que nos corresponde en el mundo, que es funcionar fielmente como partes de un todo.

Los estoicos consideran que la virtud es suficiente para tener felicidad en todas las ocasiones, y también necesaria para ello. La clase de felicidad que más valoran los estoicos es la *eudaimonia*, o buen vivir: la vida buena, más que un buen estado de ánimo. Pero el estoico cree que la virtud da lugar también a la alegría y la paz interior, que son consecuencias naturales de ella; sus efectos secundarios, por así decir. En otras palabras, la misión principal de los estoicos es ser útiles a los demás y servir al bien común. No lo hacen para ser felices, lo hacen porque consideran que es la forma correcta y natural de vivir; pero hacerlo con ese espíritu de desapego, por añadidura los hace felices.

Como hemos visto, estos filósofos se valen de distintos recursos para exponer sus puntos de vista de un modo convincente. Procuran basar sus ideas sobre la virtud principalmente en la lógica. Los griegos, en particular, trataban de establecer sus conclusiones éticas mediante un sistema coherente de deducciones. Sostenían que la naturaleza nos ordena vivir obedeciendo a la razón, y que implantó en nosotros una inclinación hacia la virtud. En la actualidad, esta línea de argumentación está entre los aspectos del estoicismo que menos resonancia tienen, en parte porque muy poca gente comparte hoy en día su concepción de la naturaleza como ente racional y providencial. Otro aspecto que se ha criticado es una supuesta circularidad de algunos razonamientos estoicos. No es mi intención entrar aquí en estas cuestiones, pero me atrevo a decir que los esfuerzos de los estoicos por *demostrar* que debemos tener como objetivo la virtud, que es el término que ellos utilizan, probablemente no le resultarán convincentes a nadie que no sienta ya cierta afinidad con sus principios.

Aun así, la concepción estoica de la virtud es atractiva en sentidos que pueden separarse de esas cuestiones doctrinales. Entraña no poca perspicacia psicológica su opinión de que la virtud y la felicidad están íntimamente conectadas; de que hay estados mentales que es difícil lograr directamente y solo aparecen como resultado natural de la dedicación a otros propósitos que no llevan implícita la ganancia personal. Muchos han descubierto que la felicidad es así. El empeño en conseguirla buscándola intencionadamente no da muy buenos resultados; la felicidad se ha de encontrar mientras se busca otra cosa (como se ha redescubierto en tiempos modernos y se proclama como si fuera una gran revelación). Esa «otra cosa» a la que aluden los estoicos se traduce principalmente en hacer uso deliberado de la razón y en el compromiso con los demás: con la justicia y con serles de ayuda cuanto sea posible. Estos son principios dignos por los que regir nuestra vida –vayan acompañados o no de una corrección lógica garantizada– y también un camino fiable hacia la felicidad, o al menos más fiable que cualquier otro. Eso sí, debemos recordar que dejar en suspenso la búsqueda de la felicidad para ver si por otro camino llegamos antes a ella es hacer trampa. La felicidad no es la meta del estoico, ni siquiera de forma velada. El punto de vista del estoicismo es, más bien, que se debe practicar la virtud por lo que es en sí misma, y que hacerlo es necesario para obtener los buenos efectos que se derivan de ella. Quienes tengan interés en esto pueden reflexionar y experimentar.

Este capítulo, en consonancia con el resto del libro (y como se hizo en el capítulo nueve al tratar el tema de la emoción), no pretende exponer el marco teórico y la taxonomía de la virtud que desarrollaron los primeros estoicos. Más bien presenta, en forma de esquema, las enseñanzas de los estoicos tardíos sobre el significado de la virtud aplicadas a la práctica, los beneficios de aspirar con seriedad a ella, y cómo cultivar tres virtudes en concreto que se consideran particularmente valiosas: honestidad, constancia y bondad. También veremos la importancia que los estoicos conceden a la participación en los asuntos públicos y a estar al servicio de los demás.

1. *Definiciones.* Los estoicos conciben la virtud, en primer lugar, como el uso cabal del razonamiento y el juicio.

> La virtud no es sino la razón correcta.

> Séneca, *Epístolas morales* 66.32

> En poco tiempo y con pocas palabras puede enseñarse que hay un solo bien, que es la virtud, la cual tiene su sede en nuestra parte mejor, que es la razón. ¿En qué consiste, pues, esta virtud? En el discernimiento justo y seguro que da movimiento al alma, y que la hace ver al desnudo todas las vanas apariencias que excitan nuestras pasiones.

> Séneca, *Epístolas morales* 71.32

La solidez de razonamiento y de juicio darán lugar, a su vez, a algunas cualidades específicas, o virtudes, a las que aspira el estoico, muchas de las cuales se han analizado en capítulos anteriores.

> ¿No estás dotado de un ingenio tan agudo que despierte admiración? De acuerdo; pero hay otras muchas cualidades de las que no

puedes decir como excusa: «Es que no tengo disposición natural para ellas». Así que demuestra esas cualidades que dependen totalmente de ti, como son la integridad, la reserva, la resistencia en las dificultades, el dominio frente a los placeres, la dignidad para aceptar tu suerte sin quejas, la capacidad para contentarte con poco, la generosidad, la sobriedad, la independencia, la ecuanimidad, la sencillez. ¿No ves cuántas cosas podrías ejercitar de inmediato, para las que no tienes el pretexto de que te falta ingenio o talento natural? Y aun así, te quedas voluntariamente por debajo de tus posibilidades.

Marco Aurelio, *Meditaciones* 5.5

De las virtudes que valoraba Marco Aurelio, encontramos también ejemplos en sus expresiones de agradecimiento a otros, como esta que dedica al cónsul, juez y filósofo estoico romano Claudio Máximo, que había sido uno de sus maestros:

De Máximo aprendí que uno debe ser dueño de sí mismo y no dejarse arrastrar por nada; a tener buen ánimo en todas las circunstancias, asimismo en la enfermedad; la moderación del carácter, mezcla a partes iguales de gravedad y dulzura, y la determinación para cumplir, sin quejas ni murmuraciones, con las obligaciones que a uno le correspondan. [...] Tenía además el arte de ser afable con todos y de utilizar el humor en su justa medida.

Marco Aurelio, *Meditaciones* 1.15

Séneca consideraba beneficioso estudiar las artes liberales, entre las que contaba la literatura, la música y las matemáticas (en la sección 5 del capítulo siete se ha incluido una nota sobre esto). Pero decía que su importancia era menor que la de la filosofía porque ninguna de ellas enseñaba a sus estudiantes el significado de la virtud. Su exposición de esta idea proporciona un inventario de muchas virtudes que valoraban los estoicos.

La fortaleza, que desprecia los peligros y que afronta esas cosas terribles que abaten el espíritu de los hombres, ¿se robustece por las artes liberales? Indudablemente el huésped más santo que puede albergar el espíritu humano es la fe, porque no hay necesidad ni ganancia tan grande que pueda corromperla o inducirla a engañar [...] La humanidad, por su parte, siendo virtud que impide la avaricia y el desprecio de nuestros semejantes, nos hace amables y asequibles para todos, tanto en las palabras como en las acciones. [...] ¿Pueden las artes liberales enseñar estas bellas cualidades? Ni más ni menos de lo que pueden enseñar sencillez, modestia y frugalidad.

Séneca, *Epístolas morales* 88.29-30

2. *Beneficios de la virtud.* Al entender de los estoicos, la virtud es la única fuente de la verdadera *eudaimonia*, un término que a veces se traduce como 'felicidad' pero que (como se comentaba al principio del capítulo) tiene un significado más cercano al bienestar o el buen vivir. La virtud da lugar a esto como efecto secundario, y también al placer y la alegría.

Si la virtud promete buena fortuna, tranquilidad de espíritu y felicidad, con certeza el progreso hacia ella es un progreso hacia cada una de estas cosas.

Epicteto, *Discursos* 1.4.3

Séneca se explayó sobre la tranquilidad, o paz interior, asociada a la virtud:

Lo que ahora preguntamos es de qué modo estará siempre el ánimo en igualdad y seguirá un próspero curso; cómo será propicio a sí mismo y mirará sus cosas con tal alegría que no se interrumpa; cómo perseverará en un estado de placidez, sin desvanecerse ni abatirse. Esto es la tranquilidad.

Séneca, *De la tranquilidad del ánimo* 2.4

Es efecto de la sabiduría tener siempre igual regocijo. El espíritu del sabio está lo mismo que los cielos sobre la luna: siempre hace allí buen tiempo. [...] Este gozo no brota más que en el alma que está segura de poseer la virtud.

Séneca, *Epístolas morales* 59.16

Marco Aurelio:

Tú sabes con cuántas cosas te has divertido, y la experiencia te ha enseñado que en ninguna se halla la felicidad: ni en la lógica, ni en las riquezas, ni en los aplausos, ni en los placeres, ni, en definitiva, en parte alguna. ¿En qué consiste, pues, una vida feliz? En hacer lo que exige la naturaleza humana. Y esto ¿cómo se ejecutará? Teniendo unos principios que gobiernen los deseos y las acciones. ¿Qué principios? Los que deciden sobre el bien y el mal, a fin de no considerar que es bueno nada que no te haga justo, moderado, valiente y libre, ni que es malo nada salvo lo que te cause el efecto contrario.

Marco Aurelio, *Meditaciones* 8.1

Sin embargo, los estoicos subrayan que, en su opinión, la virtud no ha de cultivarse por las buenas consecuencias que se derivan de ella. Esas consecuencias son bienvenidas y apreciadas, pero no dejan de ser incidentales.

Me dirás: «Pero tú mismo cultivas la virtud solo porque esperas recibir de ella algún placer». En primer lugar, aunque la virtud asegure el placer, no es esa la razón por que se busca; el placer viene dado por añadidura. Y tampoco se esfuerza la virtud por conseguirlo, sino que su esfuerzo –aunque apunta a otra cosa– también logra esto. [...] Así pues, el placer no es el pago a la virtud ni es su causa, sino un derivado de ella.

Séneca, *De la vida bienaventurada* 9.1-2

Comparemos esto con la conclusión general a la que llegó John Stuart Mill, que en su opinión era fiel reflejo de cómo funciona la mayoría de la gente:

> Solo son felices (pensé) quienes ponen la mente en algún logro que no sea su propia felicidad: en la felicidad de otros, en mejorar la humanidad, incluso en alguna actividad o arte, no como un medio para ser felices sino como un fin ideal en sí mismo. Apuntando así a otra cosa, encuentran la felicidad sin buscarla.

Mill, Autobiografía (1873)

Mill dijo en otra ocasión que los escritos de Marco Aurelio eran a su parecer «el más elevado tratado ético que produjo la mente en la Antigüedad».

3. *Honestidad.* Varias virtudes estoicas, como la moderación, se han examinado ya en otras partes del libro. Vamos a ver ahora algunas que todavía no se han analizado, y empezaremos por la honestidad: no solo decir la verdad, sino vivir sin ocultar nada. He aquí algunos pasajes sobre lo que significa actuar con franqueza:

> Cuando hagas alguna cosa que has decidido necesario hacer, no la hagas a escondidas, por más que a muchos pueda parecerles reprobable. Si es bueno lo que haces, ¿por qué temer a quienes te censuren injustamente? Y si por el contrario es malo, poco importa que nadie te vea; entonces debes desistir de hacerlo.

Epicteto, Enquiridión 35

> Tendrás razón para considerarte dichoso cuando puedas vivir en público y que tu casa no te sirva más que para preservarte de la intemperie, en vez de para ocultarte, aunque casi todos creen que las casas se edifican más para que oculten los vicios que para dar seguridad a quienes las habitan. Te diré una cosa para que

puedas juzgar la corrupción de nuestras costumbres: difícilmente encontrarás a alguien que pueda vivir con la puerta abierta.

Séneca, *Epístolas morales* 43.3-4

Y también:

No hagas nada que te dé miedo que alguien llegue a descubrir.

Epicuro, *Sentencias vaticanas* 70

Es una vida notable la que se mantiene en el debido orden hasta en privado. Cualquiera puede hacer malabarismos con su papel y representar en el escenario a un hombre honesto; pero que ese orden exista interiormente, dentro del pecho, donde cada cual puede hacer lo que quiera porque todo está oculto, eso es lo importante. El grado siguiente es ser así en nuestra casa y en nuestras acciones comunes, de las que no tenemos que dar cuentas a nadie y en las que no hay nada estudiado ni artificial.

Montaigne, *Ensayos* III, *Del arrepentimiento* (1580)

Sobre la espaciosidad de una mente despejada, que no alberga ningún pensamiento que le avergonzaría admitir:

Acostúmbrate a meditar solamente en aquello sobre lo que, si te preguntaran de repente: «¿En qué piensas?», pudieses responder al instante con toda franqueza: «Pensaba en esto y en aquello».

Marco Aurelio, *Meditaciones* 3.4.2

¡Qué locos son los hombres de hoy! Dirigen a Dios plegarias vergonzosas; por eso las hacen en voz baja: si alguien aplica el oído, callan en el acto. ¡Lo que no se atreven a decir delante de otro se lo dicen a Dios! Piensa, pues, si no sería esta una regla saludable:

vive entre tus semejantes como si Dios te mirase; habla con Dios como si tus semejantes te oyesen.

Séneca, *Epístolas morales* 10.5

En conclusión, me he impuesto atreverme a decir todo cuanto me atrevo a hacer; me disgustan hasta los pensamientos que son impublicables. La peor de mis acciones y condiciones no me parece tan vil como me parece vil y cobarde no atreverme a reconocerla.

Montaigne, *Ensayos* III, *Sobre unos versos de Virgilio* (1580)

4. *Constancia*. Los estoicos tenían una prueba para la virtud, y tal vez un atajo para llegar a ella: la constancia. Podría parecer que esta cualidad no tiene un carácter sustancial; que igual de fácil es ser sistemáticamente malo (o errar por sistema) como ser sistemáticamente virtuoso. Pero examinemos la constancia en relación con la franqueza de pensamiento y acción que se describía hace un momento. La verdadera constancia significaría pensar siempre lo mismo y no desviarse nunca de ello. Significaría también actuar y pensar de la misma manera en todas las circunstancias: en público, en casa y a solas; sin fingir nunca, ya que sería bastante acertado decir que la falsedad no es solo deshonestidad, sino también una forma de inconstancia. Quien consiga ser constante en los sentidos que se acaban de exponer, dicen los estoicos que inevitablemente será virtuoso.

Así, pues, prescindiendo de las antiguas definiciones de la sabiduría, me fijaré en esta, que comprende todas las condiciones de la vida humana. ¿Qué es la sabiduría? Querer siempre las mismas cosas o rechazarlas siempre. No hace falta añadir la condición «con tal de que eso que quieres sea justo», porque no existe nada que pueda quererse siempre si no lo es.

Séneca, *Epístolas morales* 20.5

En esto se reconoce principalmente el ánimo inconstante: pasa rápidamente de un extremo a otro; y, lo que me parece peor, nunca es igual consigo mismo. Créeme que es algo muy grande ser siempre la misma persona.

Séneca, Epístolas morales 120.19, 22

En toda la Antigüedad, es difícil encontrar una docena de hombres que hayan gobernado su vida conforme a principios ciertos y constantes, en lo cual se traduce el principal propósito de la filosofía.

Montaigne, Ensayos II, De la inconstancia de nuestras acciones (1580)

5. *Amor, bondad, compasión.* Estos son temas que en la idea moderna del estoicismo no tienen la relevancia que en realidad tenían para los estoicos, por lo cual vale la pena ilustrarlos ampliamente. Lo que sigue será instructivo por sí mismo y también porque quizá les haga cambiar de opinión a quienes piensan que el estoicismo es una filosofía fría y desabrida. Empecemos por Marco Aurelio:

Adáptate a las circunstancias que la vida te ha destinado; y a los hombres entre los que te ha tocado en suerte vivir, ámalos, pero de verdad.

Marco Aurelio, Meditaciones 6.39

Finalmente, son propios del alma racional el amor al prójimo, la verdad, la compasión, no anteponer nada a sí misma, todo lo cual es también característico de la ley: así pues, no hay diferencia entre la recta razón del alma y la razón legítima de la justicia.

Marco Aurelio, Meditaciones 11.1.2

La bondad, si es auténtica, sin afectación ni fingimiento, es invencible.

Marco Aurelio, Meditaciones 11.18

Epicteto:

> No debo ser insensible como una estatua; debo atender todas las relaciones, naturales y adquiridas, como hombre piadoso, como hermano, como hijo, como padre y como ciudadano.

> Epicteto, *Discursos* 3.2.4

Séneca:

> Nuestra vida en común se fundamenta en la generosidad y la concordia; en una estrecha alianza de ayuda mutua, no por miedo, sino por amor recíproco.

> Séneca, *De la ira* 1.5.3

> Esta es la primera promesa que nos hace la filosofía: compañerismo, humanidad, sociabilidad.

> Séneca, *Epístolas morales* 5.4

> Trata a tu inferior como querrías que te tratara tu superior.

> Séneca, *Epístolas morales* 47.11

La traducción del pasaje que se acaba de mostrar es atractiva pero no literal. El original muestra más claramente que Séneca lo escribió pensando en cómo vivía la gente con sus esclavos.

> Estate atento a aquel hombre para que no te haga daño; a este, para no hacérselo tú. Alégrate de la felicidad ajena y compadécete de las desgracias de otros; recuerda de qué debes ocuparte y qué debes evitar.

> Séneca, *Epístolas morales* 103.3

Exhalamos vida a la vez que respiramos. Mientras permanezcamos entre los hombres, respetemos la humanidad: no seamos para nadie causa de temor o de peligro; despreciemos las pérdidas, las injurias, las ofensas, las murmuraciones, y soportemos con magnanimidad los pasajeros contratiempos.

Séneca, *De la ira* 3.43.5

Si pudiésemos penetrar en el alma de un hombre bueno, ¡cuánta hermosura, pureza y tranquilidad veríamos en ella! En un lado brillaría la justicia, en otro la fortaleza, allí la templanza y la prudencia. Además de estas virtudes, veríamos brillar también la sobriedad, la continencia, la paciencia, la tolerancia, la liberalidad. Y también la humanidad, que –¿quién lo creería?– es cualidad muy rara en los seres humanos, añadiría su propio brillo.

Séneca, *Epístolas morales* 115.3

Bien sé que, por ignorancia, muchos consideran mal a la escuela de los estoicos [...] porque dicen que niega al sabio el derecho de compadecer y el de perdonar. La doctrina expuesta de esta manera sería repugnante; parecería que no deja esperanza a los errores humanos y sometería a castigo todos los delitos. Si fuera así, ¿qué filosofía sería esta, que manda olvidar los deberes de humanidad y que, prohibiéndonos el auxilio recíproco, nos cierra el refugio más seguro contra la adversidad? Pero ninguna escuela es más benévola y considerada; ninguna más amiga de la humanidad, más cuidadosa del bien común; porque enseña a ser caritativo y a velar no solo por uno mismo, sino también por los intereses de todos y cada uno.

Séneca, *De la clemencia* 2.5.2-3

Hemos visto a Séneca y a Marco Aurelio referirse al valor de la compasión. Para los estoicos, es un tema que tiene ciertos matices. Su filosofía exhorta a sentir que la humanidad entera está emparentada con cada uno de nosotros, y también a ayudar a quienes lo necesitan. Pero el estoico no está a favor de la compasión entendida como sentir lástima por alguien y hacer nuestra su tristeza, es decir, abatirnos porque otros están abatidos. En opinión de Séneca, los buenos estoicos *harán* todo lo que haría cualquiera que sintiera lástima por otros, pero sin sentirla ellos; la lástima se considera una forma de malestar que no sirve para nada y perjudica el buen juicio.

> La tristeza no es hábil para distinguir las cosas, calcular lo útil, evitar los peligros y apreciar lo justo. Así, pues, el sabio no compadecerá las miserias ajenas, porque necesitaría para ello hacer miserable su mente; en cuanto a las demás cosas que suele hacer la gente compasiva, las hará de buena voluntad, pero con distinto ánimo. Enjugará las lágrimas ajenas, pero sin llorar; ofrecerá su mano al náufrago, hospitalidad al desterrado y limosna al indigente.
>
> Séneca, *De la clemencia* 2.6.1-2

En el capítulo trece veremos a Epicteto expresar un sentimiento similar. Entretanto, estas son las conclusiones de Montesquieu:

> Nunca hubo principios más dignos de la naturaleza humana y más apropiados para formar al hombre de bien que los de los estoicos; y si por un momento pudiera dejar de pensar que soy cristiano, nada me impediría considerar la destrucción de la secta de Zenón como una de las peores desgracias que han sobrevenido al género humano.
> Si se excedió, fue solo en aquellas cosas que entrañan verdadera grandeza, como es el desprecio del placer y del dolor.
> Solo ella hizo ciudadanos; solo ella hizo grandes hombres; solo ella hizo grandes emperadores. [...]
> Aunque consideraban los estoicos que eran cosas vanas las riquezas, el lucimiento, la aflicción, las preocupaciones y los placeres,

se dedicaban por entero a trabajar por la felicidad de los seres humanos y a cumplir sus deberes con la sociedad. Aquel espíritu sagrado que, a su entender, habitaba en ellos, parecían considerarlo una especie de providencia favorable que velaba por la raza humana.

Pensaban todos que, nacidos para la sociedad, su destino era trabajar por ella sin exigir un pago a sus fatigas, pues sus recompensas las encontraban dentro de sí. Felices por su sola filosofía, parecía que solo la felicidad de los demás podía aumentar la suya.

Montesquieu, El espíritu de las leyes (1748)

6. *Interdependencia y servicio.* Al entender del estoico, las vidas humanas son interdependientes, y esto es para él motivo de deber, afecto y consuelo.

No puede considerarse dichoso el que solamente se tiene en cuenta a sí mismo y todo lo refiere a su provecho; es necesario que vivas para otro si quieres vivir para ti.

Séneca, Epístolas morales 48.2

¿Por qué he de entretenerme en mostrar todo lo que debe hacerse o evitarse, cuando puedo enseñar brevemente todos los deberes humanos con esta fórmula: «Este mundo que ves y que encierra las cosas divinas y humanas es un todo: miembros somos de este gran cuerpo. La naturaleza nos hizo hermanos a todos, engendrándonos de la misma materia y para el mismo fin. Nos inspiró amor mutuo y a todos nos hizo sociables. Ella estableció la justicia y la equidad: según su constitución, mayor mal es causar una injuria que recibirla; y según sus órdenes, las manos deben estar siempre dispuestas para el bien. El siguiente verso debe tenerse siempre en el corazón y en la boca: *Homo sum, humani nihil a me alieuum puto.** Hemos nacido para vivir en común; nuestra

---

* N. de la T.: 'Soy un hombre, nada de lo humano me resulta ajeno'.

sociedad es una bóveda de piedras trabadas que caerían si no se sostuviesen mutuamente.

> Séneca, *Epístolas morales* 95.51-53
> (citando a Terencio, *El enemigo de sí mismo*)

¿Qué eres? Un ser humano. Si te ves en relación solo a ti mismo, es natural que puedas vivir hasta la vejez, hacerte rico, gozar de buena salud. Pero si te ves a ti mismo como persona y como parte de un todo, por el bien de ese todo puede tocarte enfermar, o hacer una travesía llena de peligros, o pasar necesidades, o tal vez ser ajusticiado.

> Epicteto, *Discursos* 2.5.25-26

Ser conscientes de esta interdependencia determina en buena medida cómo vivimos y empleamos nuestro tiempo. Los estoicos entienden que tienen el deber de serles útiles a los demás, lo cual incluye el deber de participar en la vida pública. Así interpreta Cicerón el punto de vista estoico:

Habiendo nacido el hombre para salvaguardar y proteger a sus semejantes, se deriva de esta disposición natural que el sabio quiera participar en los asuntos de la administración y la república; y que, para vivir conforme a la naturaleza, quiera tomar una esposa y tener hijos con ella. Incluso la pasión amorosa, cuando es pura, consideran los estoicos que no es incompatible con el carácter del sabio.

> Cicerón, *Del supremo bien y del supremo mal* 3.20

Séneca presentó una versión más escueta de lo que debería esperarse de los estoicos (los de la secta de Zenón, como los llamaba Montesquieu).

Epicuro dice: «El sabio no intervendrá en los asuntos públicos a menos que algo le obligue». Zenón dice: «El sabio intervendrá en los asuntos públicos a menos que algo se lo impida».

Séneca, *Sobre el ocio* 2.2

La traducción es, de nuevo, poco literal, esta vez para que haya paralelismo entre sus dos mitades, lo cual resulta irresistible. Pero ¿qué se entiende por «asuntos públicos»? No solo participar en la política, sino ayudar a los demás a cualquier escala, grande o pequeña.

Indudablemente se requiere de un hombre que beneficie a sus semejantes: a muchos, si puede; si no, a unos pocos; si no a unos pocos, a los más cercanos; si no a estos, a sí mismo. Porque cuando se hace útil a los demás, participa en los asuntos públicos.

Séneca, *Sobre el ocio* 3.5

Estos filósofos tienen también una perspectiva amplia de lo que significa beneficiar a otros. Filosofar cuenta. Y tienen igualmente una concepción amplia de quiénes son esos «otros» a los que es su deber servir. No consideran que los habitantes de sus comunidades inmediatas o de su país sean los únicos que importan. Todos los seres humanos importan.

Cuando te pregunten de dónde eres, nunca respondas: «Soy ateniense» o «Soy corintio». Di (como Sócrates): «Soy ciudadano del mundo».

Epicteto, *Discursos* 1.9.1

Pues ¿qué es un hombre? Es parte de una ciudad: primero, de la compuesta por dioses y hombres; luego, de la más inmediata, que es una miniatura de la ciudad universal.

Epicteto, *Discursos* 2.5.26

Consideremos en nuestro entendimiento dos repúblicas, una grande y verdaderamente pública, en la cual están comprendidos los dioses y los hombres, y donde no miramos a esta o aquella parte, sino que medimos con el sol los términos de nuestra ciudadanía. La otra república es aquella a la que accidentalmente fuimos asignados al nacer. [...] Hay algunos que sirven a un tiempo a ambas repúblicas, la mayor y la menor; otros sirven solo a la menor, y otros solo a la mayor.

Séneca, De la divina providencia 31.1

Capítulo doce

APRENDIZAJE

Los estoicos son estudiantes no solo de la doctrina estoica, sino del proceso de aprender a practicarla. Para ellos, la filosofía es una perspectiva desde la que afrontar la vida cotidiana, no una elaboración intelectual en la que deleitarse desde fuera o a la que apelar de vez en cuando. Por consiguiente, este capítulo presenta sus comentarios sobre lo que es realista en el estudio del estoicismo y lo que no, lo que tiene y lo que no tiene utilidad práctica, y dónde buscar estímulo.

El estoicismo ofrece a quienes se proponen vivir según sus indicaciones distintos ejercicios; por ejemplo, al terminar el día, repasarlo para ver dónde se han cometido errores filosóficos y dónde se ha actuado correctamente; imaginar que a uno lo observa en todo momento una figura ideal, y preguntarse qué pensaría y diría sobre lo que ve, y también meditar sobre los principios del estoicismo hasta asimilarlos de verdad. Los estoicos ofrecen también sus puntos de vista sobre el valor de la soledad y de la vida social, y comparan en qué sentido facilitan o dificultan una y otra el progreso en sabiduría. Por encima de todo, subrayan que, para progresar en la filosofía, no basta con conocer sus preceptos; el progreso se logra asimilándolos, pensando y actuando en consecuencia.

El estoicismo es, entre otras cosas, un régimen de entrenamiento mental. Si esto suena demasiado riguroso, el estoico diría que es porque no estamos acostumbrados a tomarnos la ejercitación de la mente tan en serio como nos tomamos el entrenamiento del cuerpo. Todo el mundo sabe que la vía para llegar a ser un atleta consumado es comprometerse a dedicar a ello tiempo y energía. Lo mismo hace falta para progresar en el estoicismo. Nos parece que sus métodos entrañan excesiva dificultad porque, en este caso, la mente es a la vez la que impone el entrenamiento y la que se somete a él: tiene que enseñarse a sí misma a hacerlo mejor. El estoico mira las cosas desde un punto de vista que difiere del habitual y automático, y trata de resistirse a la reacción convencional ante lo que pueda ocurrir. Todo esto requiere atención y energía constantes, pero también se hace más fácil con el tiempo.

Podríamos entender el estoicismo como el equivalente de alguna de las artes marciales cuyo dominio exija compromiso y práctica infatigables, como sugerirá Séneca. A cambio, la filosofía procura paz interior, intrepidez, bienestar y sabiduría.

1. *Revisión.* Los estoicos ofrecen muchas técnicas para mejorar la calidad del pensamiento. En otros capítulos hemos visto algunas de ellas, como cambiar de perspectiva o anticiparse imaginando lo peor que podría ocurrir. Pero, además, el estoicismo ofrece metatécnicas, es decir, técnicas para mejorar las técnicas. Una de ellas consiste en fijarse objetivos filosóficos y evaluar los progresos que se realizan en esa dirección.

> Si quieres no ser propenso a la cólera, no alimentes el hábito; no le des forraje para que crezca. Empieza por estar tranquilo un día y ve contando los días en los que no te has enfadado: «Solía enfadarme a diario, luego cada dos días, luego cada tres, luego cada cuatro». Si consigues no enfadarte treinta días seguidos, ofrécele un sacrificio a Dios. Pues poco a poco el hábito va perdiendo fuerza, hasta que finalmente desaparece del todo.

Epicteto, *Discursos* 2.18.12

Una sugerencia similar es revisar cada noche cómo ha transcurrido el día desde la perspectiva estoica.

> Es necesario educar y fortalecer todos nuestros sentidos, que por naturaleza son pacientes: si el ánimo trata de corromperlos, debe pedírsele todos los días que rinda cuentas. Así lo hacía Sextio: cuando terminaba el día, en el momento de entregarse

al descanso de la noche, examinaba su conciencia: «¿De qué defecto te has curado hoy? ¿Qué vicio has combatido? ¿En qué has mejorado?». La ira se calmará y se hará más moderada cuando sepa que diariamente ha de comparecer ante un juez. ¿Qué cosa más bella que examinar de esta manera cada día? [...] En cuanto desaparece de mi vista la luz y mi esposa, enterada ya de esta costumbre, guarda silencio, examino conmigo mismo todo el día y repaso de nuevo todas mis acciones y palabras.

Séneca, De la ira 3.36.1-3

Quinto Sextio fue un profesor romano de filosofía estoica y pitagórica de la generación anterior a Séneca. Fundó en Roma la escuela de los sextios, que más tarde dirigió su hijo y que duró desde el año 50 a. C. hasta el 19 d. C. aproximadamente. De las cartas de Séneca, se deduce que asistió a la escuela cuando era joven (me refería a esto en la sección 3 del capítulo ocho). Séneca tuvo la amabilidad de ofrecernos un modelo de ese «rendir cuentas» diario que proponía unas líneas atrás:

Cuida de no hacer eso otra vez; por esta te perdono. En tal debate has hablado con excesiva acritud; a partir de hoy, no te comprometas con ignorantes: los que nada han aprendido no quieren aprender. Criticaste a aquel con demasiada simpleza, y por esa razón lo has ofendido más que corregido: considera en lo sucesivo no solamente si es verdadero lo que dices, sino también si puede soportar lo verdadero aquel a quien se lo dices.

Séneca, De la ira 3.36.4

Hay quienes consideran que la recomendación de hacer esta revisión diaria es de origen pitagórico.

A estos preceptos se refiere la máxima de Pitágoras: pasemos revista, antes de dormirnos cada noche, a lo que hemos hecho durante el día. Quien vive en el tumulto de los negocios o de los placeres y no reflexiona nunca sobre su pasado, sino que se contenta con ir devanando el ovillo de su vida, pierde por completo la claridad; su mente se convierte en un caos, y penetra en sus pensamientos la confusión, de la cual da testimonio su conversación abrupta, fragmentaria y, por decirlo así, desmenuzada.

Schopenhauer, *Eudemonología* (1851)

Y los estoicos harán también el tipo de revisión inversa: se prepararán para lo que está por venir.

Empieza la mañana haciendo estas reflexiones: hoy tropezaré con algún curioso, con algún ingrato, con alguien provocador, alguien tramposo, alguien envidioso y alguien intratable. Todo les viene por ignorancia del bien y del mal. Pero yo, que por una parte he observado que la naturaleza del bien es la belleza, y la del mal la fealdad, y que por otra parte conozco a fondo en mí mismo la condición del que actúa con malicia (puesto que es pariente mío, no porque tengamos la misma sangre o vengamos de la misma semilla, sino porque participamos de una misma mente y partícula o porción divina), sé con certeza que ninguno de esos hombres puede hacerme daño, pues nadie, si yo no lo quiero, puede complicarme en su bajeza. ¿Y cómo enfadarme con quien es mi pariente ni sentir odio contra él?

Marco Aurelio, *Meditaciones* 2.1

Estudiar este pasaje podría serles de provecho a los administradores académicos. Séneca había sugerido algo similar:

El sabio, pues, sereno y justo ante los errores, no es enemigo, sino corrector de los que yerran; y diariamente se dice: «Encontraré muchos ebrios, muchos libertinos, muchos ingratos, muchos avaros y otros muchos agitados por las furias de la ambición»; y a todos los considerará con igual benevolencia que el médico considera a los enfermos.

Séneca, *De la ira* 2.10.6

2. *Observarse.* Otro ejercicio estoico de ajuste de perspectiva es duplicarse mentalmente a fin de observarse a uno mismo a través de los ojos de un ser imaginario. Establecer un punto de vista externo, y personificarlo, es una forma de ver lo que estamos haciendo con más objetividad y de ser más exigentes con nosotros mismos.

> «Es necesario proponernos como modelo algún hombre honrado y tenerlo constantemente delante de los ojos, a fin de vivir como si estuviese presente y hacerlo todo como si nos contemplase». Esto recomienda Epicuro, querido Lucilio [...] Elige, en fin, a aquel cuya vida y discursos te hayan agradado más y, haciéndote un retrato de su espíritu y semblante, contémplalo en toda ocasión, bien para consejo, bien para ejemplo. Repito que necesitamos un modelo al que se ajusten nuestras costumbres. Lo torcido no lo corregirás sino con una regla.
>
> Séneca, *Epístolas morales* 11.8-10

> Muy útil es, sin duda, tener alguien al lado a quien consideres presente a todas tus acciones, pero es mucho más honroso vivir como si te encontrases en presencia de una persona íntegra. Aun así, me contentaría hasta con esto: que todo lo hicieses como si te contemplase *alguien*. Es estando solos cuando tenemos la tentación de obrar mal.
>
> Séneca, *Epístolas morales* 25.5

Epicteto reprodujo el posible diálogo con un observador de este tipo:

> Cuando vayas a presentarte ante un poderoso, recuerda que también otro, desde arriba, está observando lo que ocurre, y que es a este y no al primero a quien más debes satisfacer. El que observa desde arriba te pregunta: «En la escuela, ¿cómo llamabas al exilio, la cárcel, la servidumbre, la muerte, la ignominia?». «Los llamaba "indiferentes"». «¿Y ahora, cómo los llamas? ¿Han cambiado en

algo?». «No». «¿Y tú, has cambiado?». «No». [...] ... Entonces, ve adentro con confianza, recordando estas cosas, y verás lo que significa ser un joven que ha estudiado, frente a los que no. Yo espero, ¡por los dioses!, que tu reflexión sea esta: «¿Por qué hacemos tantos preparativos para nada? ¿En esto se traduce el poder: una entrada lujosa, criados, guardaespaldas? ¿Para esto he escuchado tantas disertaciones? Ninguna de estas cosas era nada, y yo me he estado preparando como si fueran importantes».

Epicteto, *Discursos* 1.30.1-3, 5-7

3. *Meditación.* A veces, el solo hecho de contemplar la perspectiva estoica y de leer y escribir sobre ella nos ayuda a progresar. Es tanto una forma de vida como una forma de pensamiento. Ensayando la forma de pensar acertada es como se practica el estoicismo y se avanza.

Sé, querido Lucilio, que estás convencido de que no es posible vivir felizmente, ni siquiera de manera tolerable, sin el estudio de la sabiduría; pues la sabiduría perfecta hace dichosa la vida, que hasta se dulcifica mucho en cuanto se empieza este estudio. Sin embargo, para robustecer este convencimiento e imprimirlo profundamente, es necesario meditar con frecuencia en él. Más difícil es sin duda perseverar en una resolución buena que adoptar nuevas resoluciones nobles.

Séneca, *Epístolas morales* 16.1

Los buenos preceptos, cuando los tienes frecuentemente presentes, son tan útiles como los buenos ejemplos. Pitágoras dice que quienes entran en los templos y contemplan de cerca las imágenes de los dioses, o quienes oyen la respuesta de algún oráculo, cambian de disposición de ánimo. ¿Puede dudarse que hasta a los ignorantes les afectan sensiblemente ciertos preceptos? Frases como estas, cortas y significativas: «No hagas nada en exceso», «Ningún lucro basta al avaro», «Espera de otro lo que a otro haces».

Séneca, Epístolas morales 94.42-43

Tu entendimiento será, ni más ni menos, como sean las cosas en que pienses con más frecuencia, ya que el alma queda imbuida y como penetrada de las ideas y pensamientos. Imbúyela, pues, con frecuencia de pensamientos como este, por ejemplo: donde es posible vivir, es también posible vivir bien.

Marco Aurelio, Meditaciones 5.16

He de morir; ¿ha de ser además lamentándome? He de ir a la cárcel; ¿tiene que ser además gimiendo? He sido desterrado; ¿alguien me impide marcharme con una sonrisa, alegre y tranquilo? «Revela tus secretos». No hablo; esto, de mí depende. «Entonces, tendré que encadenarte». Pero, hombre, ¿qué dices? ¿A mí? Podrás encadenarme la pierna, pero ni el mismo Zeus puede vencer mi voluntad. «Te meteré en la cárcel». A mi pobre cuerpo, querrás decir. «Te decapitaré». ¿Acaso he presumido yo de que mi cuello sea el único imposible de cortar? Sobre estas cosas deberían meditar los estudiantes de la filosofía, sobre ellas deberían escribir a diario, en ellas deberían ejercitarse.

Epicteto, Discursos 1.1.22

4. *Lugares.* Los estoicos no tienen siempre la misma opinión sobre la importancia de los lugares a los que uno va y la compañía que frecuenta, y sobre cómo influyen en el progreso filosófico las decisiones que tomamos al respecto. Quizá la diversidad de respuestas dependa de los detalles. Séneca admite que algunos lugares son más propicios que otros para el desarrollo de la sabiduría.

Así como determinado traje sienta mejor que otro al hombre sabio e íntegro –y sin que tenga aversión a ningún color, elegirá el más conveniente a la persona modesta–, así también existen parajes que el sabio (o quien aspira a la sabiduría) debe evitar, pues son enemigos de las buenas costumbres. Por esta razón, el que quiera vivir retirado no habitará en Canopo, a pesar de que esta ciudad no impide a nadie tener una vida ordenada. Tampoco irá a Bayas, que se ha convertido en la mansión de los vicios.

Séneca, *Epístolas morales* 51.2-3

Canopo fue una ciudad de la costa de Egipto, y Bayas una ciudad del suroeste de la actual Italia (próxima a Nápoles). Ambas eran zonas turísticas famosas por su libertinaje. A pesar del gran reto que podía suponer vivir en estos lugares, la opinión habitual de los estoicos era que carecía de importancia estar en un lugar en vez de en otro. A su entender, la vida se vive en la mente más que en un lugar físico, y el apetito por lugares nuevos surge de la misma fuente que el apetito por otras novedades: una sensibilidad demasiado embotada como para apreciar lo que ahora nos rodea.

«¿Cuándo volveré a ver Atenas y la Acrópolis?». Desdichado, ¿no te basta con lo que ves cada día? ¿Podrías tener algo mejor o más magnífico que ver que el sol, la luna, las estrellas, la tierra entera, el mar?

Epicteto, *Discursos* 2.16.32

Comparémoslo con el comentario de Cicerón:

Si nos fuera concedido salir de un estado de eternas tinieblas y súbitamente viéramos la luz, ¡qué espléndido nos parecería el cielo! Pero a medida que los ojos se acostumbran, la mente se habitúa también, y ya no se asombra ni pregunta la razón de las cosas que están a la vista; como si la novedad de los objetos, más que su grandeza, debiera incitarnos a investigar sus causas.

Cicerón, *De la naturaleza de los dioses* 2.38

Al estoico le interesan menos los cambios de escenario que los cambios internos y considera que es poco probable que los primeros resulten gratos sin los segundos.

> ¿Te asombras de que no te aprovechen los viajes, cuando vas contigo mismo a todas partes? La misma causa que te impulsó te oprime aún. ¿De qué te sirve cambiar de lugar?, ¿de qué, el conocimiento de comarcas y ciudades? Todo eso no es más que inútil agitación. ¿Preguntas por qué son vanas esas correrías? Porque te llevas contigo cuando huyes. Sin antes aliviar tu espíritu del peso que le oprime, no encontrarás placer en ningún lado.

> Séneca, *Epístolas morales* 28.2

También Horacio expresó esta idea: «Cambian de clima, no de disposición, los que escapan más allá del mar» (Horacio, *Epístolas* 1.11). Emerson ofreció una conocida expresión de ella:

> En nuestros primeros viajes, descubrimos lo poco que importa el lugar. Sentado en casa, sueño que en Nápoles, en Roma, embriagado por su belleza, la tristeza desaparece. Hago el equipaje, me despido de mis amigos, embarco y finalmente despierto en Nápoles; y allí a mi lado está la realidad implacable: el mismo individuo triste y pertinaz del que creía haber huido. Busco el Vaticano y los palacios. Intento embriagarme con vistas y sugestiones, pero nada me embriaga. Mi hombretón va conmigo adondequiera que yo voy.

> Emerson, *Confianza en uno mismo* (1841)

Y Plutarco utilizó una analogía similar para describir todos esos cambios superficiales que hacemos y que en nada nos ayudan:

> Es el mismo caso de los cobardes que, cuando se marean en altamar, piensan cuánto más cómoda sería la travesía si se cambiaran

de la pequeña embarcación en la que viajan a un barco grande, y después, nuevamente, de este a un buque de guerra; pero no logran nada con los cambios pues la náusea y la cobardía la llevan con ellos. Tampoco cambiar un modo de vida por el opuesto aliviará el espíritu de inquietud y aflicción. Quienes lo pretenden demuestran ignorancia de los asuntos humanos, irreflexión e incapacidad (y falta de conocimiento) para hacer buen uso de lo que tienen a su disposición. Estos son los defectos que, como una tempestad en altamar, atormentan por igual a ricos y pobres, y afligen tanto a casados como a solteros. Por estos defectos, evitan primero la vida pública, y luego encuentran la tranquilidad insoportable; por ellos ambicionan ascender en la corte y, al poco de conseguirlo, se aburren.

Plutarco, *Sobre la paz del alma* 3 (466b-466c)

5. *Retirarse en soledad.* Los estoicos observan que buscar la soledad tiene igualmente un poderoso atractivo y el potencial de ser una trampa. Sobre su aspecto favorable:

Creo que la soledad no inspira inocencia ni los campos enseñan moderación; pero esos vicios cuyo fin principal es exhibirse y que los contemplen, cesarán en cuanto no tengan espectadores. ¿Quién viste la toga púrpura para que nadie la vea? ¿Quién se hace servir en vajilla de oro cuando come solo?... Nadie derrocha elegancia para maravillar a sus propios ojos o a los de algunos familiares; hacemos despliegue de lujo y aparato según el número y calidad de los que lo contemplan. Y puesto que el estímulo para toda esa ostentación son sus testigos y admiradores, bastará con que te abstengas de exhibirte para que dejes de desear nuevos objetos que exhibir. La ambición, el lujo y la intemperancia requieren teatro; tenlos ocultos y te curarás de ellos.

Séneca, *Epístolas morales* 94.69-71

Sobre lo fútil de buscar la soledad para relajarse:

> Muchos buscan, para hacer un retiro, una casa en el campo, o a la orilla del mar, o en los montes, cosas que tú mismo solías desear con anhelo. Pero todo esto es una vulgaridad, pudiendo retirarte en ti mismo a la hora que te dé la gana.
>
> Marco Aurelio, *Meditaciones* 4.3

Sobre sus peligros:

> Se dice que Crates –discípulo de Estilpón, de quien acabo de hablar– al encontrarse a un joven que paseaba en solitario le preguntó qué hacía tan solo. «Hablo conmigo mismo», contestó; a lo que replicó Crates: «Vigila, te lo ruego, y escucha esto atentamente: estás hablando con un mal hombre». [...] A la persona ignorante nunca se la debería dejar sola, porque es entonces cuando le asaltan los malos pensamientos y acaricia proyectos perjudiciales para sí misma o para las demás; es entonces cuando aparecen los deseos innobles y brota al exterior todo lo que la vergüenza o el temor hacían tener oculto; en fin, en estos momentos es cuando la temeridad toma vuelo, se irrita la avidez y se caldea la cólera.
>
> Séneca, *Epístolas morales* 10.1-2

Estilpón fue un filósofo griego que nació en el siglo IV a. C. Como menciona Séneca, fue maestro de Crates de Tebas, miembro de la escuela cínica. Algunos textos acreditan que ambos fueron, a su vez, profesores de Zenón de Citio, el fundador del estoicismo. Los tres eran héroes para los estoicos.

6. *Buenas y malas compañías.* El estoicismo sostiene que estamos en este mundo para colaborar con los demás. Por consiguiente, aunque los estoicos están muy atentos a los peligros de la vida social (como veíamos en el capítulo siete y volveremos a ver dentro de un momento), entienden también la

importancia de relacionarnos con nuestros semejantes, y valoran mucho la amistad. Simplemente, son selectivos al respecto.

Nada hay que deleite tanto el ánimo como una amistad afectuosa y fiel.

Séneca, *De la tranquilidad del ánimo* 7.3

Busca, pues, a aquellos que pueden hacerte mejor, y recibe también a aquellos a quienes puedas mejorar tú. Esto es recíproco: las personas aprenden cuando enseñan.

Séneca, *Epístolas morales* 7.8

Los luchadores se ejercitan entre sí. El músico recibe inspiración del que sabe lo mismo que él. También el sabio necesita que su virtud se mantenga en acción: así como encuentra inspiración en su propio entendimiento, la encuentra igualmente en otro sabio.

Séneca, *Epístolas morales* 109.2

Sobre los peligros de las malas compañías:

Quien se junta a menudo con otros en banquetes, o para conversar, o solamente para estar en buena compañía, o bien acaba pareciéndose a ellos, o bien hace que ellos acaben pensando como él. Porque si un carbón apagado se arrima a un ascua encendida, o bien el primero apagará a esta, o bien esta hará que prenda el primero. Siendo tan grande el peligro, conviene que te acuerdes de ser cauteloso al entablar relaciones de este tipo con hombres comunes, ya que es imposible que quien se roza con alguien que está embadurnado de hollín no acabe manchado él también.

Epicteto, *Discursos* 3.16.1-3

Así pues, hasta que estos sabios pensamientos hayan calado en ti y hayas adquirido cierta fuerza que te proteja, he de aconsejarte que seas prudente en el trato con los no iniciados en estas cuestiones. De lo contrario, todo lo que en clase hayas anotado ese día se derretirá como cera al sol.

Epicteto, *Discursos* 3.16.9

Séneca opinaba que era especialmente importante ser cautelosos a la hora de elegir a quién escuchamos.

Así como aquellos que han escuchado una sinfonía llevan en los oídos la armonía que les deleitó –y que les impide todo pensamiento y meditación seria–, así la conversación de los aduladores y de los que ensalzan las cosas depravadas, por poco que se los escuche, persevera mucho tiempo en la memoria. No es fácil olvidar una conversación que nos agradó; si desaparece, vuelve por intervalos a nuestra mente. Por esta razón, es necesario cerrar los oídos a los malvados en cuanto empiezan a hablar; porque cuando han comenzado, y ven que se los escucha, se crecen.

Séneca, *Epístolas morales* 123.9

Séneca sugirió asimismo que las personas viles con las que nos cruzamos en la vida se corresponden con disposiciones potenciales que existen en nuestro interior; y que esas disposiciones latentes cobran vida cuando pasamos tiempo con aquellos que son sus representantes en el mundo.

Jamás te abandonará la avaricia mientras vivas con una persona avara ni la soberbia mientras estés en compañía de alguien orgulloso. No perderás el espíritu de crueldad si compartes tu tienda con un verdugo, y tratar con un adúltero encenderá tus deseos. En fin, si quieres despojarte de tus vicios, es necesario que te alejes de los malos ejemplos. Pues el avaro, el lujurioso, el falso y el cruel –que serían muy temibles si los tuvieras cerca– están dentro de ti.

Séneca, *Epístolas morales* 104.20-21

7. *La multitud.* Una cuestión asociada con esto es qué relación tenemos con el mundo social a gran escala; por ejemplo, cuando alguien se convierte en un personaje público. Es un tema de mucha importancia para el estoico, porque su filosofía lo exhorta a comprometerse con los asuntos públicos, por un lado, y por otro le recomienda que no se deje influir por la opinión popular, sino que la desprecie. Por tanto, el estoico no debería evitar a la multitud, pero sí estar muy atento a la relación que mantiene con ella. Epicteto tiene una visión benévola de las masas humanas y las compara con los grandes grupos de animales.

Y si te encuentras en medio de una multitud –en una competición, digamos, o un festival o una fiesta–, procura disfrutarla con los demás. Pues, para el filántropo, ¿qué puede haber más agradable a la vista que un gran número de personas juntas? Ver una manada de caballos o de bueyes nos complace; nos deleita mirar una flota de muchos barcos; ¿a quién puede parecerle penoso ver juntas a numerosas personas?

Epicteto, *Discursos* 4.4.26-27

Séneca procuró mantener con la multitud una relación equilibrada. A veces, esto se consigue por alternancia.

Deben combinarse y alternarse la soledad y la multitud. La primera nos dejará con el anhelo de la compañía de otros; la segunda, de la nuestra. Una será el remedio de la otra: la soledad nos curará de la aversión a la multitud; la multitud, del tedio de la soledad.

Séneca, *De la tranquilidad del ánimo* 17.3

Sugirió igualmente moderación cuando se está entre la multitud. En este caso, entendía que lo mejor era encontrar un término medio, que permitiera participar en la vida social sin sucumbir a ella ni tampoco detestarla.

> ¿Qué crees que le sucede a aquel a quien la multitud se empeña en pervertir? Tenlo en cuenta, pues será inevitable que imites u odies, y sin embargo es preciso evitar lo uno y lo otro. No te hagas igual a los malvados porque son mayoría, ni te enemistes con la mayoría porque no se te parecen.
>
> Séneca, *Epístolas morales* 7.7-8

> Es necesaria en verdad grandísima fortaleza para mantenerse estricto y sobrio entre una multitud ebria y que vomita. Hay una alternativa más moderada, que es hacer lo mismo que los demás pero de manera más decorosa, sin distinguirse ni ocultarse, ni mezclarse tampoco con toda clase de personas; porque puede festejarse el día sin traspasar los justos límites.
>
> Séneca, *Epístolas morales* 18.4

8. *Asimilar las enseñanzas.* La filosofía estoica está pensada para ser asimilada más que admirada.

> Así como la lana toma ciertos tintes al momento, y no toma otros hasta después de empapada y recocida varias veces, lo mismo sucede con las ciencias: hay sistemas de pensamiento que, una vez comprendidos, se pueden practicar de inmediato. Pero el sistema del que estoy hablando, a menos que penetre y permanezca largo tiempo en el fondo de la mente, y no solo la humedezca sino que le dé su color, no producirá en ella los efectos que se esperaban.
>
> Séneca, *Epístolas morales* 71.31

Por eso se aconseja a los estudiantes del estoicismo que no filosofen demasiado. El aprendizaje debe mostrarse, no decirse. Según Epicteto:

Nunca digas que eres filósofo ni empieces a hablar delante de gente ignorante sobre las máximas que sigues; solo, ponlas en práctica. [...] Y si estando entre un grupo de hombres ignorantes les da por hablar de algún axioma de filosofía, guarda silencio cuanto te sea posible, porque hay gran peligro de que vomites lo que aún no has digerido. Y si alguno te dice que no sabes nada y tú no te alteras por ello, debes saber que has hecho ya una parte de lo que tus preceptos te ordenan. Las ovejas no vomitan el heno para que el pastor vea cuánto han comido; lo digieren dentro, y después fuera le dan leche y lana. Lo mismo has de hacer tú: no quieras demostrar ante quienes nada saben lo que has aprendido; que sea tu comportamiento el que diga que has digerido lo que estudiaste.

Epicteto, *Enquiridión* 46

Adoptemos estas convicciones y hagámoslas nuestras [...] Pero ocultemos cuidadosamente lo que hayamos tomado de otro y no presentemos más que lo nuestro. Si en tus obras se reconoce algún rasgo de un autor que particularmente aprecias, que sea una semejanza de hijo y no un retrato, porque el retrato es una cosa muerta.

Séneca, *Epístolas morales* 84.7-8

Para ilustrar esta idea, Plutarco creó un símil que se ha hecho muy conocido.

Para que despierte en la mente el impulso de descubrir y el anhelo de la verdad, no hace falta llenarla de nada; porque la mente no es como un cubo, sino como leña seca que solo necesita una llama que la prenda. Nada más. Supón que alguien va en busca de unas brasas a casa de sus vecinos y al llegar y ver una gran lumbre se queda allí calentándose hasta que el fuego se apaga. Eso mismo hacen muchos que acuden a oír hablar a otro y, embelesados con lo que oyen, se quedan allí escuchando, sin darse cuenta de que esas palabras deberían ser únicamente la brasa con la que encender su propia luz y despertar su inteligencia.

Plutarco, *Sobre cómo se debe escuchar* 18 (48c-48d)

9. *Las palabras.* Del mismo modo, los estoicos desconfían del apego excesivo a las palabras. Consideran que el progreso en filosofía se mide por el pensamiento y la acción, no por el conocimiento de preceptos.

Si no ponemos en práctica las concepciones correctas, seremos simples enunciadores del saber ajeno. ¿Quién de nosotros no es capaz de disertar ahora mismo sobre lo bueno y lo malo, según todas las reglas? De decir que, de lo que existe, unas cosas son bienes, otras males y otras indiferentes; bienes, pues, son las virtudes y lo que participa de ellas; males, sus contrarios; indiferentes, la riqueza, la salud, la reputación. Y si en medio de la disertación se oye un rumor creciente de voces, o alguien se ríe de nosotros, nos atascamos. ¿Dónde están, filósofo, esas cosas de las que hablabas?

Epicteto, *Discursos* 2.9.14-17

Los estoicos advierten, por tanto, del peligro de dejarse engañar por las formulaciones verbales.

Por esta razón hacemos aprender máximas a los niños... porque su mente puede retenerlas cuando no es capaz aún de profundizar más en ellas. Pero es vergonzoso que un hombre busque máximas, aprenda frases que son comunes y no se dé a conocer más que por su memoria. Es hora de que se alimente por sí mismo, de que diga y no recite, porque no está bien que un anciano o un hombre avanzado en edad memorice máximas en lugar de hacer las suyas propias.

Séneca, *Epístolas morales* 33.7

Puesto que es por medio de la disertación y otras formas semejantes de enseñanza como hemos de progresar hacia la perfección, y purificar la voluntad, y corregir la facultad de usar las impresiones, y puesto que la enseñanza de esos principios requiere cierto estilo de presentación, y una cierta vivacidad y variedad en la forma de expresarlos, algunos estudiantes se quedan cautivados por estas cosas y permanecen atrapados en ellas: uno cautivo de la elocución, otro de los silogismos, otro de las ambigüedades, otro en alguna de las demás posadas semejantes que hay al borde del camino, y allí se quedan y se consumen, como entre las sirenas.

Epicteto, *Discursos* 2.23.40-41

Esta desconfianza hacia las palabras puede influir, además, en el gusto personal por ciertas maneras de filosofar. Los estoicos que se destacan en este libro se impacientaban al oír exponer teorías que no se traducían en nada práctico. Ahora bien, qué proporción de teoría debía considerarse la adecuada era objeto de debate no solo entre los estoicos y otros filósofos, sino entre los propios estoicos. El estoicismo de los primeros tiempos era célebre por sus ingeniosas paradojas y refinamientos conceptuales, que los estoicos romanos encontraban de muy poco interés. Ellos pensaban que la filosofía era un asunto demasiado importante como para perderse en constantes abstracciones y un exceso de sutileza. Séneca ridiculizó la idea de pretender exhortar a la gente a actuar con coraje por medio de silogismos, aunque fueran silogismos estoicos.

Se necesitan armas muy fuertes para vencer a los grandes monstruos... ¿Vas a arrojar esas pajillas contra la muerte? ¿Vas a defenderte del león con una aguja? Sin duda, es agudo lo que dices, pero nada es tan agudo como una arista. Muchas cosas resultan inútiles e ineficaces precisamente por su misma sutileza.

Séneca, *Epístolas morales* 82:23-24

A la mente le gusta más recrearse que corregirse y trata la filosofía como distracción, en vez de estudiarla como remedio. Ignoro qué diferencia hay entre «la sabiduría» y «ser sabio»; pero sé bien que me es igual saberlo que ignorarlo. Dime, [...] ¿por qué haces que me fije más en los términos de la sabiduría que en sus efectos? Hazme más fuerte, hazme más tranquilo, hazme resistir a la fortuna, hazme invulnerable a ella.

Séneca, *Epístolas morales* 117.33

En opinión de Séneca, el propósito de la filosofía es ayudar a la gente a resolver sus más serios problemas.

¿Quieres saber lo que promete la filosofía a todo el género humano? ¡Buen consejo! El uno invoca la muerte, a otro le agobia la pobreza, a otro le atormentan sus riquezas o las ajenas; este se revuelve contra su mala fortuna, aquel quisiera verse libre de las molestias que trae consigo la prosperidad; este se queja de los hombres, aquel de los dioses. ¿Por qué me propones estas bagatelas? No tenemos tiempo para divagar: se te ha llamado a ayudar a los desdichados. Has prometido socorro a los náufragos, a los cautivos, a los enfermos, a los pobres y a los que están próximos a presentar la cabeza al verdugo: ¿por qué te extravías? ¿A dónde vas?

Séneca, *Epístolas morales* 48.7-8

Una crítica similar atribuida a Epicteto:

¿A mí qué me importa –dice Epicteto– si el universo está compuesto de átomos o de sustancias puras, o de fuego y tierra? ¿No basta con conocer la verdadera naturaleza del bien y el mal, con conocer los límites claros de nuestros deseos y nuestras aversiones, y también del impulso a actuar y a no actuar, y, haciendo uso de ellos como reglas para ordenar los asuntos de nuestra vida, decir adiós a las cosas que están más allá de nosotros? Es muy posible que estas últimas no las pueda comprender la mente humana; pero incluso imaginando que sean perfectamente comprensibles, ¿qué provecho sacamos de comprenderlas?

Epicteto, fragmento en *Antología de extractos, sentencias y preceptos* 2.1.31, compilados por Estobeo (v-vi d. C.)

10. *Comparaciones con el desarrollo físico.* En capítulos anteriores se ha mostrado el interés que despierta en los estoicos cierto error de percepción que reiteradamente cometemos, y que consiste en la tendencia a sobrevalorar lo que es visible a expensas de lo invisible: el dinero más que el tiempo, o los beneficios evidentes que reporta una adquisición más que los costes ocultos de haberla hecho. Y el progreso filosófico lo ven del mismo modo. Si nos resulta abrumadora la idea de cambiar nuestros hábitos de pensamiento es porque no estamos acostumbrados a comprometernos con ella como lo hacemos a diario con objetivos más tangibles. Así que nuestros escritores comparan las dificultades que supone la práctica de la filosofía con las dificultades que plantean los objetivos menores que nos ponemos a diario y los esfuerzos que estamos dispuestos a hacer para conseguirlos.

Si ejércitos enteros han experimentado privaciones de todo tipo, han vivido de hierbas y raíces, han estado a punto de morir de hambre, y todo por conquistar un reino –más grave aún: por conquistarlo para otro–, ¿habrá alguien que esté dispuesto a soportar la pobreza a fin de librar a su mente de la locura?

Séneca, *Epístolas morales* 17.7

La respuesta, por supuesto, es que tenemos que pensárnoslo dos veces; sin embargo, la opinión estoica es que nadie debería dudar. Una línea argumental paralela compara el trabajo y el entrenamiento que exige el estoicismo con los que conlleva cualquier logro físico.

> ¡Cuántos hay que ejercitan el cuerpo y qué pocos que ejercitan la mente! La multitud corre a los espectáculos en los que no hay verdad ni provecho, mientras permanecen desiertas y abandonadas las escuelas donde se enseñan la virtud y las buenas costumbres. La mente de esos deportistas cuyos brazos y hombros se admiran no está en armonía con las fuerzas de su cuerpo.
>
> Séneca, *Epístolas morales* 80.2

En realidad, debería intimidarnos menos la perspectiva de entrenar la mente que la de entrenar el cuerpo.

> El cuerpo necesita muchas cosas para fortalecerse, mientras que la mente se robustece, alimenta y ejercita por sí misma. El cuerpo de un atleta es necesario que coma y beba mucho, frotarlo con aceite, ejercitarlo de continuo; sin embargo, la virtud se adquiere sin hacer ningún gasto.
>
> Séneca, *Epístolas morales* 80.3

Uno de los objetos de comparación predilectos de los estoicos es el entrenamiento acrobático. ¿Cuánto más difícil que esto puede ser practicar el estoicismo?

> No hay nada tan difícil y penoso que la mente humana no lo pueda vencer, nada con lo que no pueda familiarizarse a base de constante ejercicio; no hay pasión tan desenfrenada e indomable que no pueda doblegarse al peso de la disciplina. La mente obtiene todo lo que se ordena a sí misma. [...] Hay quienes han aprendido a correr sobre la cuerda floja; a elevar pesos enormes, casi superiores a las fuerzas humanas; a sumergirse a profundidades inmensas y a permanecer debajo del agua sin respirar.

Existen mil cosas más en las que la perseverancia ha vencido todos los obstáculos, y prueban que nada es difícil cuando el alma se ha impuesto a sí misma la paciencia.

Séneca, *De la ira* 2.12.3-5

Los acróbatas se entregan con coraje a realizar tareas de suma dificultad en las que arriesgan la vida, unos dando volteretas sobre espadas en punta, otros andando a gran altura por la cuerda floja, otros volando por el aire como pájaros, cosas en las que el menor movimiento en falso significa la muerte; y todo ello por una miserable paga. ¿Y nosotros no estamos dispuestos a soportar incomodidades a cambio de la completa felicidad?

Musonio Rufo, *De que deberían despreciarse las fatigas*

11. *Dedicación.* No nos equivoquemos: practicar el estoicismo requiere dedicación. Los estoicos no lo entienden como un entretenimiento.

No se debe esperar a tener tiempo, para comenzar el estudio de la filosofía; deben abandonarse todas las demás ocupaciones para dedicarse a esta ciencia, pues ni todo nuestro tiempo sería suficiente: ni aunque nos empleásemos en ella desde la infancia hasta el término de la más dilatada vejez.

Séneca, *De la brevedad de la vida* 72.3

Pero ¿cómo podrá fortalecerse contra el vicio aquel que trabaja en ello solo el tiempo que no ocupa en el vicio? Ninguno de nosotros ha penetrado en su fondo; solamente hemos tocado la superficie, y creemos que es bastante, quizá demasiado, haber concedido algunas horas a la filosofía entre nuestras otras ocupaciones.

Séneca, *Epístolas morales* 59.10

De lo que menos se ocupa la persona atareada es de vivir, y no hay disciplina más difícil de aprender. Abundan por todas partes los profesores de otras artes; hasta los niños aprenden algunas de ellas tan bien que podrían enseñarlas. Pero a vivir se ha de ir aprendiendo toda la vida, y –lo que puede sorprenderte más– lleva toda una vida aprender a morir.

Séneca, De la brevedad de la vida 7.3

12. *Un poco de estímulo.* Como hemos visto en estas últimas secciones, unas veces los estoicos dicen que su filosofía requiere gran esfuerzo y compromiso, y otras, que está al alcance de cualquiera. Aseguran que lleva toda una vida aprenderla, y también que se puede progresar de inmediato. En definitiva, son unos optimistas muy exigentes. Hasta aquí nos han hablado de sus exigencias; para terminar el capítulo, dejemos que nos transmitan su optimismo.

A decir verdad, ni siquiera es grande este trabajo, si cuidamos, como ya he dicho, de moldear y reformar la mente antes de que su inmoralidad se consolide. Pero ni siquiera en ese caso me desesperaría, porque no existe nada que no pueda dominarse con seria aplicación y constante trabajo. La encina puede enderezarse por torcida que esté; por medio del calor se estiran las vigas combadas y se les da nueva forma para hacerlas servir según nuestro deseo. ¡Cuánto más fácil será corregir la mente, dúctil como es, y más variable que ningún líquido!

Séneca, Epístolas morales 50.5-6

No debe decirse que la ira no puede curarse: los males que nos afligen no son incurables; y la naturaleza misma, que nos creó para el bien, nos ayuda si estamos dispuestos a mejorar. Además, el camino de la virtud no es, como algunos han creído, escarpado y áspero, sino que se llega a ella por un camino a nivel. No vengo a daros consejos vanos: el camino a la vida feliz es fácil;

solamente, emprendedlo bajo buenos auspicios y con la asistencia de los dioses. Mucho más difícil es hacer lo que hacéis ahora.

Séneca, *De la ira* 2.13.1-2

Esto me recuerda a los que creen imposible aquello de lo que no son capaces; dicen que proponemos cosas superiores a las fuerzas de la naturaleza humana. ¡Cuánto mejor es la opinión que yo tengo de ellos! Porque creo que sí pueden, pero no quieren. Además, ¿alguna vez le han fallado las fuerzas a quien ha intentado realizar estas tareas? ¿Hay alguien a quien no le parecieran más fáciles una vez emprendido el camino? No es la dificultad lo que nos impide atrevernos, sino que de no atrevernos viene la dificultad.

Séneca, *Epístolas morales* 104.25-26

Grande es el combate; el logro, divino: por el dominio, por la libertad, por la felicidad, por la paz.

Epicteto, *Discursos* 2.18.28

Capítulo trece

EL ESTOICISMO Y SUS CRÍTICOS

Esta parte del libro, a modo de epílogo, consiste en tres breves debates. Cada uno consta de una crítica al estoicismo y una réplica a ella.

1. *Su insensibilidad.* La primera crítica es una reacción al siguiente consejo de Epicteto:

> Cuando veas llorar a alguien porque su hijo se ha ido lejos o porque ha perdido sus bienes, no te dejes engañar por la impresión de que esas cosas externas son la causa de su desdicha. En lugar de eso, hazte esta reflexión: «No es este suceso lo que le aflige, pues a otros les ocurre y no sufren así; lo que le atormenta es la opinión que ha concebido de ello». Luego, compadécete de su aflicción, y hasta acompáñalo en el llanto si lo juzgas apropiado; pero cuida de que tu lloro no te entristezca de verdad el corazón.
>
> Epicteto, *Enquiridión* 16

Este pasaje provocó la siguiente respuesta de Joseph Addison, al cabo de muchos siglos:

> Como los filósofos estoicos desprecian todas las pasiones, no admiten que el sabio se compadezca de la desolación de otros. Si vieras a tu amigo en apuros, dice Epicteto, puedes dirigirle una mirada triste y ofrecerle palabras de consuelo, pero cuida de que tu tristeza no sea real. [...] Yo, por mi parte, opino que la compasión no solo refina y civiliza la naturaleza humana, sino

325

que es portadora de un sentimiento mucho más complaciente y grato que el que pueda hallarse en una felicidad tan indolente, en una indiferencia hacia la humanidad como la que los estoicos tenían por fundamento de su sabiduría.

Addison, *The Spectator* n. 397 (1712)

La aseveración de Addison es ejemplo de una crítica habitual que se hace a los estoicos: que la suya es una filosofía despiadada y que está reñida con la compasión. Un consumado estoico (se dice), si es que alguna vez lo hubo, pronunciaría quizá unas palabras de consuelo, pero no sentiría nada por nadie. El estoico no se permite sentir verdadero interés por sus semejantes ni por el mundo, ya que eso sería una forma de apego a lo externo.

Todo esto es un malentendido. Los estoicos no condenan el sentimiento. Comprenden que los sentimientos con fundamento tienen su lugar. Los estoicos valoran la compasión, detestan la indolencia y tienen el compromiso de ser útiles a la humanidad; es decir, lo contrario de lo que Addison interpreta. Y precisamente por la seriedad de ese compromiso, el estoico no puede sumirse en la aflicción por ningún caso particular. ¿Qué sentido tendría quedarse inmovilizado por un suceso en concreto? Por todas partes hay motivos para afligirse, y dejarse perturbar por cualquiera de ellos significa distraerse de la visión de conjunto y de cualquier acción constructiva que uno pudiera emprender al respecto. De modo que sí, los estoicos consideran que la lástima no ayuda a nadie; pero su objetivo es hacer, sin esa lástima, las mismas cosas que otros harían a causa de ella, como se explicaba en la sección 5 del capítulo once. (A veces, los estoicos hablan de sentir por sus adversarios una especie de piedad, pero la aflicción no forma parte de ella. Hablábamos de esto en la sección 13 del capítulo siete). La forma en que Epicteto expone la cuestión puede parecer un poco insensible, pero su conclusión no difiere mucho, en el fondo, de la que ofrece Epicuro con palabras más suaves:

Compartamos el sufrimiento de nuestros amigos no con lágrimas, sino con verdadera comprensión.

Epicuro, *Sentencias vaticanas* 66

Aun así, preferiría no basar mi defensa de los estoicos en el argumento de que Addison no los leyó lo suficiente. Los textos de los estoicos romanos abundan en declaraciones que refutan su crítica; ahora bien, si los revisamos meticulosamente con la intención de encontrar frases que den validez a la crítica de Addison, u otra similar, las encontraremos sin duda. Al menos, creo que ha quedado claro que el estoicismo no necesariamente implica ninguna de las conclusiones a las que él llega. Por tanto, en vez de seguir comparando cita con cita, me parece que tiene más sentido utilizar su crítica como una oportunidad para reflexionar sobre el lugar que ocupan el sentimiento y la compasión en el estoicismo, o al menos en la versión que ofrece este libro.

Como ya se dijo en el capítulo nueve, lo que se proponen los estoicos es evitar las emociones u otros estados que interfieran en la capacidad de ver el mundo como es; en otras palabras, estados de sentimiento que se interpongan en el camino de la razón, y cuyo origen, o consecuencia, sea el apego a lo externo. Los estoicos no tienen nada que objetar a los estados cuyos efectos y naturaleza no sean esos. A fin de simplificar temporalmente las cosas, propuse en el capítulo nueve que a los estados del ánimo buenos, a los que no había nada que objetar, los denomináramos sentimientos, para distinguirlos de las emociones. Es importante diferenciar el sentimiento de la emoción o, si queremos expresarlo con más claridad, distinguir aquellos estados que desbancan a la razón de aquellos que no suponen una amenaza para ella y que, por consiguiente, no son motivo de preocupación para los estoicos. La importancia de esta distinción radica en que los estados de sentimiento, así definidos, pueden ser de hecho necesarios para motivar la compasión y contribuir, en general, a la excelencia del carácter. La emoción probablemente no.

Consideremos con más detalle el efecto que pretende tener el estoicismo en la vida interior del estudiante, y especialmente en las emociones, comparándolo con los efectos del tiempo. Empecemos por el caso que describe Addison: un amigo que ha sufrido por una terrible pérdida. Supongamos que tuvieras una vida lo bastante larga como para haberte encontrado en esa situación, en la que un amigo sufre por la muerte de un ser querido, mil veces una detrás de otra; y ahora imagina cuál sería tu reacción más probable al acercársete el siguiente amigo afligido: el número mil uno. No todo el mundo reacciona de la misma manera ante una experiencia que se repite, así que elige las circunstancias que más te gusten. Tu actitud podría parecerse a la de un médico, digamos que muy bueno, que se ha dedicado durante muchos años a tratar a pacientes moribundos y ha tenido la relación correspondiente con sus familiares. Si fuera un médico de verdad excelente, expresaría bondad, calidez y compasión. Tendría sentimientos. Pero emociones, no es nada probable. Si te encontraras en su caso, ofrecerías tu compasión a la persona afligida, pero no harías tuyo su pesar. Habrías pasado por esa situación demasiadas veces como para que tu respuesta fuera esa.

Hasta aquí, estas especulaciones no tienen nada que ver con el estoicismo. Son simples observaciones sobre la forma en que una larga experiencia puede afectar a la sensibilidad de cualquiera. Pero el resultado de este experimento mental, si se acepta, es un estado de ánimo parecido al que los estoicos consideran justo. Hay entre ellos un parecido natural, puesto que el tiempo y la experiencia son los maestros del vivir, y hacen que poco a poco aflore en nosotros la sabiduría. Así es como lo expresó Adam Smith:

> El tiempo, el gran calmante universal, aplaca gradualmente al hombre débil hasta proporcionarle el mismo grado de tranquilidad que el sabio aprende a asumir desde el principio, por respeto a su propia dignidad y hombría.
>
> Smith, *Teoría de los sentimientos morales* (1759)

Yo quiero expresar lo mismo pero a la inversa. Si el estoico dice que estamos encadenados a lo externo, o al vicio, o a la emoción, puede ser igual de acertado decir que estamos encadenados a nuestra inexperiencia. Solo el novicio se hincha de orgullo, se aferra a las cosas y teme perderlas; pero todos somos novicios. La vida es muy corta, lo cual es lamentable porque no nos permite pasar por suficientes pruebas como para llegar a ser tan sabios como desearíamos. La filosofía estoica es una compensación, un sustituto del tiempo o una simulación de él. Su propósito es conducirnos a la sabiduría prescindiendo de la repetición; es que consigamos mediante la contemplación una parte, al menos, del aprendizaje, la inmunidad y otros rasgos del carácter que obtendríamos de modo natural si viviéramos lo suficiente. El «sabio» de los estoicos se asemeja así a alguien que ha tenido una larga experiencia de la vida…, mucho más larga, tal vez, de la que incluso la persona más longeva pueda llegar a adquirir. El estoicismo es la filosofía de las mil pruebas.

Esa conexión entre el modo de vida estoico y las repercusiones del paso del tiempo en nuestra experiencia se puede extender a otras emociones. Piensa en cómo influye la repetición en el miedo, por ejemplo. Lo que al principio nos asusta suele convertirse en nada, o como poco perder intensidad, si nos encontramos repetidamente con ello. No es que la fuente del miedo haya cambiado; lo que cambia es la mente. O imagina que ganas una fortuna y la pierdes mil veces, o que te enamoras mil veces y las mil veces esa persona muere. Puede que no llegaran a resultarte indiferentes estas cosas, ni quisieras que fuera así, pero lo más probable es que desarrollaras cierta ecuanimidad ante ellas y las afrontaras con relativo desapego: con sentimiento pero con la razón intacta, y por tanto sin emoción. Probablemente no te quedaría tampoco mucho de codicia y de vanidad, después de tantas ganancias y pérdidas. La experiencia nos hace humildes. Y en sustitución de todo lo que has perdido por el camino, puede que descubrieras otro tipo de alegría, que nace de la gratitud y la comprensión.

Volviendo a nuestro tema: la ausencia de emoción que recomiendan los estoicos frente a cualquier suceso sería igualmente la respuesta natural tras haber estado expuestos a él repetidamente o durante suficiente tiempo. Es posible que el sentimiento y la compasión perduren, incluso que se hagan más profundos con la repetición y la experiencia. La emoción no. La criba que el tiempo y la experiencia realizan de forma natural para separar el sentimiento de la emoción es similar a lo que el estoico pretende conseguir con la práctica de la filosofía.

Asociar la actitud estoica con la cualidad del carácter que nace de una larga experiencia es provechoso en distintos sentidos. De entrada, hace que el ideal estoico sea menos sobrenatural. Contemplar el estoicismo desde esta perspectiva nos permite verlo como una extensión de la vida que conocemos, como un esfuerzo por llegar más lejos en el camino de ser humanos, y no como la pretensión de convertirse en una especie de dios, como dice Dryden en su crítica de los estoicos más adelante en este capítulo. El estoicismo trata de darnos lo que conseguiríamos con más dificultad, pero de un modo bastante natural, si tuviéramos más tiempo.

En segundo lugar, contemplar esta filosofía desde la perspectiva de su similitud con una larga experiencia hace que los objetivos del estoicismo nos resulten más cercanos y fáciles de entender. Todo el mundo ha experimentado, aunque haya sido con cosas de poca importancia, lo que es acostumbrarse a algo por el hecho de haberlo vivido repetidamente, y la diferencia entre el sentimiento y la emoción que pueden resultar. No hacen falta una docena de vidas para hacernos una idea; basta comparar la primera experiencia de perder a alguien querido y la décima, o el primer encuentro con algún entretenimiento con el quincuagésimo, o el primer beso con el beso número cien. No es que necesariamente esas experiencias pierdan su significado o se vivan sin sentimiento. Se podría decir que, en el mejor de los casos, los sentimientos que están en juego maduran y cambian. Pero incluso entonces, los acontecimientos que los provocan acaban perdiendo su carga emocional y dejan de ser una amenaza para la razón. Por supuesto, hay situaciones en las que la habituación emocional es más difícil. Solo trato de decir que el proceso de acostumbrarnos emocionalmente a algo, y las cualidades del «sabio» estoico, a la mayoría nos son bastante familiares a una escala modesta.

En tercer lugar, equiparar el estoicismo con una larga experiencia de la vida aclara por qué el ideal estoico tiene la cualidad de lo admirable. En una personalidad que se ha formado a base de superar muchas pruebas, encontramos representadas de un modo atractivo las mismas cualidades del estoico consumado. No hay nada feo en el carácter moldeado por una larga experiencia, o al menos no tiene por qué haberlo. Es *posible* que no resulte atractivo, pues a veces la experiencia nos empaña y embota las capacidades; pero sin duda hay nobleza en esa personalidad cuando va unida a la compasión. Esto es lo que el estoicismo exige. Su propósito es crear no solo una mente madurada por muchas pruebas, sino la mejor versión de ella: el médico que ha aprendido con el paso de mucho tiempo a atender con destreza y energía a sus pacientes, no el médico que se aburre.

En cuarto lugar, considerar el estoicismo como forma de aprendizaje similar a la experiencia de muchos años puede ayudarnos a resolver algunos enigmas. En ocasiones, puede parecer difícil aplicar los principios generales de la filosofía a hechos concretos. Los estoicos desaconsejan la emoción de la ira, pero ¿y si somos víctimas de una terrible injusticia?, ¿no es lo correcto, entonces, enfadarse? ¿No es incluso importante que nos enfademos, ya que nuestra indignación hará que se tomen medidas para que esa injusticia no se repita? Podríamos razonar cuál es la solución a este tipo de problema basándonos en los preceptos que se han expuesto a lo largo del libro. Podríamos decir, por ejemplo, que al estoico le importa de verdad la justicia y no necesita recurrir a la ira para motivar una respuesta activa a esa violación, y otras cosas por el estilo (de las que hablábamos en la sección 12 del capítulo nueve). Pero la idea que nos ocupa en estos momentos ofrece un atajo: ante una injusticia, si quieres responder como un estoico, hazlo como alguien que la conoce porque tiene una larga experiencia de ella; no como alguien que ha acabado por resignarse al hecho de que se cometan iniquidades y se encoge de hombros, sino quizá como alguien cuyo trabajo en la vida es corregir la injusticia. Por lo que yo he visto, esta clase de personas tienden a enfrentarse a la injusticia con sentimiento, pero con poca emoción. No se ponen fuera de sí ante una nueva iniquidad; han tenido que vérselas ya demasiadas veces con la injusticia como para responder así. Son personas que no se conmueven fácilmente; resueltas, enérgicas, y (para volver al tema que nos ocupa) cuando se ha cometido una injusticia contra otro, demuestran gran compasión. A *estos* efectos, se han convertido en estoicas de un modo natural. Es el caso, por ejemplo, de algunos abogados que creen de verdad en lo que hacen.

Podemos terminar esta parte del debate invirtiendo el experimento mental con el que comenzamos. Imagina que acaba de morir una persona muy querida para ti y tienes la posibilidad de encontrar consuelo en dos amigos: uno para el que tu dolor por haberla perdido es una experiencia nueva, y verte sufrir le provocará una reacción emocional, y otro que ha visto miles de veces a alguien pasar por lo que tú estás pasando, y tendrá por tanto una respuesta cálida y afectuosa, pero no se emocionará. Yo me quedaría con el segundo; en cualquier caso, no veo motivos para admirar más al primero. El segundo es el estoico.

Y ya basta de hablar de la insensibilidad. A modo de apéndice, sin embargo, quiero dedicar unas palabras más a la relación entre estoicismo y experiencia, ya que en el análisis que acabo de hacer se han mencionado algunas *compensaciones* que vale la pena comentar. Si la emoción se va erosionando con la experiencia, tal vez haya quien lo considere una pérdida y tenga por tanto temor a la repetición, precisamente por la posibilidad de que las emociones no sobrevivan a ella. Se nos pueden venir a la mente casos de personas que, tras pasar muchas veces por una determinada experiencia, parece que no hayan desarrollado ninguna claridad al respecto. No son capaces de ver las cosas por lo que son realmente; casi ni son conscientes de ellas; no las valoran. La adaptación les ha corrompido la mente.

Lo más acertado sería decir que hay diferentes tipos de sabiduría, que pueden sernos de utilidad según la ocasión. Está la pericia del veterano, que ha visto algo (lo que sea) demasiadas veces como para emocionarse, pero que, a cambio, cuenta con otras ventajas: perspectiva, buen juicio y la soltura y la calidez que nacen de una larga familiaridad y conocimiento. Estas son grandes virtudes. Cualidades fundamentales en el estoicismo. Pero no son las únicas y no siempre son las que más desea incluso el estoico. Igual de importante es la sensibilidad de quien llega a algo por primera vez y goza de las ventajas del novato; entre ellas, la capacidad de apreciar lo que tiene delante.

Estas consideraciones sobre los efectos de la experiencia y la inexperiencia pueden reformularse en términos que hagan referencia a lo expuesto a lo largo del libro. Por ejemplo: el estoico busca la perspectiva más útil en todas las ocasiones. Aquí se ha enfatizado que, en lo que respecta a la emoción y la adversidad, los estoicos buscan esa clase de sabiduría que asociamos comúnmente con el fruto de una larga experiencia. Pero en ciertos casos buscan, de hecho, justo lo contrario: la actitud del recién llegado. A modo de recordatorio, volvamos a algunos fragmentos. Vimos el primero en la sección 4 del capítulo doce:

«¿Cuándo volveré a ver Atenas y la Acrópolis?». Desdichado, ¿no te basta con lo que ves cada día? ¿Podrías tener algo mejor o más

magnífico que ver que el sol, la luna, las estrellas, la Tierra entera, el mar?

Epicteto, Discursos 2.16.32

Este, en la sección 8 del capítulo cinco:

> No conviene imaginar tanto las cosas que nos faltan, sino, de
> entre las que ahora tenemos, escoger las predilectas y pensar en
> cuánto las anhelaríamos si no las tuviésemos.

Marco Aurelio, Meditaciones 7.27

En efecto, podemos distinguir dos tipos de errores: no apreciamos algunas cosas porque nos resultan demasiado familiares, y reaccionamos exageradamente ante otras porque no estamos lo bastante familiarizados con ellas. En el primer caso, sufrimos porque no somos capaces de ver lo viejo como lo haría un primerizo. En el segundo, porque no somos capaces de ver lo nuevo como lo haría un veterano. Al estoico le interesa más el segundo tipo de error que el primero, pero es consciente de ambos e intenta pasar de un punto de vista a otro según convenga a la situación.

Se pueden repasar muchos de los temas que hemos analizado y tratar de ver qué grado de repetición (hipotética) contribuiría a que tuviéramos ante ellos la actitud ideal. Por ejemplo, la capacidad para valorar las cosas y sentir satisfacción con lo presente –y por tanto desapegarnos del deseo– suele resultar favorecida por la perspectiva del novato: aprendiendo a ver las cosas conocidas como si no lo fueran, y a tocarlas con unos dedos que no estén encallecidos. Esta misma perspectiva nos permite advertir la insensatez o la injusticia de una determinada convención que habitualmente nos pasan desapercibidas porque estamos demasiado habituados a ella. En cambio, la emoción y la adversidad (y a veces también el deseo) requieren que adoptemos el punto de vista opuesto, es decir, una actitud hacia quienes sufren parecida a la que veríamos en quien tuviera una larga experiencia en asuntos de ese tipo. Es instructivo reflexionar sobre aquello que nos gusta y aquello que detestamos –en realidad, sobre cualquier reacción nuestra a cualquier cosa–

y preguntarnos cuánto tiene que ver con esa opinión el número de veces que nos hemos encontrado con ello, ya sean muchas o pocas.

***

No se debe sobrevalorar el estoicismo. La reflexión no puede hacer brotar en nosotros todas las cualidades de carácter y sentimiento que se derivan naturalmente de una larga experiencia, ni puede anular tendencias existentes no favorables, lo cual puede ser aún más difícil. Pero tampoco se debe infravalorar, ya que la reflexión puede ser una ayuda para ambas cosas. Esto puede verse tanto en situaciones que no se prestan a una reacción emocional como en las que sí. Examinar atentamente una novedad y reflexionar acerca de ella durante un tiempo lo bastante largo como para que pierda su encanto y sea menos probable que nos arrastre a hacer tonterías, es estoicismo, y es bueno. (Podemos sustituir *novedad* por *lujo* o *estatus*, da igual). La alternativa es dejarnos embaucar por la novedad una y otra vez hasta que finalmente, tras muchas lecciones sobre su insignificancia aprendidas por las malas, se agote su encanto, quizá ya en una época tardía de la vida. Todo esto, el sabio se lo ahorra.

2. *Imposibilidad.*

> La robustez del estoico no es más que la risible pretensión de ser un dios: se eleva a sí mismo con una polea hasta una posición de insensibilidad ante el sufrimiento y, a la vez, se miente en secreto sobre su experiencia, convenciéndose de que no sufre el dolor que él sabe que siente. La verdadera filosofía es sin duda de naturaleza más flexible y más apta para el uso humano. [...] El hombre sabio nunca se propondrá una imposibilidad; y no es otra cosa que eso el empeño del estoico por trascender la naturaleza de su ser, ya sea imponiéndose estar por encima del sufrimiento, para convertirse en una deidad, o fingiendo no sentirlo, y convirtiéndose en piedra.
>
> Dryden, *Don Sebastian* (dedicatoria) (1690)

Dryden nos ofrece otra conocida crítica al estoicismo: que sus enseñanzas son imposibles de poner en práctica. Quizá valga la pena repetir la cuestión concreta que provoca la crítica. Los estoicos dicen que debemos intentar tener dominio sobre lo que depende de nosotros, y evitar apegarnos a lo que no depende de nuestra voluntad. Nuestros juicios y cómo reaccionamos a los acontecimientos dependen de nosotros; los acontecimientos, no. Los estoicos expresan a veces la idea presentando a un «sabio» (o *sapiens*) que, mediante la práctica de estos principios, se ha liberado del deseo y el miedo. Nunca se ha identificado a tal sabio, y por este motivo hay quienes desechan el estoicismo alegando que es una filosofía carente de realismo y, por tanto, inviable.

Al igual que hemos hecho en la sección anterior, podemos utilizar la crítica como oportunidad para reflexionar sobre una cuestión más general que plantea; en este caso, sobre si el estoicismo podría ser útil incluso aunque sus enseñanzas no puedan seguirse a la perfección. Pero, al igual que hemos hecho antes, primero conviene decir unas palabras sobre lo que realmente exigen las enseñanzas estoicas. Los estoicos sufren, y no fingen lo contrario, pero no le ven ningún sentido a prolongar el sufrimiento. Lo que tratan de hacer es comprender si la mente contribuye a crearlo y utilizar luego ese conocimiento para reducirlo. Pero el buen estoico, o al menos el tipo de estoico que se estudia en este libro, tiene una visión muy clara de la condición humana. A quien le haya gustado la crítica de Dryden le gustará también este pasaje sobre la reacción ante la muerte de un ser querido:

> Yo no te pediré que contengas rígidamente las lágrimas, aunque
> sé que algunos profesan una sabiduría más dura que valiente y
> afirman que el sabio no ha de llorar. Al parecer, quienes lo dicen
> no han pasado por esta clase de sucesos, pues, de haber sido así,
> la fortuna les habría despojado de esa arrogante sabiduría y for-
> zado, contra su gusto, a confesar la verdad.

> Séneca, *Consolación a Polibio* 18.5-6

Este fragmento podría parecer de entrada la clásica crítica contra los estoicos: un toque de realismo que pone al descubierto el carácter inviable de su filosofía. Pero de hecho son palabras de Séneca, que ya habíamos visto en la sección 6 del capítulo nueve, con las que expone una visión mucho más realista que la que Dryden ataca; palabras que sirven para corregir la caricatura del estoicismo como teoría que pide lo imposible, o del estoico como personaje que finge no sentir nada. Quienes hayan llegado conmigo hasta aquí, después de haber leído los capítulos anteriores sabrán que los estoicos eran un poco más sabios que eso.

O al menos algunos de ellos. El pasaje de Séneca también muestra, si hemos de ser justos, que el estoicismo no siempre significó lo mismo para todos. Las personas a las que él critica eran probablemente otros estoicos, y habría sin duda estoicos que lo criticarían a él. Como él mismo dijo: «Los estoicos no somos súbditos de ningún déspota: cada uno somos dueños de nuestra libertad» (*Epístolas morales* 33.4). La visión estoica de las emociones es muy compleja, si intentamos verla como un todo e incluir lo que sabemos que los griegos opinaban al respecto. Ni este libro ni las palabras de Dryden le hacen justicia. La opinión de Séneca que leíamos unos párrafos atrás, y que conocíamos ya del capítulo nueve, es en realidad una excepción en el estoicismo, según se defina esta filosofía. En el prefacio, decía que prefiero considerar que el conjunto de ideas que se presentan aquí es una versión del estoicismo, más que una mezcla de afirmaciones auténticas y heréticas. Pero también dejaba claro mi poco interés por tales debates, así que por ahora me limitaré a decir que la protesta de Dryden no tiene demasiada cabida en el marco que ofrece este libro.

Aun con todo, reconozcamos la verdad de su crítica. Una existencia perfectamente estoica, aunque no coincidiera punto por punto con lo que Dryden pensaba, es sin duda imposible. Equivaldría básicamente a no apegarse nunca a lo externo y llevar una vida de continua virtud. Los más grandes maestros estoicos fueron los primeros en admitir que no lo habían conseguido, aunque también que ellos no eran quiénes para decir que no pudiera hacerse. Los estoicos exhortan a sus estudiantes, y se instan a sí mismos, a intentar alcanzar el ideal estoico, y a veces hablan como si fuera posible. Se limitan a añadir que hasta ahora nunca se ha hecho, o casi nunca.

No voy a aconsejarte que no sigas ni tomes como seguidor más que a un sabio. Porque ¿dónde encontrarías al que buscamos desde hace tantos siglos? En lugar del mejor, ¡confórmate con que sea el menos malo!

Séneca, *De la tranquilidad del ánimo* 7.4

No hay razón para que digas, Sereno, como tienes por costumbre, que este sabio nuestro no se halla en ninguna parte. No es una ficción nuestra, de los estoicos, una especie de gloria fantasmal de la naturaleza humana, ni tampoco una mera concepción, la poderosa apariencia de una cosa irreal; sino un hombre como el que describimos, que hemos mostrado y volveremos a mostrar..., aunque tal vez solo en raras ocasiones y en intervalos de muchas vidas por cada ejemplo.

Séneca, *De la constancia del sabio* 7.1

El estoico al que Séneca tiene en mente como ejemplo es Estilpón, un filósofo griego –al que conocimos brevemente en el capítulo anterior– que vivió trescientos años antes y no dejó ningún escrito, y que fue –como decía– uno de los maestros de Zenón de Citio. La valoración que comúnmente se hace de Estilpón está basada en una anécdota en la que, tras perder a su esposa y a sus hijos cuando su país es saqueado, sale tranquilamente y dice: «Tengo todos mis bienes conmigo». Si Estilpón hubiera estado presente en la Roma de varios siglos después, probablemente se habría parecido a Epicteto o a algún filósofo semejante, y habría sumado su voz a la de él para negar su propia perfección. Y, por supuesto, habría estado en lo cierto. Cualquiera puede parecer perfecto cuando no se sabe demasiado de él. Por eso los estoicos modélicos, en las raras ocasiones en que se nos presentan, pertenecen siempre a generaciones pasadas.

Tampoco Epicteto creía que fuera fácil de encontrar un estoico consumado.

Mostradme un estoico, si tenéis alguno. ¿Me preguntáis dónde, cómo? [...] Igual que llamamos «fidiaca» a una estatua modelada según el arte de Fidias, así, del mismo modo, mostradme a alguien modelado según las doctrinas de las que habláis. Mostradme a alguien que esté enfermo y contento, en peligro y contento, contento mientras muere, contento cuando lo destierran, cuando lo calumnian. Mostrádmelo. ¡Por los dioses, quiero ver un estoico! ¿No tenéis ninguno terminado que me podáis mostrar? Entonces, mostradme uno que vaya en esa dirección, que esté camino de serlo. Hacedme este favor, ¡no le neguéis a un anciano la visión de un espectáculo que hasta ahora nunca ha visto!

Epicteto, *Discursos* 2.19.21-25

Así que no hay estoicos perfectos. Esto sería de gran relevancia si «el sabio» fuera un estatus que uno debe alcanzar o, de lo contrario, habrá fracasado estrepitosamente. A veces se ha dicho, con razón o sin ella, que los primeros estoicos griegos tenían más o menos esa opinión. Pero los romanos no, y con razón, pues ¿qué sentido tendría una filosofía (si es que alguna vez la hubo) que no ofreciera nada en caso de no lograrse lo imposible? El sabio de los estoicos mejor es considerarlo un punto de referencia que puede sernos de ayuda aunque está fuera nuestro alcance. Es una forma práctica de ilustrar el significado de la sabiduría perfecta: imaginar cómo pensaría y actuaría alguien que la poseyera. Así era como lo entendía Kant.

El sabio de los estoicos es un ideal, es decir, un ser humano que solo existe en el pensamiento y en plena conformidad con la idea de sabiduría. Así como la idea proporciona una regla, el ideal sirve de arquetipo para la completa y perfecta determinación de la copia. La conducta de ese hombre sabio y divino es el modelo con el que compararnos y juzgar lo que puede mejorarse en nosotros, aunque la perfección que representa nunca la podamos alcanzar.

Kant, *Crítica de la razón pura* (1781)

La perspectiva de Kant coincide con lo que decían los estoicos tardíos. Es equiparable a la distinción que hacía Séneca entre los ideales del estoicismo y los objetivos estoicos que generalmente es posible alcanzar. Él también comprendía el valor de tener un ideal, que posiblemente fuera inalcanzable.

> Es necesario que nos propongamos como fin el bien más elevado y dirijamos a él todas nuestras acciones y palabras, como los navegantes se dirigen por alguna estrella.
>
> Séneca, *Epístolas morales* 95.44-45

En lo concerniente al progreso real en el estoicismo, Séneca clasifica a los estudiantes en tres categorías. Los de la primera y la segunda se han liberado de las emociones y de las cosas externas, pero difieren en el grado de seguridad con que han alcanzado esos logros. Luego está la tercera categoría, que parece ser lo más lejos que son capaces de llegar la mayoría de los estudiantes.

> El tercer orden incluye a los que se han liberado de muchos y grandes vicios, pero no de todos. Uno se libera de la avaricia, pero aún está sujeto a la cólera. Otro ha abandonado la lujuria, pero continúa siendo ambicioso. Han dejado de desear, pero todavía viven con temor; a pesar de él, se muestran valerosos ante algunas cosas, pero cobardes ante otras; desprecian la muerte pero temen el dolor. Meditemos sobre este tercer orden, pues será un honor para nosotros si se nos admite en él. Para entrar en el segundo orden, se necesita haber nacido muy afortunado y dedicarse al estudio con extraordinaria aplicación. Pero, en última instancia, el tercer orden no es despreciable. Considera cuántas maldades se cometen ante tus ojos, y que no hay delito del que nuestra época no ofrezca abundantes ejemplos. Contempla cómo progresa la maldad de día en día, las inmoralidades que se cometen, tanto públicamente como en privado, y te darás cuenta de que bastante fortuna es no encontrarnos entre los peores.
>
> Séneca, *Epístolas morales* 75.14-15

Al hablar a veces como si todo el mundo debiera ajustarse al ideal estoico, nuestros filósofos se expusieron sin duda al ridículo, y les tocó aguantar lo suyo. No obstante, debemos interpretar el estoicismo de un modo que le dé el mayor sentido posible, para lo cual es necesario seleccionar entre sus enseñanzas, a veces incoherentes, aquello que contribuya a que la filosofía pueda cumplir realmente su propósito. Y ese propósito es ayudar a quienes lo estudian a percibir la verdad con más precisión y a pensar y vivir con más sabiduría, no a que alcancen una meta y, si no lo consiguen, pueda juzgarse que han estado perdiendo el tiempo. El «sabio» es una ayuda en esta empresa. Su figura debería entenderse como una especie de estrella polar –una fuente de orientación–, no como un destino.

3. *Hipocresía.*

> Por el testimonio tanto de amigos como de enemigos, por las confesiones de Epicteto y de Séneca, así como por las burlas de Luciano y las feroces invectivas de Juvenal, está claro que estos maestros de la virtud tenían todos los vicios de sus conciudadanos, más el vicio adicional de la hipocresía.
>
> Macaulay, *Lord Bacon* (1837)

Hay críticos que, como Macaulay, han acusado al estoicismo de ser la escuela de la hipocresía. Su argumento es que los estoicos dicen haberse liberado de la vanidad, la codicia y el miedo, y exhortan a otros a hacer lo mismo, pero en realidad viven tan inmersos en esos vicios como cualquiera. Abogan por la virtud, pero ellos no son virtuosos.

La reputación de ser una escuela de hipócritas le viene principalmente por su asociación con Séneca, así que estudiar su caso puede ser una forma de tratar la cuestión. Séneca era un personaje controvertido en la vida política de su época. Como se indicaba en el prefacio, fue tutor y consejero de Nerón, un emperador de pésima reputación, y es posible que lo ayudara en varias empresas patentemente inmorales; la posición en que se encontraba Séneca era, cuando menos, bastante compleja desde el punto de vista moral. También su patrimonio es un tema que inquieta a los críticos. Séneca escribió: «Solamente es digno de los dioses aquel que ha despreciado las riquezas», pero él era inmensamente rico; tenía muchos esclavos y, por supuesto, villas en Italia, Egipto y España. Se dice asimismo que prestó dinero a los britanos de las colonias que ellos se resistían a aceptar, y que luego repentinamente los obligó a devolver los préstamos, lo cual tuvo para ellos consecuencias ruinosas.

Creo que es más constructivo tomar como ejemplo de estoico a Marco Aurelio, cuya reputación como hombre y como estadista es muy favorable. Pero dado que Séneca ha sido objeto de tantos debates y sospechas, permíteme que haga algunos comentarios sobre cómo se ha utilizado su persona para atacar el estoicismo, y sobre la cuestión de la hipocresía estoica en general.

a. Se ha escrito mucho sobre Séneca en los últimos dos mil años; una parte de ello con simpatía y otra parte no. Obviamente, es demasiado extenso lo que se ha dicho como para poder recogerlo en este espacio. Sin embargo, casi todo lo que cualquiera crea saber sobre él proviene de las historias de Tácito, Suetonio y Dion Casio, así como de algunos comentarios fragmentarios de contemporáneos de Séneca. El relato más destacado que tenemos de su vida es el de un acérrimo enemigo suyo, Publio Sulpicio Rufo, recogido en los *Anales* de Tácito (13.42); pero Tácito describe por su parte a Sulpicio Rufo como un hombre a cuyas palabras no debemos dar demasiado crédito.

En cuanto al propio Séneca, solo dejó sus escritos filosóficos y sus tragedias. Más allá de esto, sabemos poco de lo que pudo decirle a Nerón (aunque es interesante el texto que hemos visto al final del capítulo nueve, en la sección 10) o de lo que pensaba acerca de la posición éticamente tan penosa en la que al parecer se encontraba. A veces hay gente buena que trabaja para gente mala. Séneca pudo haberlo hecho por el bien del pueblo o por razones menos altruistas; tal vez hizo que Nerón fuera peor de lo que habría sido sin él, o tal vez mejor; quizá tuvo algo que ver en la conspiración para matar a Nerón, o quizá no (Nerón ciertamente pensó que sí). Todo esto es mera especulación; lo es ahora y lo fue para los historiadores de la Antigüedad. Séneca llevaba muerto cincuenta años cuando Tácito escribió sus *Anales*; Suetonio, que también escribió sobre Séneca, era contemporáneo de Tácito, y Dion Casio escribió su *Historia romana* casi un siglo después.

En vista de la escasez de datos, tenemos buenos motivos para tomarnos con cierto escepticismo la mayoría de las opiniones sobre Séneca que nos han llegado. A modo de comparación, se ha sugerido con mucho acierto que imaginemos cómo se recordaría y juzgaría a un personaje de nuestra época dentro de dos mil años a partir, solamente, de los relatos contemporáneos de un enemigo suyo y de lo que escribirán dos o tres historiadores que todavía no han nacido. Esos historiadores no dispondrán de grabaciones del personaje ni posibilidad de hablar más que con unas pocas personas que lo hayan conocido o lo hayan visto alguna vez; a diferencia de lo que se consideraría normal en estos tiempos, solo contarán con un pequeño número de documentos escritos. Si ya nos resulta difícil tener una idea clara sobre personajes públicos de épocas recientes que los historiadores y los psicólogos han estudiado sin las desventajas que se acaban de mencionar, es obvio que deberíamos ser muy cautelosos al tratar de comprender el pasado lejano. Cualquier comentario sobre los motivos, la vida interior y la conducta privada de Séneca debería ir acompañado de un asterisco y una nota a pie de página donde se aclarara que las probabilidades de haber acertado con lo que se dice sobre él no son demasiadas.

A pesar de estas limitaciones, se han hecho muchas conjeturas sobre el tipo de persona que era Séneca, buena parte de ellas censuradoras y sin asterisco. Los comentaristas han aventurado mil hipótesis sobre lo que debía de pensar de su emperador, lo que debía de pensar cuando escribía sus cartas, lo que debió de pensar cuando se suicidó. No hay nada que objetar a estas especulaciones mientras no se tomen demasiado en serio. Pero antes de calificar de hipócrita a alguien es necesario tener un conocimiento detallado y directo de los hechos, y de la persona en cuestión, que no creo que nadie pueda tener actualmente en lo que concierne a Séneca y sus circunstancias.

b. Pero, aunque pudiéramos, ¿en qué cambiarían las cosas? Una mala persona puede escribir un buen libro. Séneca no era una figura religiosa que tratara de inspirar con el ejemplo; era un filósofo que intentaba convencer con la razón. De acuerdo, es él quien dice que a los filósofos se los debe juzgar por cómo viven y no por lo que predican, así que puede que Séneca sea una decepción si se le aplica su propia medida (o puede que no; recuerda lo que se explicaba en el apartado 1); pero la medida en sí está mal elegida. Lo que escribe un filósofo o un psicólogo debe juzgarse por el valor que tiene en sí mismo, y esto es algo que puede aplicarse muy especialmente a escritos como los de Séneca, cuya intención es ofrecer una forma de pensar beneficiosa. Tal vez nos sea de ayuda o tal vez no.

c. Por todo esto, veamos más atentamente qué decía Séneca en realidad. Es demasiado fácil quedarnos solo con las palabras intransigentes que escribió a las que no añadió sus habituales reservas. Hace un momento he citado una frase suya sobre la importancia de despreciar las riquezas. Pero ahora veámosla en contexto. Este es el pasaje del que está extraída, que aparecía en el capítulo seis:

> Solamente es digno de los dioses aquel que ha despreciado las riquezas. No te prohíbo que las poseas, pero quiero que aprendas a poseerlas sin inquietud. Y solo hay una manera de conseguir esto: persuadiéndote de que no dejarás de vivir dichoso sin ellas, y considerándolas siempre como si estuvieran próximas a partir.
>
> Séneca, *Epístolas morales* 18.13

Esto refleja la concepción que tenía Séneca del estoicismo: una filosofía que insta a desapegarse de los placeres y aversiones, no a exterminarlos. Es importante entender lo que esto significa en sí mismo, pues de lo contrario podría parecer que los estoicos se proponen algo tan ridículo como prohibir cualquier preferencia o disfrute. Y también es importante entenderlo a la hora de considerar las críticas en las que se acusa a los estoicos de ser unos hipócritas porque algunos de ellos tenían dinero pero decían que nadie debía vivir en la abundancia. Admitamos que puede resultar sospechoso, o inaceptable, que un filósofo quiera convencernos de lo poco importantes que son las riquezas mientras vive rodeado de ellas. Pero si de verdad nos inquieta la diferencia entre lo que Séneca decía y lo que hacía, lo que decía debemos recordarlo muy bien. Tal vez consiguió el desapego del que hablaba y no era esclavo de sus riquezas; tal vez regaló grandes sumas de dinero. La Quinta Sátira de Juvenal, escrita una generación después de la muerte de Séneca, menciona la generosidad de este como si todo el mundo supiera de ella, y los epigramas de Marcial, de la misma época, contienen una referencia similar. Pero, repito, qué relación tenía Séneca con su dinero es, en definitiva, algo que no podemos saber con certeza.

Por otra parte, y en relación con lo anterior, Séneca no presumía de ser un estoico lo que se dice consumado. Parece obvio que sus numerosas críticas al comportamiento convencional iban dirigidas en gran medida contra sí mismo.

> No soy tan desvergonzado que, estando enfermo, pretenda curar a otros. Más bien, como si nos encontráramos acostados en la misma enfermería, hablo contigo de nuestra enfermedad común y te comunico los remedios que yo empleo. Óyeme, pues, como si hablase conmigo mismo; te pongo al corriente de mi secreto y en presencia tuya me examino.
>
> Séneca, *Epístolas morales* 27.1

A veces Séneca se exasperaba por las mismas críticas que estamos analizando aquí, ya que se le hicieron también estando vivo.

> «Hablas de un modo, vives de otro». Este reproche, ¡criaturas llenas de malevolencia y de hostilidad contra todos los mejores!, se lo habéis hecho a Platón, a Epicuro, a Zenón, cuando lo que todos estos filósofos enseñaban no era cómo vivían ellos, sino cómo debían vivir. Yo hablo de la virtud, no de mí, y cuando clamo contra los vicios, lo hago contra los míos en primer lugar: cuando pueda, viviré como es debido.
>
> Séneca, *De la vida bienaventurada* 18.1-2

Esta última actitud es característica de los estoicos. A lo largo del libro, los hemos oído decir repetidamente que su filosofía se fundamenta en la humildad; que quien se jacte de ser un estoico no lo es, que el progreso en el estoicismo puede medirse en parte por la conciencia que uno tiene de haber fracasado en su empresa. Unas palabras afines de Marco Aurelio:

> Servirá también para que no tengas vanidad el que ya no puedas haber vivido toda tu vida, o al menos la que ha transcurrido desde tu juventud hasta ahora, siendo un filósofo. Por el contrario, has estado muy lejos de la filosofía, como muchos saben y a ti te queda bien claro. Viviste distraído, de modo que no te será fácil conseguir la reputación de filósofo, y tu posición en la vida también está reñida con ella. Ahora bien, si verdaderamente has comprendido en qué consiste la vida filosófica, olvídate de qué les parecerá a los demás y conténtate con vivir el resto de tu vida, lo que te quede de ella, como dicte tu naturaleza.

Marco Aurelio, Meditaciones 8.1

d. Dejando a un lado a Séneca, la acusación de hipocresía también malinterpreta el papel que tiene el estoicismo en la vida de quienes se interesan por él, al menos en la mayoría de los casos. Tal acusación parece considerar que el estoicismo es un credo al que sus seguidores intentan convertir a todo el mundo, o que utilizan como base para juzgar a los demás. Si fuera así, podría haber motivos para criticar al estoico por predicar una cosa y hacer otra. Es comprensible que quien lea los escritos que se citan en este libro saque la idea de que los estoicos se proponían convertir a sus lectores. La realidad es que, para enseñar sus ideas a otros, tenían que presentarlas a modo de instrucciones; pero la práctica del estoicismo no tiene nada que ver con decirle a nadie cómo debe actuar, ni con decir nada que pueda entrar en contradicción con lo que uno hace. El estoicismo, al menos para la mayoría de quienes lo estudian en la actualidad, es un conjunto de métodos de pensamiento, y una forma de utilizarlos, en los que algunas personas descubren una manera de ayudarse a sí mismas. Es algo que se hace, no algo que se dice.

e. Una última pregunta práctica que podríamos hacernos sobre el estudio del estoicismo es: ¿cómo medir el progreso?, ¿en comparación con qué progresamos? Vamos a suponer –con acierto, diría– que el estudiante típico del estoicismo avanza solo ligeramente hacia sus objetivos: con el tiempo, acaba preocupándose un poco menos por las cosas que no están bajo su control, y tomándose con un poco más de calma los infortunios y las situaciones que antes lo hubieran irritado u ofendido; es capaz de resistirse un poco más a las convenciones que solían modelar su pensamiento, y tiene un poco menos de deseo o de miedo por cosas que no merecen ni lo uno ni lo otro, etc. En otras palabras, progresa modestamente. Hay quienes obtienen más que eso de la filosofía y quienes obtienen menos, pero imaginemos que este fuera el resultado más común. Son avances insignificantes, comparados con lo que sería alcanzar la perfección del sabio, pero considerables si los comparamos con lo que era la vida sin ellos. También son considerables en comparación con lo que habríamos obtenido de otros tipos de estudio filosófico (¿hay alguna filosofía que haga más que esto por sus estudiantes?). Sería una insensatez mirar con desdén esas mejoras por considerarlas pequeñas, cuando es tan raro encontrar algo que nos ayude a mejorar siquiera eso. Por tanto, si los estoicos se proponen conquistar elevadas metas y solo consiguen llegar hasta cierta altura, esa discrepancia no debería ser motivo para calificarlos de hipócritas. Apuntaron alto, se quedaron cortos, y lo hicieron bien.

El estoico practicante se ha creado en Sabon Next, un tipo de letra que tiene una historia distinguida y compleja. En los años sesenta del pasado siglo, el maestro tipógrafo, diseñador y calígrafo Jan Tschichold recibió el encargo de hacer una interpretación contemporánea de un tipo de letra romano atribuido a Claude Garamond y una cursiva atribuida a Robert Granjon. El tipo resultante recibió el nombre Sabon en honor de Jacques Sabon, el fundidor de la imprenta que creó el prototipo en el que Tschichold basó su diseño. Dado que los tipos estaban destinados en origen a la composición a máquina, tanto en linotipia como en monotipia, así como a la composición a mano, el diseño se trazó y modificó cuidadosamente para que se adaptara a las limitaciones impuestas por los distintos métodos de composición. Este proceso dio como resultado un tipo de letra muy popular pero que no permitía ajustar el espacio entre caracteres, lo cual reducía su atractivo particularmente en la cursiva. El tipo Sabon Next fue creado en 2002 por Jean François Porchez, que se propuso armonizar el tipo de Tschichold, y los que lo habían inspirado, con las posibilidades que ofrecía la plataforma OpenType al diseñador tipográfico contemporáneo. El resultado es un tipo elegante y bien legible, con una completa gama de caracteres (incluida una generosa selección de ligaduras, caracteres de barra y ornamentos), muy apropiado para la impresión de libros.

NOTA DE LA TRADUCTORA

Quien desee leer en contexto los fragmentos que se presentan aquí debe tener en cuenta dos cosas. La primera es que el número de capítulo y sección que se indican, y en su caso de volumen o libro, pueden no coincidir con los de la versión en español que esté leyendo. Se han respetado las referencias que da Ward Fansworth porque tampoco entre las distintas traducciones al español hay unanimidad de criterios. Por tanto, las indicaciones que aparecen deben tomarse como orientación. Dado que la mayoría de las traducciones que se han utilizado como base para esta traducción se encuentran en la Biblioteca Virtual Miguel de Cervantes (www.cervantesvirtual.com), una posibilidad para localizar el fragmento que se desee leer en contexto es hacer una búsqueda por palabras dentro de la obra.

Lo segundo es que el título de la obra o del ensayo puede variar de una traducción a otra. Por ejemplo, las *Epístolas morales* de Séneca llevan por título en otras traducciones *Cartas a Lucilio*, o *Epístolas morales a Lucilio*; *De la vida bienaventurada* se titula en traducciones más modernas *Sobre la felicidad*; los *Discursos* de Epicteto, en la traducción de Pedro de Valencia se titulan *Pláticas de Epicteto* y en la de Paloma Ortiz García, *Disertaciones por Arriano*. Además, los títulos pueden estar contenidos en obras completas o más globales; por ejemplo, las citas de Marco Aurelio que se presentan bajo el título *Meditaciones* están recogidas en *Obras de los moralistas griegos: Marco Aurelio, Teofrasto, Epicteto, Cebes* con el título de *Soliloquios o reflexiones morales del emperador Marco Aurelio*, aunque también están publicadas como libro independiente.

Las traducciones que se han utilizado como base para la traducción de los fragmentos que aparecen en este libro son las siguientes:

* Séneca:

Cuestiones naturales.

Epístolas morales.

Tratados filosóficos.

Consolación a Marcia.

Consolación a Helvia.

Traducidos directamente del latín por Francisco Navarro y Calvo, Madrid. Luis Navarro y Calvo, 1884.

Tratados morales. Traducción directa del latín por Pedro Fernández de Navarrete. Madrid, Espasa Calpe, 1943.

* Marco Aurelio:

Soliloquios o Reflexiones Morales Del Emperador Marco Aurelio. (En *Obras de los moralistas griegos*: *Marco Aurelio, Teofrasto, Epicteto, Cebes.*) Traducción directa del griego por Jacinto Diaz de Miranda. Madrid: Librería de la Viuda de Hernando y Cª, 1888.

* Epicteto:

Enchiridion o *Manual de Epicteto.* Traducción directa del griego por José Ortiz y Sanz. Valencia: Imprenta de D. Benito Monfort, 1816.

Enchiridión o *Máximas.* Traducción directa del griego atribuida a Antonio Brum. Francisco Foppens, Impressor y Mercader de Libros. 1ª edición Bruselas, 1669.

* Michel de Montaigne:

Ensayos de Montaigne. Traducción: Constantino Román y Salamero. París: Casa Editorial Garnier Hermanos, 1912.

* Cicerón:

Obras completas de Marco Tulio Cicerón. Tomo V. Traducción directa del latín por Marcelino Menéndez Pelayo. Madrid: Imp. Central a cargo de V. Saiz, 1879-1919.

La República. Traducido por Antonio Pérez y García, Madrid: Repullés, 1848.

- Platón:

La República de Platón o Coloquios sobre la justicia. Traducción de José Tomás y García. Madrid: Imprenta De Don Josep Collado. Año De 1805.

- Heródoto:

Los Nueve Libros de la Historia de Herodoto de Halicarnaso. Traducción de P. Bartolomé Pou. Madrid: Víctor Sáis, 1884.

- Kant:

Crítica de la razón pura. Traducción de José del Perojo. Madrid: Gaspar, 1883.

- Diógenes:

Vidas, opiniones y sentencias de los filósofos más ilustres, I. Traducción directa del griego por José Ortiz y Sanz. Madrid, Luis Navarro, editor, 1887.

- Schopenh auer:

Aforismos sobre la sabiduría en la vida. En *Parerga y paralipomena* III. Traducción de Antonio Zozaya Madrid : Dirección y Administración, 1889.
Eudemonología. Tratado de mundología o Arte de bien vivir. Traducción de Edmundo González Blanco. Madrid: La España Moderna, 1906.

Las citas del resto de los autores –y de algunas obras de los que se mencionan aquí– se han traducido de la versión que presenta Ward Fansworth, bien por la imposibilidad para encontrar traducciones que estén en dominio público, o por la excesiva dificultad del lenguaje utilizado, o bien por ser de carácter puntual o por pertenecer a obras escritas originalmente en inglés.